人身保险核保核赔

主　编　谢　隽
副主编　陈艳茜　吴新建　范文庆

中南大学出版社
www.csupress.com.cn
·长沙·

图书在版编目（CIP）数据

人身保险核保核赔／谢隽主编. --长沙：中南大
学出版社，2018.1

ISBN 978－7－5487－3159－7

Ⅰ.①人… Ⅱ.①谢… Ⅲ.①人身保险－理赔－中国
Ⅳ.①F842.62

中国版本图书馆 CIP 数据核字（2018）第 032282 号

人身保险核保核赔

主编 谢 隽

副主编 陈艳茜 吴新建 范文庆

□责任编辑	郑 伟		
□责任印制	易红卫		
□出版发行	中南大学出版社		
	社址：长沙市麓山南路		邮编：410083
	发行科电话：0731－88876770		传真：0731－88710482
□印 装	长沙印通印刷有限公司		

□开 本	787×1092 1/16	□印张 14.25	□字数 363 千字		
□版 次	2018 年 1 月第 1 版	□2018 年 1 月第 1 次印刷			
□书 号	ISBN 978－7－5487－3159－7				
□定 价	42.00 元				

目　录

第一篇　核保篇

第二篇　理赔篇

第一篇　核保篇

第一章　核保基础知识

学习指引：

- 掌握核保的定义、目的及原则；
- 熟悉核保的理论基础；
- 掌握核保风险选择的四个阶段；
- 掌握核保结论的分类及适用。

第一节　核保概述

一、核保的起源与发展

人类社会从一开始就面临着各种自然灾害和意外事故的侵扰。在与大自然抗争的过程中，古代人就萌生了对付灾害事故的保险思想和原始形态的保险方法。近现代史上，随着海上保险、火灾保险以及人寿保险等保险产品的发展，核保从无到有，经历了经验主义时期、生物统计时期和临床生物统计时期。

核保这一名词实际上是随着第一份保险合同的签订而产生的。最早的人寿保险出现在公元 1583 年，但早期的人寿保险由于缺乏科学的计算基准，故当时的核保也仅仅是承保人面晤被保险人及投保人，最多是向中间人了解一些有关被保险人的健康情况，多数局限于天花、麻疹等，往往是商议确定适当的保险金额及缴纳保险费后即达成协议。因此早期的人寿保险没有正式的核保。

由于缺乏对核保与精算知识的了解，风险管控能力低，早前大多数承保公司常因无法维持正常的运营而相继倒闭。

后来的人寿保险经营者逐渐懂得对于购买保险者不能够来者不拒，便开始试图根据投保人的年龄、健康等来进行选择。由此在 18 世纪 50 年代至 19 世纪末 20 世纪初，核保进入经验主义时期。1794 年美国北美保险公司首先为被保险人做一般普通体检，体检结果作为核保评估的依据，此后其他保险公司相继效仿，体检逐渐成为核保的必要项目。1811 年，苏格兰寡妇保险公司由监事会委托医师做体检，开始了保险公司体检医师制度，并为医学上的查定工作奠定了一定基础。1824 年，G. Pinckard 医师在执行体检工作时，对缺陷体一律增收 10%的特别保险费。经验主义时期采用经验风险选择法，主要依赖于核保医生的经验，核保医生依据投保人填写的健康问卷与健康检查进行风险评估。健康问卷包括被保险人既往病史、健康状况、习惯、嗜好等内容；健康检查包括体温、外形、身高、呼吸频率、叩诊、听诊、心脏检查、尿液检查等项目。

生物统计时期为 20 世纪初至 20 世纪中期。随着人寿保险业务的不断发展及经验的积累，保险公司的精算及医务人员对死亡率进行进一步的分析后，逐渐认识到人的死亡率与年龄有关，于是产生了根据年龄差别计算保险费的方法。1919 年纽约人心保险公司精算师和医师合作开发了一套"分数评分系统"，通过对各种不同的影响死亡率的要素加以评估，提高死亡率的因素计为正值，降低死亡率的因素计为负值，最后综合给出被保险人的评点分数，再将此评分换算成相对应的加费数额。分数评分系统将各种危险因素转换成点数，由点数推算出加费等级，这样，核保人员就能根据核保手册以数理查定的方法来确定被保险人的合理费用。这一评分系统及加费等级使得健康核保变得较为方便、快捷、实用。分数评分系统的出现引出了专职核保人员的产生。这一系统一直沿用至今，且在原来分数评分系统的基础上逐步完善。

临床生物统计时期为 20 世纪 70 年代至今。现代科学技术的迅速发展与医学研究的进步为核保指明了更精确、更迅速的方向。随着保险公司的核保手段的逐渐规范与科学，额外变动死亡率的概念被引入进来，即在病变的整个过程中，随时间的推移额外死亡率是变化的，如肿瘤术后。同时，核保手册的制定表明核保已经成为一种制度并得到普及。

二、核保的定义

核保就是保险公司对欲加入其保险计划的各个风险个体加以审核、筛选、分类，以决定是否接受承保，并在接受承保的情况下，确定承保条件的过程。核保能使同风险类别的个体风险达到一致（同质化），保持保险费的公平合理。这一过程又称为风险选择，也就是广泛意义上的"核保"（underwriting）。

三、核保的必要性

保险的基本职能在于分摊损失，而公平性是保险基本职能正常发挥的基石。公平性是指每一被保险人应根据其转移风险的大小支付保险费。如集团内的某些成员少支付保险费，其他成员势必需多支付保费以弥补风险基金的不足，导致公平性被破坏。而每一风险个体先天与后天的因素都不同，其所面对的风险大小是不同的。核保能够辨别承保风险的高低，并使可保风险的性质趋于同一，即对面对不同风险的个体进行分类，按不同标准进行承保和制定费率，从而保证承保业务的质量、客户的权利以及公司经营的财务稳定性。

保险里的逆选择是指投保人选择对自己有利的时机和条件投保某种保险，以获取必然的保险赔偿。比如，某人在已经知道自己父亲身患某种重大疾病的情况下，向保险公司隐瞒了这一情况，为其投保了一份重大疾病保险，这样的行为就属于逆选择。为此，保险公司对投保人的投保申请需要进行审核，评估核保风险程度，以保证公平和权利义务对等。

四、核保的目的与意义

保险公司核保以确保客户享有公平合理的保费费率为出发点，其主要目的是尽可能地防止和避免危险的逆选择，最大化地发展与维持有利润的保险业务，实现保险公司、客户以及营销员三赢。

核保在保险经营中具有十分重要的意义，主要体现在：

1. 公平性——维持差别费率的公平原则

保险费计算、收取公平是保险经营的原则之一。保险费的公平合理包括两方面：一方面是保险费率的制定合理；另一方面是保险费率的运用合理。前者是保险费率如何制定的问题，后者是指定保险费率如何运用的问题。通过核保，要使每一个投保人都能根据保险公司对其承担风险的大小支付相应的保险费。从保险公司的角度而言，应在标准费率的基础上对被保险人的风险程度进行评估和分类，使每一张保险单收取的保险费均能反映被保险人的风险程度，以体现对客户的公平。

2. 预防性——防止逆选择和道德风险

道德风险的产生一般有两种情况：一是投保人基于欺诈目的而订立保险合同；二是在保险合同订立后，被保险人或受益人蓄意制造保险事故以骗取保险金。无论是逆向选择还是道德风险，都会使保险公司的赔付率超过预定的赔付率，不利于保险公司的经营。合理的核保可以减少逆选择与道德风险，减少不良理赔案件，提高保险业务质量，有利于保险经营的稳定。

3. 安全性——维持稳健经营，提高承保利润

以营利为目的是商业保险公司的基本经营特征。保险公司的经营利润来自于承保利润和投资利润两方面。保险公司的承保利润在很大程度上是由精算师所确立的费率组成的，而对于公司承保群体的实际死亡率是否能够控制在预定范围之内，是否可以实现预定的承保利润，核保工作起着重要作用。通过核保，对风险进行选择和控制，能使承保群体的实际死亡率等于或低于预定死亡率，从而实现死差益，获得承保利润，有利于保障公司的稳健经营。

4. 竞争性——利于业务人员开展业务

一个符合保险客户需求的保险产品应符合以下三个条件：一是能满足购买者的基本保障要求；二是多支付的保险费在购买者的经济负担范围之内；三是保险费率比其他公司更具有竞争力。合理的核保可以使保险费结构优化，保险产品更具有市场竞争力，有利于业务人员开展业务。

五、核保的原则

（一）公平性原则

公平性原则是指通过寿险核保维持差别费率的公平。由于参加保险的个体的生活环境、职业危险性、健康状况存在较大的差别，影响其身体健康的因素不尽相同。如果不论其风险程度高低，均采用同一种费率，那么对风险较低的个体是不公平的。因此，通过核保，可以对参加保险的个体，依照其危险程度的高低选择保险费率，收取相应的保险费，使各被保险人之间不因某一个体危险程度较高而损害其他个体的利益。核保的危险分类和收费分类即是公平性原则的具体体现。

(二)保证经营安全原则

保险经营的成败不仅关系到保险公司的利益,而且与众多企业、家庭、个人的利益息息相关。如果保险公司经营不善甚至破产,则会影响到社会的安定。所以,安全、稳健是保险经营的生命线。核保作为保险公司风险管控的入口,对于保证经营安全有着重要作用。如果核保规则过严,保险费率过高,则保险客户减少,保险公司将失去竞争力;如果核保规则过松,保单质量问题增多,则将会影响保险公司承保利润。因此核保工作应该严格遵守国家有关法规、行业协定、市场准则以及公司的规章制度,实施规范化管理,提供优良的专业服务,把好业务质量关。要避免片面追求规模的短期行为,不盲目承保高风险项目,不任意推销不成熟的险种,不无限制地降费承保,合理控制经营风险。

(三)成本节约原则

成本节约原则是指核保工作应坚持以最小的人力、物力和最短的时间完成核保任务。核保人员面对客户千差万别的风险,不能简单利用一切可以利用的技术手段,耗费大量的时间和精力去挖掘客户可能存在的潜在风险,而要在合理评估风险时兼顾核保成本。比如,体检是评估风险的有效手段,选择体检项目应遵循简廉有效原则,检查项目费用不宜过高,而且要尽量避免选择有创检查项目。

(四)促进销售原则

促进销售原则是指在制定核保政策时必须考虑是否符合公司经营方针、有利于促进保单销售、扩大市场份额的原则。

核保的实质是保证承保业务质量,并非限制业务发展。保险核保人员对投保标的和风险的选择,并不是只承保风险较小的业务而拒保风险较大的业务,或只承保高质量业务而拒保质量较差的业务。因此在制定核保规则时,其宽严尺度的把握是核保部门首先要考虑的问题。

第二节 人身保险核保理论基础

一、信息不对称理论

信息不对称理论是由乔治·阿克尔洛夫、迈克尔·斯彭斯和约瑟夫·斯蒂格利茨于20世纪70年代提出的。信息不对称理论是指在市场经济活动中,各类人员对有关信息的了解是有差异的,掌握信息比较充分的人员往往处于比较有利的地位,而信息贫乏的人员则处于比较不利的地位。

保险市场也存在信息不对称现象。投保人和被保险人对于自己的各种风险以及购买保险的目的最为清楚,而保险人对自己开发的保险产品与保险合同最为熟悉,因此保险合同双方也存在着信息不对称,拥有信息优势的一方有可能利用这种信息优势来获取不当得利,从而损害对方的利益。

投保人和被保险人在保险知识方面,相对于拥有大量专业知识和实践经验的保险人而言处于劣势。一方面,保险客户对保险合同的理解难以与保险人相比,导致在保险险种、保险金额、保险期限、保险费率的选择方面存在盲目性;另一方面,在如实告知义务的履行方面,他们也无法同专业保险人相比,其投保信息的真实性与全面性难以保证。这既给核保人员收集核保资料工作造成了困难，也为核保决定的正确选择增加了难度。

投保人和被保险人对自身风险的认知比保险人要强，而且受利益的驱使有可能故意隐瞒投保动机和应如实告知的内容，从而影响保险人做出合理的核保结论，甚至影响到后续保险事故的索赔。另外，保险人与业务员对保险条款设计、费率厘定、保险营销、保险承保、理赔等内容的掌握要远胜于保险客户。受代理佣金的利益驱使，某些业务员可能存在展业不规范问题，比如不能按照核保要求对客户进行询问、观察，收集相关的核保资料，所写业务员报告书内容失真，甚至存在夸大保险责任、代填投保单或代签名等违规行为。而专业核保人员一般不与客户直接接触，其在获取核保资料方面不如保险营销员，难以判断保险营销员提供资料的真伪，势必影响核保结论的正确。

保险合同双方在人身保险实务中存在信息不对称，如果不规范双方行为，则势必增加保险人核保的工作难度，会出现承保纠纷。因此保险合同双方都需要本着最大诚信原则，如实做到核保要求的内容。

二、风险管理理论

(一) 可保风险

保险的经营对象是风险，但在保险实务运作中，商业保险公司是以营利为目的的，且自身财力有限，既不愿意又无能力承担一切风险的可能损失。从主观意愿上讲，商业保险经营希望承保满足一定条件的纯粹风险。这种满足可保条件的纯粹风险称为可保风险。可保风险必须具备以下几个条件：

(1) 损失率必须是可预测的；

(2) 符合大数法则的大量同质风险单位存在；

(3) 损失必须是意外的；

(4) 损失必须是明确的；

(5) 对保险人而言不能是巨灾损失。

因此，现代保险的经营是建立在科学基础上的，核保就是保险公司在承保前对可保风险进行评判与分类，进而决定是否承保、以什么样的条件承保的分析过程。保险人通过核保将不同风险程度的标的物或人群进行分类，这样就可以防止非可保风险的承保，排除不合格的被保险人和保险标的，对保险经营中出现的逆选择现象也能有效地加以控制。否则，如果保险对投保人不加区别地一律承保，就会造成对保险人极为不利的逆选择，会影响到保险人的正常经营。因此，保险人必须对投保人和保险标的加以选择和控制。通过核保，能够辨别投保风险的高低，并使可保风险的性质趋于同一，即对不同风险程度的风险单位进行分类，按不同标准进行承保，制定保险费率，从而保证承保业务的质量和公司经营的财务稳定。

(二) 风险识别

风险识别是对客观存在的各种风险因素进行系统的鉴别和归类的过程。通过风险识别，可以较为全面地了解公司或个人所面临的各种风险因素。寿险核保工作首先要做的就是人身风险的识别。

对于人身风险常用的风险识别方法有风险清单识别法、生存调查识别法、财务报表识别法、事故分析法等，这些方法均可用于寿险核保工作。

1. 风险清单识别法

风险清单识别法是指人们通过设计，编制一种收集有关信息的表格、框架，借以识别风险的方法。风险清单识别法经常在寿险的核保中运用。例如，投保单健康告知栏的内容设计、病史问卷等设计，都是针对被保险人可能存在的风险，用清单的方式列明，通过投保人或被保险人的如实回答来采集风险信息，从而识别风险。

2. 生存调查识别法

生存调查识别法就是在保险人接到投保人投保申请后，对存在疑问的投保件进行险种核对，将其所有申请投保标的(投保人、被保险人)的年龄、性别、职业、健康情况等逐项列出，然后进行相应的调查比较，识别风险。在此基础上，对投保的险种、险种保险责任、保险价格、保险金额等是否合理提出修正建议；对投保人自留风险的处理和应协助采取的风险预防、控制措施提出处理方案。这样做既可以为投保人、被保险人选择较为合理有效的保障方案，又可防范因保险人对承保标的的风险不明、责任界定不清而导致的风险。

3. 财务报表识别法

财务报表识别法在团体人身保险中常用，是指风险管理者(核保人员)通过分析资产负债表、损益表、现金流量表等资料，对经济单位(企业)固定资产和流动资产的分布进行的风险分析，以便从财务的角度发现企业面临的潜在风险和财务损失。财务报表是综合反映一个经济单位经营状况的指标，经济单位的许多问题都可以从财务报表中表现出来，而且很多会计科目本身已包含了投机风险和纯粹风险的信息。寿险核保运用财务报表分析的方法很多，如比较分析法、比率分析法、趋势分析法、因素分析法和共同比分析法等。这些分析方法在团体人身保险核保工作中都具有十分重要的作用。

4. 事故分析法

事故分析法是对可能引起种种不利后果的事故进行研究，并探索其原因和结果的一种方法。此种方法针对某一风险事故，运用逻辑学演绎分析原则，由结果分析原因，找出各种可能引起事故的潜在风险及风险因素引起事故的重要程度，求出事故发生的概率，进而提出控制风险因素的建议和方案。在寿险团体保险核保中，此种方法经常被运用。例如，当我们采集到某建筑企业作为投保团体近年所发生的意外伤害损失事件的资料后，便能够针对该损失事件使用事故分析法分析，找出事故发生的原因和产生的结果，判断该企业风险的特点和大小，进而选择合适的承保方案。

(三)风险衡量

1. 风险衡量的含义

风险衡量，也称风险估测，是在识别风险的基础上对风险进行定量分析和描述，即在对过去损失资料分析的基础上，运用概率论和数理统计的方法对风险事故的发生概率和风险事故发生后可能造成的损失的严重程度进行定量的分析和预测，最终目的是为风险决策提供信息。

2. 衡量风险的方法选择与核保决策

衡量风险的方法，一般根据不同的应用领域来选择。在保险领域，针对可保标的的风险和损失情况进行选择。最常用的关于损失的指标有损失频率和损失严重程度。损失频率测量的是在单位时间内损失事件发生的平均次数，通常用分数、百分数或小数来表示。例如，某投保单位有1000名员工，每年住院的为20人次，则损失的频率为20/1000或2/100；又例如，某100人单位，死亡的损失频率为1，这说明该死亡损失为每年1人。这一衡量风险的方法在核保团体业务时常用。通过对该团体过去实际损失频率(即实际发生的损失数量与所有可能发生的损失数量之比)的计算，可以了解该投保团体的风险大小，为核保决策提供依据。

损失严重程度是标的物发生一次风险事故的平均损失额度，该额度是发生损失的算术平均数。例如，某一地区购买了住院医疗保险的被保险人在一个保单年度内，有500人住院治疗，若发生合理医疗费用500万，则这一损失的平均额为500万元/500人 = 10000元/人。如果这一地区购买该保险产品的总人数(或保单件数)为5万人，我们就可计算出损失期望。损失期望 = 损失频率 × 平均损失严重程度 = 500/50000 × 10000 = 5/500 × 10000 = 100(万元)。即这一地区该保险产品在该保单年度内的损失期望额度为100万元。这对我们核保中的风险管理具有很重要的意义，为我们在制定该地区该险种的风险控制目标和核保标准提供了参考依据。

由于上述损失频率和损失严重程度得到的都是平均意义上的结果，在实际风险估算时还应考虑风险损失波动程度，这种波动程度由损失变量的方差或标准差来度量。某种风险损失的波动性越大，其损失额度的不确定性就越大，相应的风险就越大。对此，核保人员应特别关注。

(四)风险评价

1. 风险评价的含义

风险评价是指在风险识别和风险衡量的基础上，将风险发生的概率、损失严重程度，结合其他因素综合起来考虑，得出发生风险的可能性及其危害程度，并与公认的安全指标进行比较，评定危险等级，然后根据危险等级，决定采取相应的风险管理措施的过程。

2. 核保中常用的风险评价方法

在核保实务中，常用的风险评价方法主要有定性风险评价、可靠性风险评价和综合风险评价三种。

(1)定性风险评价。定性风险评价是指通过观察和分析，借助于经验和判断能力进行评价的方法。定性风险评价中常用的方法是安全检查表风险评价法，即利用安全检查表进行风险状况分析和评价。基本做法是，根据安全检查表，把检查对象按一定标准给出一定分数，再按每一检查项目的实际情况给出一个分数。在寿险核保中自觉地运用这一评价方法有利于我们准确判定投保体的风险程度，使核保结论建立在科学的基础上。

(2)可靠性风险评价。可靠性风险评价是以过去的损失统计资料为依据建立数学模型，对风险进行评价的方法。该方法的特点是评价精确度较高。基本步骤是：先计算出风险率，然后进行风险率和安全指标的比较。风险率比安全指标大，则处于危险状态，且其差距越大，危险程度越高。可靠性风险评价法在团体保险中运用较多，要重视对被评价单位过去损失资料的收集和真实性评定，这是计算风险率的基础。

(3)综合风险评价。综合风险评价是指运用两种以上方法进行评价。每一种风险评价方法都有各自的优缺点，因此同时运用两种以上的评价方法去评价系统的风险，可以取长补短，更符合实际。在组合的方式上主要是根据被评价的系统的具体情况而定，可以是定性评价和定量评价的组合，也可以是两种相同评价方法的组合。

第三节 人身保险核保的过程

核保是保险公司的风险控制入口，一份保险合同的订立必须经过多环节的风险选择，才能确定合理的承保条件。一般情况下，核保有四个阶段：营销人员的风险选择、体检医师的风险选择、核保人员的风险选择、生存调查的风险选择。

一、营销人员的核保

营销人员在业务拓展过程中所做的客户筛选工作称为第一次风险选择，在整个核保过程中发挥着不可忽视的作用。营销人员的品质、业务素质和风险选择意识，是做好第一次风险选择的关键，因此，加强对营销人员的教育引导和管理至关重要。

（一）营销人员核保的重要性

通常人们对所面临的风险并不十分清楚，且多存有侥幸心理，因此大多数潜在的投保人或被保险人不会主动地参加保险。保险公司为了能够安全、有效地经营、占领市场，运用大数法则预测、控制风险，必须拥有大量的业务，所以如何招揽业务是保险公司的首要任务，是保险公司能否发展的先决条件。将上述两方面衔接起来的桥梁即是开展业务，简称展业，故保险公司的营销人员是代表公司与客户直接接触的首要环节之一。

目前人身保险业务的拓展主要是以营销展业的方式进行的，而这种方式是大量的业务员去寻找新的客户。绝大部分的新业务达成均需有一个积累促成的过程，也就是说要和客户进行一段时间的接触，才会对客户的投保动机、保险需求、健康状况、职业及工作环境、收入状况、家族情况、生活环境等重要投保信息了解得清楚。如果营销人员能以良好的职业素养尽可能地收集投保信息，如实填写业务员报告书，并以专业的角度对投保客户进行筛选，那么承保效率将有所提高，不但可以避免人力与物力的浪费，减少核保成本，而且有利于提高保险公司信誉，促进营销人员的展业。

1.健全经营

核保人员主要依靠营销人员提供的投保信息和业务员报告书来进行风险的评估，因此，营销人员能否提供真实、可靠的资料，对核保有着至关重要的决定作用，以至于有人说业务员的第一次风险选择几乎代表了核保的全过程。营销人员规范的第一次风险选择，有利于保单质量的提升，维护被保险人之间互助行为的公平性，使保险经营健康发展。

2.提高效率

营销人员在展业过程中的第一次风险选择能否为核保人员提供准确、详实的资料，直接关系到以后的风险选择能否顺利进行。如果营销人员能够为核保人员提供准确而充分的信息，就可以节约第二、第三次风险选择的人力、物力和时间，甚至可以省去生存调查，大大提高核保的效率。

3.减少合同纠纷

营销人员在展业过程中如果对投保人及被保险人的有关情况不做深入的了解，不能如实解说保险合同，有可能使被保险人健康告知不全，误解保险合同。这样难免造成保险事故发生后保险金不能及时给付，从而引起合同纠纷。这不仅会损害投保人的利益，也会损害保险公司的声誉。

4.降低道德风险

在保险实务中，某些投保人投保时可能故意隐瞒被保险人的健康问题，带病投保，以达到骗取保险金的目的。如果营销人员在与投保人和被保险人的接触中，对其投保动机、财务状况、健康状况等不做深入的了解和观察，或根本没见过被保险人，就难以发现这些问题，也就无法降低道德风险。而营销人员与客户接触最多，了解投保信息最为清楚，其规范展业将有利于避免逆选择与降低道德风险。

（二）营销人员核保的工作内容

第一次风险选择是在业务员展业过程中完成的，它一般分为四步。

1.面晤

营销人员通过与客户面晤，从而可以：①了解投保人的投保动机；②确定投保人、被保险和受益人之间的关系；③帮助投保人填写投保单；④明确健康声明，告知必须由被保险人填写；⑤确认被保险人、投保人签字。

2.观察

详细观察被保险人的健康状况和生活环境，主要包括：①被保险人的体格、外观、面色、行动等是否正常；②被保险人有无残疾、智力和功能障碍等；③被保险人的家庭情况、工作和居住环境等。

3.询问

对被保险人的健康情况、职业及告知等做具有技巧性的询问，主要包括：①投保的目的、投保的历史（总投保金额，既往有无被加费、限额、延期、拒保）；②被保险人的既往病史、家族病史；③被保险人的职业及使用工具的具体情况；④在可能的情况下，了解其收入和资产情况。

4.填写报告

在完成上述的三项步骤后，营销人员根据此次观察、询问的情况，据实完成业务员报告，提供给核保人员。

（三）营销人员核保的注意事项

1.注意避免道德风险，防止逆向选择

避免投保人的道德风险和防止逆向选择行为的产生是第一次风险选择中重要的内容，甚至是最重要的内容。为了达到好的效果，营销人员一定要面见投保人、被保险人，对投保动机不纯、来者不善的人，应婉言谢绝。要注意投保人、被保险人、受益人之间的利益关系，对无保险利益的件不应接收。若受益人与被保险人无明确利益关系，应了解其指定受益人的理由并给出书面说明，如无正当理由，应请其指定受益人为父母、配偶或子女。此外，投保的金额、所缴保费与投保人的经济能力要相适应，以避免不良后果。对于有不良嗜好，如酗酒、赌博、药物成瘾或社会交往关系复杂的投保人，应尽量婉拒。

2.注意投保人或被保险人的健康状况

由于人身保险是以人的生命与健康为保险标的的，因此被保险人的健康状况是第一次风险选择中最为重要的内容。营销人员应仔细观察被保险人的体格、外观、精神状态和步态等，如有可疑情况应提示核保人员，对按核保规则本应免体检的件也应要求其体检，并在业务员报告书中加以说明。体型较肥胖的人易患心脑血管疾病、糖尿病等，如果近期体重下降明显则有患恶性肿瘤的可能。被保险人的精神状态往往反映了一定的病症，若反应迟钝，答非所问，要考虑其有无智力障碍。如果被保险人跛行，步态怪异或使用辅助工具，甚至不能行动等，业务员应巧妙地观察其行动并探知原因。

3.正确指导投保人填写投保单及有关专项问卷

为了避免引发投保人与保险公司的争议甚至法律纠纷，投保申请书上要求填写的内容不得有遗漏，有关条款的重要内容及相关的法律应向客户详细解释，明确说明如实告知义务、除外责任、合同失效、合同解除等方面的规定。业务员要帮助投保人或被保险人填写投保申请书、健康告知书以及核保相关问卷，并要求其如实告知，而且要求由被保险人或投保人亲自填写以上内容。如被保险人为未成年人，应由法定监护人代为签名。

4.业务员报告书要准确、详细

业务员报告书是核保的重要资料，它能够对投保单以外的信息加以补充说明，并提醒核保人员注意重要的细节，避免遗漏，并提示调查方向，从而做出正确的核保结论。因此营销人员填写报告书一定要准确、详细而且客观。

保险营销人员与客户接触最多，了解投保信息最为清楚，因此其能否规范地进行第一次风险选择，对于保单质量至关重要。保险营销人员的职业道德水准、法律意识、责任感及其知识水平的高低，在一定程度上决定着保险公司保件的质量，影响着风险选择的效果。

二、体检医师的核保

体检医师核保，就是体检医师运用保险医学知识，对被保险人的健康状况进行的风险选择，称为第二次风险选择。也就是说，体检医师核保对被保险人的健康风险进行评估、筛选、分类，能为确定被保险人的死亡率提供最有价值的资料及意见，是确定投保人或被保险人健康风险最重要的方法。

（一）体检医师核保的重要性

某些影响健康的危险因素不是肉眼能观察出来的，被保险人或投保人对于其身体健康状况未必了解，而且保险客户在投保时未必都能做到如实告知。而人身保险以人的生命与健康为保险标的，健康信息的收集不足，将影响到核保结论的正确性，也不利于维护投保客户之间的公平。在人身保险诸多风险因素中，健康危险因素对死亡率的影响最大，且这种危险因素往往导致逆向选择，而且不易被察觉，只有通过体检医师的专项检查才能做出正确的判断。

（二）保险体检医师与临床医师的不同

保险体检医师和临床医师都运用医学知识与技术对受检者进行检查，了解其既往病史、现病史、家族史等疾病相关信息，并对其健康状况做出评价。但是两者在面临对象、应用目的以及关注点等方面有所不同。

1.面对的人群不同

保险体检医师检查的对象是欲参加保险的被保险人群体。他们大多数是健康人，以参加保险为目的。

临床医师检查的对象多数是患病的个体，他们求诊的目的是查明病情，及时诊断治疗，恢复健康。

2.目的不同

保险体检医师的工作目的在于了解影响受检者健康的危险因素，大致确定被保险人群体的预期死亡率，对被保险人群体进行健康状况的风险选择。体检项目的选择将影响到核保成本。出于保险体检的目的，保险体检医师选择体检项目时需要遵循简廉有效原则，既要考虑检查项目的费用，也要考虑检查项目的实用性。

临床医师工作的目的就是确定患病个体的病症，明确病因，选择合理的治疗方案，促进患者恢复健康，或减轻痛苦，延长寿命。因此临床医师为搞清楚患者的病因，评估治疗效果，往往需要进行全面的检查。

3. 关注点不同

保险体检医师出于保险经营需要，其关注点主要是疾病的预后、未来患病率、重疾率、残疾率及死亡率，因此凡是对未来保险事故发生有影响的因素都需要考虑和关注。

临床医师出于治病救人的目的，其关注点主要是目前诊断的准确性和治疗的有效性，对于某些健康因素有时会有所忽略。

(三)体检医师核保的工作内容

1. 听取被保险人的告知

体检医师在进行体检时首先要了解被保险人的年龄、既往病史、家族病史、现病史、职业、生活环境、医疗状况及常用药物等对其健康状况及预期死亡率有影响的各种健康方面的因素；并在听取被保险人告知的同时，有效询问，力争获取明确详细的投保信息，从而有针对性地选择体检项目。

2. 进行身体检查

体检医师可以通过仔细观察被保险人的体格、体质、面色、皮肤、精神状态、言谈举止、步态等了解其一般状况；然后通过体格检查、实验室检查以及器械检查准确掌握被保险人的健康状况。不同保险公司的体检规则有所不同，同一家保险公司对于不同被保险人，由于保险产品、保额以及健康状况不同，体检项目也有所不同，如表1－1所示。

表1－1 某公司体检项目规则表

年龄 / 保额	16～35岁	36～40岁	41～45岁	46～50岁	51～55岁	56岁以上
300001～400000元	免体检	免体检	体检3	体检3	体检3	体检3
			胸透	胸透	胸透	胸透
……						
5000001元或以上	TSP体检5	TSP体检5	TSP体检5	TSP体检5	TSP体检5	TSP体检5
	TM	TM	TM	TM	TM	TM
	胸片	胸片	胸片	胸片	胸片	胸片
	APS	APS	APS	APS	APS	APS

注：1. 有条件的地区，可对50岁以上被保险人加查眼底，对45岁以上女性被保险人加查宫颈涂片；

2. 被保险人有呼吸系统疾病的，核保人员根据具体情况决定是否加查肺功能。

缩写定义：

健康证明：健康证明或体格检查

体检1＝物理体检＋尿常规＋心电图

体检 2 = 体检 1 + 血常规 + 血糖 + 血脂 + 肝功能 + 乙肝两对半

体检 3 = 体检 2 + 肾功能

体检 4 = 体检 3 + 腹部 B 超（成年女性加做妇科 B 超、40 岁以上女性投保重大疾病保险及女性疾病保险加查乳房 B 超）

体检 5 = 体检 4 + 抗 HCV + AFP

少儿体检 = 物理体检 + 血常规 + 尿常规 + 血糖 + 血脂

乙肝两对半：HBsAg、HBsAb、HBeAg、HBeAb、HBcAb

血脂：胆固醇（CHO）、甘油三酯（TG）、高密度脂蛋白（HDL）

肝功能：谷丙转氨酶（ALT）、谷草转氨酶（AST）、r – 谷氨酰转移酶（r – GGT）

APS：病历报告

TSP：由公司指定的医师对被保险人进行体检

TM：运动心电图

3. 完成体检报告，提出核保建议

体检报告是体检医师工作内容的记录，是被保险人健康状况的具体描述，也是核保人员医学查定的主要依据。因此，体检医师应如实、详细填写体检报告，并提出合理的核保建议，方便核保人员做出合理的承保结论。

体检报告书由健康告知与体检结果组成。健康告知部分原则上应由被保险人亲笔填写，在某些情况下也可由体检医师仔细询问后填写，但必须有被保险人亲笔签名认定，因为它是保险合同的组成部分。体检结果由体检医师如实填写，如果被告知有既往病史及现病史，应仔细询问所患疾病名称、发病时间、治疗经过及复查时间、治疗效果、主治医师或就诊医院，检查有关项目并记录，综合评价后得出体检结论。

（四）体检医师核保过程中的注意事项

（1）体检时须查验受验者身份证件，以确认受验者是否为被保险人，防止冒名顶替。

（2）受检者须亲自填写健康告知内容，如实填写并签名。

（3）引导受检人如实告知。

（4）在体检的过程中发现有可疑的地方，要详细询问、检查并记录在体检报告书上。

（5）体检资料要保密。体检中如发现被保险人的异常情况，体检医师有为受检者保密的义务，不应随意告知他人，以免引起争议而影响核保人员的核保决定。目前大多数保险公司的做法是体检医院将体检结果密封，然后转交给保险公司指定的人员，或由保险公司指定的人员前往领取，禁止由业务人员或第三者转交。

（6）体检结果不可由被保险人或业务员代交。体检医师不应该事先将体检结果告知受检人或发表任何意见，检验结果应该直接寄交保险公司核保部门，或由专人转交保险公司指定人员，以免影响核保人员的正常核保。

三、核保人员的核保

保险公司的核保人员根据前两个核保环节提供的资料及报告书，经过综合分析，判断是否可以承保及以何种条件承保的过程，称为专职核保人员核保，又称为第三次风险选择。

（一）专职核保人员核保的重要性

核保人员是代表保险公司决定对要保合同是否承保的人。一般情况下，对于通过核保环节的要保件，保险公司将出立正式的保险单，以示对投保申请的接纳，英文单词 underwriting 在保险中的含义既是核保又是承保就体现了这一点。

专职核保人员的基本职责是控制经过选择的被保险人的实际死亡率，在精算部门所预测的预定死亡率的安全范围内，选择符合保险公司预定死亡率的优良保件，使理赔件数与理赔金额不超过预定范围，从而保障公司的稳健经营。此外，专职核保人员核保结论的合理性还涉及保险费率的公平。因此，专职核保人员的责任十分重大。

（二）专职核保员核保的工作内容

在保险公司发展的不同阶段，其核保的松严程度应该是不一样的，在公司发展的初期，正是扩大业务规模的时候，核保控制太严会打击业务人员的积极性，在这个阶段，核保可能会稍微宽松一些。到公司发展到一定规模，业务相对稳定时，为了公司的稳健经营和利润最大化，核保人员应从严掌握，以保证不良保件的最少流入。但无论在哪个阶段，核保人员在进行危险评估时，必须考虑预定死亡率和其他各种可能的非预期危险因素，在整体综合评估的基础上决定公司能承受的死亡率范围。通常，专职核保人员核保包括以下几个阶段。

1. 决定死亡率标准

保险公司的死亡率标准是依据公司的经营理念，由精算部门根据过去所承保保件的理赔数据精算出的预定死亡率的标准范围，因此，核保人员在对危险进行评估时，必须先考虑上述的预订死亡率和其他各种可能的非预期危险因素，整体综合评估后，决定保险公司所能承受的死亡率范围。

2. 初步审核

初步审核是指对投保人的基本资料进行初步审查、核对的过程。审核内容主要有：投保单填写是否详细、准确；投保的基本信息；投保相关资料是否完整；保险金额是否过高等。

3. 补充完善投保资料

对投保金额过高、告知声明有遗漏或核保人员认为有疑点的保件，有必要做进一步的资料收集工作。健康状况有疑点的可要求被保险人做针对性体检，以获得进一步的健康资料；财务收入状况有疑点的可进行生存调查，以确保保额适当。同时，若核保人员认为被保险人的体检资料尚不足以评估危险而需要被保险人的既往病史，可要求被保险人协助，到曾就诊的医院调阅有关的病历报告，或提供过去一定时期内的体检报告及相应的治疗记录，也可以使用有关的特殊问卷或补充告知声明书，以收集足够的资料帮助评估风险。

4. 综合分析，确定承保条件

当资料收集完备后，核保人员应对影响被保险人死亡率的因素进行综合分析，依据核保手册对被保险人的风险进行评估，决定承保条件。对于标准体以标准费率承保，对于次标准体则依据其危险程度、额外死亡率值，做出加收多少特别保费、特别约定除外责任、降低保额、增加免责期限或缩短保险期限等核保决定。对于较复杂的次标准保件，核保人员可能会交叉使用上述承保办法。不到万不得已一般不会拒保，因为拒保对被保险人的心理影响极大，也会导致客户资源的流失。对于一个优秀的核保人员来说，控制风险不在于其拒保了多少，而在于他是否能以各种方法承保多少，做到既控制风险又促进业务发展的完美结合。

5. 越权上报审批

一般而言，保险公司对其核保人员可做决定的范围及权限进行限定，这在核保上称为核保权限。核保权限包括险种类别、最高保险金额、核保结论等。核保人员资历、经验、职务不同，其核保权限有所不同。对于超过自身权限规定的投保件，核保人员需要进行上报。

四、生存调查

生存调查是指保险公司为了解被保险人可否被承保、以何种条件被承保或为了将已排除道德危险及逆向选择的投保人加入被保险人集团，而对生存中的被保险人实施的调查。生存调查是相对于死亡事故发生后理赔中的死亡调查而言的。广义的生存调查还包括在保险金给付的过程中对生存的被保险人的调查，而这里所指的生存调查仅指保险事故发生时的调查。生存调查分为保险合同成立前的调查，它是第二次风险选择的一部分，以及保险合同成立后的调查。保险合同成立后的生存调查称为第四次风险选择。

（一）生存调查的必要性

某些危险仅仅通过营销人员与投保人的接触及体检医师有限的投保体检是无从发现的。例如投保人对既往病史及现病史加以隐瞒或不实告知，对具体从事的危险职业含混填写或有意忽略等，若没有调查人员介入，提供补充资料，核保人员仅凭投保书、业务员报告书、体检报告书所反映的信息，难以做出正确完整的核保结论。这样的结果会使不诚实及具有逆选择等道德危险的不良合同大量进入保险公司，从而大大损害众多客户的利益，威胁保险公司的经营安全，或造成大量的理赔纠纷，给保险公司的形象造成不良影响。因此生存调查非常重要，特别是对高保额保件及有疑问的保件，生存调查的好坏对风险选择的效果有相当重要的意义。

（二）生存调查的内容

在核保过程中，生存调查的主要内容如下所述。

1. 投保事项

（1）投保内容是否经被保险人同意，投保单是否由被保险人亲笔签名。

（2）投保人、被保险人、受益人的关系，是否同意指定。

（3）被保险人或投保人住址、户口所在地是否正确。

（4）投保的险种、保额与其身份是否相符。

（5）投保动机如何。

（6）业务员服务的质量如何，与投保人、被保险人有无关系，有无面见被保险人。

2. 健康状况

（1）通过与客户的面晤、交谈，判断客户的身高、体重是否正常，精神状态如何，有无语言、智力障碍；观察其脸色面貌，有无明显的伤痕（特别是手术疤痕）或肢体残疾；视觉、听觉有无异常；肢体运动是否协调，有无突然的不自主震颤等举动。

（2）了解客户现在有无疾病，过去有无住院或手术史；近期有无体检，体检有无异常，在何医院，体检项目有哪些，对于有过住院治疗经历的被保险人，需通过各种途径去医院调阅其病历资料，记录并发症情况、诊断结果、治疗经过、手术状况、用药情况、异常的检查结果以及出院情形及预后等。

（3）了解客户有无因健康状况被其他保险公司加费、延期、拒保或拒赔过。

3. 财务状况

（1）年收入状况。

（2）保险历史。

（3）投资经营状况。

（4）家庭资产状况。

4.职业与环境

（1）现职工作的内容、工作性质；有无高空作业情况，有无使用危险工具，有无兼职等。

（2）居住与周围环境如何，有无危险因素。

（3）工作环境如何。

5.习惯和嗜好

（1）是否有赌博、吸毒等恶习，有无违法犯罪记录。

（2）是否抽烟、嗜酒，程度如何，有无药物依赖。

（3）是否有危险运动的嗜好。

生存调查的具体内容需要依据投保案件分析确定，并非每一次生存调查都需要完全按照上述内容进行，核保人员应会同调查人员对客户提供的资料认真研究，列出调查的重点及应注意的问题。

（三）生存调查的方法

根据调查对象的不同，可将生存调查的方法分为间接调查法和直接调查法。

1.间接调查法

间接调查要求调查人员通过与生活在投保人、被保险人周围或与之有来往的人们接触、交谈，从侧面了解投保人的身体、职业、收入、品行及近期内投保人生活中的变故等情况。但是在间接调查时，一定要认识到，生活在投保人周围的人，如邻居、亲戚、朋友、同事等，他们在评价投保人时可能会附加有某些自身的观念及看法而带有主观上的偏见，甚至会捕风捉影地做毫无根据的说明。因此，有必要对所获得的信息做进一步分析，并做出准确可靠的调查报告书。间接调查法的时效差、成本高，而且如果被客户知悉可能会引起不必要的误会，影响保险公司的形象，故在工作中一般仅对高额保件或是有特别的风险时才采用。

2.直接调查法

直接调查通过直接面晤的方式，了解被保险人的健康状况、经济状况，并听取受访者的告知，必要时可向受访者索取有关的病历和既往体检、治疗的记录及补充告知书等，对危险单位进行综合的评估。一般而言，直接调查法是最直接、最经济，而且不会引起客户反感的调查方法。如果此工作由保险公司的行政人员来执行，则整个风险选择的过程都可以在保险公司的控制下。如能注重调查的技巧性、针对性和深入性，对需要了解的部分资料进行充分的发掘，则效果更好。其缺点是受访者有意隐瞒时，不易获得事实的真相。

总的来说，直接调查较为简捷经济，不致引起纠纷，但可靠性较差。间接调查更为客观有效，是核保的重要信息来源，但耗时、费力，成本较高。故在核保实务中应具体情况具体分析，无论单独采用或结合使用都既要保证核保达到选择的效果，又要考虑到承保费用、核保效率及公司形象。

（四）生存调查过程中应注意的问题

生存调查人员是保险公司的行政编制人员，其一举一动既代表公司的形象又影响客户投保的心理，故对下列问题应高度注意。

（1）生存调查人员调查前应做好充分的准备，对投保单上有关客户的资料、告知情况、投保内容、体检结果做到心中有数，从而明确此次调查的重点，然后在电话联系客户进行预约后再前往拜访。

（2）在进行生存调查拜访时，应先做好"打交道"的工作，再渐渐引进主题。要随时注意客户的反应，观察调查环境，在与客户交谈时，态度要诚恳，亲切有礼，并注意服装仪表的整洁端庄，切勿使客户产生不良印象甚至反感情绪。

（3）拜访时间一般要跟客户预约，可由客户决定，或提供时间给客户，不反对的话即可进行，必要时也可采用"突然袭击"。拜访时间的长短视实际情况及客户对生存调查人员的态度好坏而定。如实际情况显示被保险人有身体、道德上的危险，应深入调查；如客户对生存调查工作已产生反感，切勿逗留太久。要把握应调查的重点，以客观的立场进行调查，不能夹杂主观成见。

（4）生存调查的最佳地点应为被保险人的住宅，因为从被保险人居住的环境可以了解其生活的基本状况及教育程度。其次为被保险人的工作单位，可以了解其工作环境、工作性质及担任的职务。一般情况下，不要接受被保险人在第三地点进行调查拜访的要求。

第四节　核保过程中的信息资料

核保人员在进行风险选择时必须收集投保人、被保险人的相关资料，通过对这些信息资料的分析研究，才能做出合理的核保结论。核保过程中的信息资料一般有以下几项。

一、投保单

投保单是保险合同的重要组成部分，也称为投保书、要保书或投保申请书。它实际上是投保人向保险公司提出保险需要的申请书。虽然不同保险公司的投保书在内容或编排上有所不同，但一般都包含两个基本内容：投保人及被保险人的基本情况和投保事项；健康状况及医疗情况告知。

（一）投保人及被保险人的基本情况及投保事项

1. 投保人及被保险人的基本情况

投保人及被保险人的基本情况主要包括：姓名、性别、年龄、身份证号、住址、职业、工作单位及收入状况等。通过这些信息可以了解到被保险人的一般状况，如：是否在投保的理想年龄段、职业及爱好对所投保险种的影响、性别在健康评估上的差异、收入状况是否符合投保金额的要求等。

表 1-2　人身保险个人投保单

投保人资料	姓名：	有效证件类型：□身份证 □军人证 □护照 □其他
	证件号码：□□□□□□□□□□□□□□□□□□	出生日期：　年　月　日　周岁
	性别：□男 □女　婚姻状况：□已婚 □未婚 □离婚 □丧偶 □其他	与被保险人关系：
	住址：	邮编：□□□□□□　电话：
	收费地址：	邮编：□□□□□□　电话：
	工作单位：	电话：
	职业（工种）：　兼职：　职业代码：□□□□□□□	类别：

续表 1－2

<table>
<tr><td rowspan="8">被保险人资料</td><td colspan="6">姓名： 有效证件类型：□身份证 □军人证 □护照 □其他</td></tr>
<tr><td colspan="6">证件号码：□□□□□□□□□□□□□□ 出生日期： 年 月 日 周岁</td></tr>
<tr><td colspan="6">性别：□男 □女 婚姻状况：□已婚 □未婚 □离婚 □丧偶 □其他</td></tr>
<tr><td colspan="6">住址： 邮编：□□□□□□ 电话：</td></tr>
<tr><td colspan="6">收费地址： 邮编：□□□□□□ 电话：</td></tr>
<tr><td colspan="6">工作单位： 电话：</td></tr>
<tr><td colspan="6">职业（工种）： 兼职： 职业代码：□□□□□□□ 类别：</td></tr>
<tr><td rowspan="4">家庭成员</td><td>配偶姓名</td><td></td><td>性别</td><td>出生日期</td><td>年 月 日</td></tr>
<tr><td></td><td>子女姓名</td><td></td><td>性别</td><td>出生日期</td><td>年 月 日</td></tr>
<tr><td></td><td>子女姓名</td><td></td><td>性别</td><td>出生日期</td><td>年 月 日</td></tr>
<tr><td></td><td>子女姓名</td><td></td><td>性别</td><td>出生日期</td><td>年 月 日</td></tr>
</table>

<table>
<tr><td rowspan="5">受益人资料</td><td>满期、生存保险金受益人： 姓名： 性别：□男 □女 与被保险人关系：</td></tr>
<tr><td>证件类型： 证件号码：□□□□□□□□□□□□ 出生日期： 年 月 日</td></tr>
<tr><td>身故保险金受益人：姓名： 性别：□男 □女 与被保险人关系：</td></tr>
<tr><td>证件类型： 证件号码：□□□□□□□□□□□□ 出生日期： 年 月 日</td></tr>
<tr><td>若受益人超过一人，请在特别约定栏内注明，除另指定分配方式外，本保单之利益由相对应的所有受益人平均分配。附加家庭保单时，被保险人之配偶及子女身故受益人为被保险人本人。</td></tr>
</table>

<table>
<tr><td rowspan="22">投保事项</td><td colspan="6">交别： □年交 □半年交 □季交 □月交 □趸交</td></tr>
<tr><td colspan="6">保费交付方式：□自动转账：_____ □自交 □人工收取</td></tr>
<tr><td colspan="6">开户银行：_____ 账号：□□□□□□□□□□□□□□□□□□□</td></tr>
<tr><td colspan="6">利差返还方式（本项仅适用于"利差返还"型险种）：□抵交保费 □储存生息 （本栏如未选择，本公司按"储存生息"方式处理）</td></tr>
<tr><td colspan="6">保险起期：自 年 月 日起 保险期限：□终身 □定期（ 年）交费期： 年 约定领取年龄： 周岁</td></tr>
<tr><td rowspan="2">主险</td><td>投保项目</td><td colspan="2">保险金额或份数</td><td>投保档次</td><td>标准保费 元</td></tr>
<tr><td></td><td colspan="2"></td><td></td><td></td></tr>
<tr><td rowspan="7">附险</td><td>投保项目</td><td>保险金额</td><td>保险费</td><td>投保项目</td><td colspan="2">保险金额 保险费</td></tr>
<tr><td>意外伤害保险</td><td>万元</td><td>元</td><td></td><td></td><td></td></tr>
<tr><td>意外伤害医疗保险</td><td>万元</td><td>元</td><td></td><td></td><td></td></tr>
<tr><td>住院医疗保险</td><td>档次：</td><td>元</td><td></td><td></td><td></td></tr>
<tr><td>住院安心保险</td><td>档次：</td><td>元</td><td></td><td></td><td></td></tr>
<tr><td>万寿两全保险</td><td>万元</td><td>元</td><td></td><td></td><td></td></tr>
<tr><td colspan="6">保费合计：（大写） 万 仟 佰 拾 元 角 分 ￥ 元</td></tr>
</table>

2. 投保事项

投保事项主要包括：投保的险种、保额、保费、既往投保经历及受益人等情况。投保的险种、保额可反映出投保人与被保险人的保险需求；投保人、被保险人与受益人三者之间的关系则可以反映出投保的目的。频繁投保或在多家保险公司投保往往隐藏道德风险。

（二）健康状况及医疗情况告知

投保人或被保险人的健康状况或医疗情况一般由投保人或被保险人回答投保书上的健康询问来完成。所询问的问题包括身高、体重、诊疗史或住院、伤害与外科手术的经历等。还有其他与身体状况有关的问题，如被保险人是否吸烟、酗酒、有无药物成瘾等问题；女性被保险人还有关于妇科的问题。最后还有关于父母及兄弟姐妹的问题（即家族史，包括现有的人数和健康状况，以及已死亡者的死亡时间及原因）。

有些公司对年龄较轻、保额较小或患病率低的被保险人使用"简易核保"程序，为了节省处理这类案子的时间，仅会询问一些非医务性质的问题，类似于正常投保书的第一部分内容，而第二部分的内容则被精简成一些较为简单的问题。因为年龄较轻者的医疗经历一般较为简单，死亡率也相对较小。表1-3所示为某保险公司的健康告知。

表 1-3　健康告知

投保人		被保险人		询问事项
有	无	有	无	
☐	☐	☐	☐	1. 近期体况：最近 6 个月内是否有新发的或以往既有的任何身体不适症状或体征？如反复持续头痛、眩晕、胸痛、咯血、气喘、腹痛、便血、紫斑、消瘦（体重短期内下降超过 5 公斤）、视力下降。
☐	☐	☐	☐	2. 近期诊治：最近 6 个月内是否接受过医师的诊查、治疗、用药，对其结果，医师是否提出检查、治疗、住院或手术建议？
☐	☐	☐	☐	3. 2 年内健康检查：过去 2 年内接受的健康检查（如血压、尿液、血液、肝功能、肾功能、心电图、X 光、B 超、CT、核磁共振、脑部等）结果有无异常情形或被医师建议接受其他检查？
☐	☐	☐	☐	4. 住院史：过去 5 年内是否住过院？
☐	☐	☐	☐	5. 过去是否患有下列疾病？霍乱、肺结核、脊髓灰质炎、肝炎病毒携带；癌症、肿瘤、霍奇金病、囊肿、结石；甲状腺疾病、糖尿病、甲状旁腺疾病、肾上腺疾病、高脂血症、痛风；贫血、血友病、紫癜、脾脏疾病；精神疾病、神经官能性疾患、儿童多动症；脑膜炎、脑炎、脊髓炎、神经麻痹、癫痫等脑部疾病和脊髓疾病；白内障、青光眼、视网膜或视神经病变；风湿热、风湿性心脏病、原发性高血压、继发性高血压、冠心病、肺心病、心肌炎、房室传导阻滞、心律失常、脑中风、心血管疾病、下肢静脉曲张；肺炎、支气管炎、肺气肿、哮喘、支气管扩张、肺大泡、胸膜炎、气胸；慢性胃炎、肠炎、消化道溃疡或出血、疝、肠梗阻、肝炎、脂肪肝、肝肿大、肝硬化、肝功能异常、胆石症、胰腺疾病；肾炎、肾病、肾衰竭、肾盂积水、多囊肾、性病；红斑狼疮、脊椎疾病、类风湿性关节炎、风湿病；肌肉、骨骼、关节疾病；结缔组织疾病；自体免疫性疾病；先天性疾病、遗传性疾病；脑外伤后遗症、内脏损伤、中毒。

续表 1−3

投保人		被保险人		询问事项
有	无	有	无	
□	□	□	□	6. 身体残障情况：有无智力障碍；有无失明、聋哑、跛行或小儿麻痹后遗症；有无语言、咀嚼、视力、听力、嗅觉、四肢及中枢神经系统机能障碍；有无脊柱、胸廓、四肢、五官、手指、足趾缺损或畸形？
□	□	□	□	7. 您或您的配偶是否为 HIV 抗体阳性？
□	□	□	□	女性栏(女性请填写)： ①目前是否怀孕，若有，怀孕____周？ ②目前是否有乳房肿块、疼痛、血性溢乳等不适感觉及异常发现？ ③目前是否有阴道不规则流血、白带异常、下腹痛等不适感觉及异常发现？ ④过去曾否患乳房、子宫、子宫内膜移位、卵巢等的疾病而接受医师的诊查、治疗、用药和住院手术？ ⑤过去曾否因异常妊娠、分娩而住院治疗或手术(包括剖腹生产)？
□	□	□	□	9. 少儿栏(2 周岁以下填写)： ①出生时体重____千克，有无难产、窒息、先天性疾病？ ②有无体重不增或增长缓慢？有无肺炎、抽搐、腹泻等疾病？
□	□	□	□	10. 不良嗜好及过敏史： 过去有无使用镇静催眠药、迷幻药及其他违禁药物或吸食有机溶剂、毒品、或有酒精中毒、药物中毒？有无对某物过敏的历史？
□	□	□	□	11. 有无职业病，如尘肺、慢性铅中毒等？
□	□	□	□	12. 有无参加飞行、潜水、拳击、赛车等危险运动或嗜好？
□	□	□	□	13. 被保险人有无吸烟习惯？若有，每天 支，约有 年历史。
□	□	□	□	14. 被保险人有无饮酒习惯？若有，请在说明栏内说明酒的品种、酒精度数、每周饮酒数量及历史？
□	□	□	□	15. 被保险人有无机动车驾驶执照？
□	□	□	□	16. 家族史：被保险人的双亲、子女、兄弟姐妹是否患有心脏病、中风、高血压、肾脏疾病、癌症、血友病、糖尿病、甲状腺疾病、高脂血症、风湿性疾病、精神疾病、肺结核、哮喘、病毒性肝炎、性病、艾滋病等？
□	□	□	□	17. 家庭栏：被保险人配偶及子女是否有以上 1~16 项情况？(附加家庭保单时，请告知)
□	□	□	□	18. 身高体重栏：被保险人身高____厘米，体重____千克。

二、医师体检报告及实验室检查

体检报告是在核保过程中，存在被保险人(要保体)健康告知有异常，年龄、保额达到公司规定的体检标准，或通过其他各种途径获得的信息不能有效帮助核保人员进行风险评估等情形时，要求其进行专项体检而形成的报告。一般普通的体检报告分为三部分：被保险人的健康告知情况、体检结果表、检查异常提示及医师核保建议。

值得注意的是，在确定体检项目时，核保人员应根据被保险人告知和提供的相关资料中的疑点，以及投保险种，被保险人年龄、性别、疾病名称、发病时间及预后等信息进行综合考虑。体检项目应该既经济又能最直接地反映出被保险人的实际风险。

三、业务员报告书

业务员报告书不仅作为第一次风险选择的重要内容，而且也是核保信息资料的来源之一。它可以为核保人员提供投保单之外的关于被保险人的情况，如认识被保险人时间的长短和途径，是主动来投保还是经介绍来投保，有无听到被保险人诸如不良习惯、患病、参加非法组织等，或者是否知晓任何不利的信息。总之，一份准确、客观而详实的报告对核保的帮助极大，核保人员可从中发现一些重要的细节，以利于判断调查的方向和做出正确的核保结论。

四、既往病史及住院病历

过去曾患过某种疾病或曾有外伤或手术及健康异常史等称为既往病史。过去的病症，有的虽已痊愈，但仍有复发的可能，或有后遗症、并发症等，这些情形很有可能转变为额外的风险因素，因此核保时需要加以关注。

住院病历是被保险人在住院期间医师对其进行诊治过程的记录。通过调阅病历，能确切地了解被保险人既往治疗经过及疾病转归，确定其风险程度，决定是否承保以及如何承保。

五、生存调查报告

生存调查是获得核保资料的另一个重要途径。保险公司通过对被保险人直接或间接调查来获得投保人、被保险人的资料，包括投保动机、财务状况、健康状况及职业等有关信息，均属生存调查的范围。

一般情况下，生存调查的结果均反映在生存调查报告上，里面应该详实反映调查所获得的有关投保人和被保险人的信息，特别是投保单与其他信息来源中的疑点（也是生存调查的重点）是否得到合理的解释。核保人员通过生存调查报告可获得核保所必需的信息，查证有关投保单告知的问题及深入调查可以的情况，这对于准确评估风险来说十分重要。同时，生存调查还可对风险选择过程中的各个环节，如业务员的展业环节、体检过程、核保评估及公司内部风险控制机制等做出客观的评判或验证，以改进今后的核保工作。

六、各类问卷及补充告知

问卷是核保人员为了准确全面地搜集被保险人的相关风险信息，要求被保险人填写某些特殊状况的调查问卷。这些问卷通常包括三类：第一类是关于健康方面的问卷，包括高血压问卷（表1-4为某保险公司设计的高血压问卷）、糖尿病问卷、肿瘤问卷、贫血问卷等；第二类是关于个人因素方面的问卷，包括高风险职业问卷、出国人员问卷、拥有机动车驾驶执照者问卷等；第三类是高保额财务问卷。

核保的各类问卷及补充告知也是核保的重要信息来源之一。这些问卷有些是在投保时必须填写的，如职业及驾驶问卷、婴幼儿问卷等；有的是在核保过程中或体检中填写的，如特定疾病问卷等。核保人员可从这些问卷中进一步了解被保险人有关健康、职业、爱好及财务等方面的情况，为准确做出评估提供了更为详尽的资讯。

表 1-4 高血压问卷

投保单号	①	②	③
被询问人	□被保险人 □投保人 姓名：		
询问问题	请您详述（如需要请另附页说明）		
1.您首次发现患高血压的时间（年月）？ 当时的血压值是多少？			
2.您是否定期监测血压值？您所知道的最高血压值是多少？ 如有，请告知时间（年月）。			
3.医生是否告知过您的血压高是由其他疾病引起的？ 如是，请告知是由哪种或哪些疾病引起的。			
4.您是否因为高血压接受过下列检查？尿常规、心电图、彩超、动态心电图（HOLTEL）、24小时血压监测、眼底检查、冠状动脉造影及其他。如有，请详述检查时间、医院名称及检查结果。			
5.是否服用降压药物，目前血压值是多少？			
6.是否有其他疾病（冠心病、糖尿病、脑血管疾病、肾脏疾病、高脂血症、眼底出血等）？ 如有，请详述发现时间、是否治疗、目前情况等。			
7.您的父母、子女、兄弟姐妹中是否有人患高血压？ 如有，有几人？			
8.除以上内容外，您是否还有其他要说明的内容？			

注：请提供您的详细病史资料：如出院小结、门诊病历、各种检查报告等。

投保人／被保险人声明：
本人谨此代表本人及被保险人声明及同意：对此问卷的各项要求均已了解，所填各事项均属事实并确无欺瞒。上述一切陈述及本声明将成为签发保险合同的依据，并与投保单一并作为保险合同的组成部分。

投保人签字： 被保险人／监护人签字：
日期： 日期：

七、财务证明资料

财务证明资料是指能证明投保人和被保险人经济情况的合法有效文件，包括薪资证明、股票、债券、房地产投资、企业经营执照、财务报表、股权证明、验资报告、完税证明等客观性的财务资料。目的是了解投保人（被保险人）的财务状况、判断其投保目的、保费与年收入的比例是否合理、有无续保能力等，确定其保障的合理程度。

八、其他资料

在核保过程中可能还需要一些其他由第三方提供的资料，如从交通管理部门获取驾驶信息以及驾驶违章记录，从某些特殊团体获取其会员的活动记录等。

总之，核保资料的来源是多方面的，收集并归纳提炼出对核保评估有用的资料，是核保人员在评估前必须做好的重要工作。由于核保资料涉及投保人、被保险人的私人资料，因此，核保人员应注意对资料保密，不得随意泄露。

第五节 人身保险核保结论

核保是一个审核决定的过程，即根据投保申请书、业务人员报告书、体检报告书、生存调查报告等核保资料提供的有关投保人、被保险人的信息资料，由核保人员进行综合分析，运用数理查定法，对被保险人的风险加以量化，依其风险程度做出是否承保以及以何种条件承保的决定，这种决定就是核保结论。

一、核保结论的基本要素及其形式

专职核保人员面对搜集完的资料及完成的风险选择环节，在对保件进行全面的风险评估后，必须做出核保结论，结论的基本要素和形式如下所述。

（一）评估部分

（1）对被保险人健康资料取得方式的描述及对其健康状况的评估。健康状况评估中应列明对健康资料显示异常者的评估结果。

（2）对被保险人职业、经济状况及投保人收入状况资料取得方式的描述及评价。评价中应包括被保险人的职业类别划分，与其收入是否对应，保额对应其收入是否合理，投保人的收入状况与所交保费的比例是否合理。

（3）对被保险人生活习惯及业余爱好的评估。评估中应包括有无不良生活习惯和方式、有无危险活动的嗜好等，该部分应列明资料的取得方式是投保单还是生存调查。

（4）对投保状况的评估。

投保动机是否合理，投保险种、保额是否合理；投保人与被保险人之间是否具有可保利益。受益人的指定是否合理；投保历史如何。

（二）结论部分

该部分主要是指保险公司是否接受该投保文件及接受的方式。

核保结论最终将申请参加保险的被保险人分成两类：一类为可保体，另一类为非保体。可保体是指保险公司可以接受的风险个体，可保体又可分为标准体和次标准体。非保体即指至少此次投保时，因风险过大或风险程度难以确定而不能被保险公司所接纳的被保险人群体，非保体又可分为延期体和拒保体。

二、核保结论

（一）标准体

标准体是以标准保险费率承保的被保险人群体的总称。人身保险的标准保费是由精算部门根据预定死亡率订立的。预定死亡率一般来自保险公司既往的经验数据，即经验生命表。大部分欲参加保险的被保险人，其实际死亡率与预定死亡率是大致相符的。

一般来说，保险公司90%以上的被保险人是标准体。标准体的范围因保险公司的实力、在市场所占份额及经营策略的不同而有所差异。市场占有率较大的公司，由于其承保的被保险人集团较大，所保风险个体的数量多，对其整体的实际死亡率影响较小，所以可依大数法则将其标准体范围放宽，采取较宽松的做法。市场占有率小的公司，承担的风险个体数量有限，如果采取冒险的做法，扩大标准体的范围，则很可能会将以往的经营成果化为乌有，所以划定标准体的范围相对较小，以确保经营的安全性。

（二）次标准体

次标准体又称弱体，是指被保险人面临健康或非健康损害因素，致使其死亡率或疾病发生率超出标准死亡率、标准重疾发生率一定比例以上的投保体的总称。对于次标准体的承保常常通过增收特别保费、缩短保险期限、特别约定除外某些责任等条件或交叉运用上述措施，使之成为可保体，在核保上称为条件承保。

核保实务中最常见的是加收保费和除外责任。

（三）延期体

当被保险人危险程度不明确，或无法给予准确合理的危险评估时，核保人员常采用暂时不予承保即延期处理的方式。通常包括以下几种情况。

（1）被保险人的预期死亡率较高，但对其死亡率的确切评定极为困难。

（2）因可能获得的被保险人的资料很少，且需要很多时间及费用才可能获得足够的核保资料，短期内对死亡率难以评定。

（3）疾病短期内有非常不确定的高死亡率变化者，如外伤手术后等。

（4）对近期无法判定其预后的疾病，如外伤后肢体功能障碍、脑血管意外等。

（四）拒保体

拒保体是指被保险人的预期死亡率超过了通常可以接受的范围，其危险程度超过了次标准体的危险程度。在采用拒保方式处理保件时会给被保险人造成较大伤害，核保人员要慎之又慎，除非万不得已，一般不予采用。

常见的拒保疾病有：癫痫、智力障碍、精神病患者；恶性肿瘤；活动性肝炎、肝硬化；慢性肾功能不全、尿毒症等。此外还有曾接受过肾脏移植者、严重心脏病和脑血管疾病患者、性病、艾滋病或 HIV 抗体阳性者，以及核保人员根据核保规则认为不能承保的。

第二章 核保风险因素

学习指引：

● 掌握健康因素、财务因素、个人因素、道德因素在人身核保过程中具体的风险点；

● 掌握人身保险核保时，各风险因素的审核要点、注意事项等，并能运用于核保工作，指导审核方向及应关注的重点；

● 熟悉核保相关法务条款，能从投保动机、保险利益、收益人指定角度识别出人身保险合同中暗藏的道德风险。

第一节 健康因素

人身理赔过程中，需从医学角度分析与人体健康相关联的各因素，从而评估投保人所投保单的风险程度，核审该保单可接受与否，以及根据评估确定保险费率高低。涉及的因素有年龄、性别、体格、现病史及既往病史、家族史等。

一、年龄

年龄是影响被保险人预期死亡率的最重要因素。如图 2 - 1 所示，从年龄—死亡率曲线可以看出：人在 10 岁以前，年龄愈小，死亡率愈大；40 岁以后，死亡率随年龄的增加而升高。

通常 0 ~ 3 岁称为婴幼儿期，由于婴幼儿的身体机能尚未发育成熟，对于疾病的抵抗力较弱，对灾害的自我防御能力极差，缺乏自我保护意识及能力，患病率、病死率及意外伤害事故的发生率均较高且恢复能力较差，其死亡率必然较高。

人群在 10 岁左右死亡率是最低的，而 10 岁以后死亡率又开始逐年增加，尤其是 40 岁后，死亡率直线上升。对于年龄在 18 ~ 39 岁的年轻被保险人，核保更多地关注意外风险而非疾病风险。当被保险人年龄在 40 ~ 60 岁，情况发生了变化，该年龄段的被保险人大多开始出现健康问题。因此，国外的一位核保人士曾经说过：核保自 40 岁开始。

年龄在 60 岁以上的被保险人，已经患上疾病或即将患上疾病的风险相当高，一般国内保

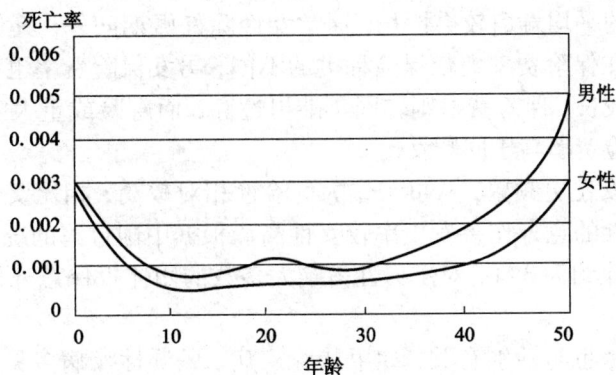

图 2 - 1 年龄 - 死亡率曲线

险公司对投保年龄在 60 岁以上的被保险人均要求体检。

因为大数据统计，死亡率与年龄有着直接关联性，寿险合同大多对被保险人的投保年龄有限制。目前，在国内市场，寿险最低投保年龄一般在出生后 30 天。最大投保年龄通常随着投保类别而变化，国外定期寿险的最大投保年龄一般为 75 岁，终身寿险的最大投保年龄则比较高，平均上限年龄为 80 岁。随着人口老龄化趋势的显现，有些保险公司将签发保单的被保险人最大年龄限制进一步提高至 85 岁或 90 岁。国内保险公司承保的最大投保年龄一般为 60 ~ 70 岁。

另外，从保险利益的角度理解，因未成年人无工作能力、无经济收入，只有经济支出，他们的死亡给一个家庭带来的精神上的创伤多于实际经济上的损失，而精神上的打击是难以用金钱弥补的。因此，在为了保护未成年人的利益，保险监管部门及保险公司对于未成年人的死亡保险金额是有最高限制的。若投保人为一幼小子女投保较高额度的保障型产品，则应设法了解其投保动机、财务状况、家庭其他成员的保险状况、家庭背景、成员之间的关系及被保险人的身体状况等，避免发生逆选择及其他道德风险。同样，年龄较大的被保险人健康状况较差，收入已减少，从一定意义上可认为是已成为一个家庭的"经济负担"，而此时投保的费率相当高，保费缴纳也会有一定困难，若不限制投保年龄，会使逆选择及道德风险大增而难以控制。因此，在对高龄投保客户进行审核时，核保人员一定要明确其投保动机、保费由何人支付、受益人与投保人及被保险人之间的关系，尽可能了解其健康状况、生活环境及家庭关系等，并仔细进行身体检查。

二、性别

总体来说，相同年龄段不同性别的人在寿险危险性上，具有以下特征：①死亡率：男性大于女性（女性妊娠期除外）；②重大疾病患病率：男性大于女性；③意外发生率：男性大于女性（大致比例为 3∶1）；④好发于男性的疾病：心脑血管疾病、糖尿病、消化性溃疡、肝炎、肝硬化、痛风、遗传性疾病（如血友病、色盲）等；⑤好发于女性的疾病：尿路感染、甲状腺功能亢进、系统性红斑狼疮、类风湿性关节炎等；（6）性别与疾病预后的关系：同一疾病发生于不同的性别，其后果可能不同。如对于 20 ~ 30 岁的慢性乙肝患者来说，女性一般预后较好，而男性则有近 10% 发展为肝硬化。

一般来说，女性的平均寿命较男性长，通常女性除妊娠期间外，其他时期的死亡率均低于同年龄男性，因此在保险费率上依保险种类的不同，男女保险费率也存在着差异。如年金产品，由于女性寿命较长，保险费率则较同年龄男性高，而寿险或重大疾病险则由于男性死亡率或患病率高，保险费率高于同龄女性。

男性社会活动较女性更频繁，从事工作的危险性相对较高，相比女性而言更好冒险，不良嗜好也多，因此男性的意外伤害发生率较女性高。根据中国台湾的统计资料，男性与女性的意外伤害发生率之比约为 3:1，对于男性占绝大多数的团体投保意外伤害险应考虑附加特别危险保费。

某些疾病的发病率也与性别有关，如甲状腺疾病、风湿性疾病多见于女性；胃、食管疾病，血友病及先天性疾病发病以男性为多。另外，最常见的细菌、病毒感染性疾病男性发病率要高于女性；生殖系统疾病的发病率女性则明显高于男性。从医院住院性别统计资料总体看，男性要高于女性。对于体检件，体检医师应根据性别特点，进行有针对性的询问及身体检查，以便更准确地了解被保险人健康状况，为核保人员的核保决定提供可靠的体检报告。

女性妊娠期间及分娩时的特定期间内有一短暂的高死亡率阶段。妊娠女性的死亡率高低，通常由其体质、年龄、生活环境、营养状况及其过去分娩次数而决定。妊娠女性的年龄过大或过小均有一定危险，初次妊娠者其分娩的危险性较多次妊娠者高，初次妊娠年龄 35 以上者，分娩的危险性相当大，医学上称为高危产妇。妊娠但无任何并发症的健康女性的死亡率并不一定因妊娠而提高，尤其在一些有先进医疗技术设施的地区。必须留意的是年龄超过 35 岁且居于落后地区，以及合并有其他疾病如糖尿病、高血压、肾病、癫痫及先天性心脏病等的妊娠女性，这些因素均会增加妊娠女性的死亡率。核保人员在审核妊娠女性的投保申请时，一般均要求其提供主诊妇产科医师填写的妊娠手册及病历，并了解其既往妊娠及分娩史。在寿险核保时，对妊娠 7 个月以上的妇女一般须延期承保直至产后；对于妊娠女性，有些保险公司不承保医疗险。

核保人员在考虑被保险人性别时，还应注意保险需求方面两性之间的差异。传统观念女性对寿险的需求往往低于男性，这是因为家庭中的经济支柱是男性，他们是家庭经济收入的主要来源——一个家庭中男性遭受不幸会给家庭的财政状况带来较大损失，因此他们更需要保险保障。对于不在外工作的家庭主妇，合理的情况是丈夫首先投保，且丈夫的保险金额大于妻子，如果不是这样，核保人员应注意。职业女性中已婚的年轻妇女由于家庭及事业刚刚开始，且子女尚未成年，丈夫及家庭都非常需要她，她的亡故会给家庭生活带来极大不幸，也就是此时的女性对寿险的需求十分迫切，故在核保时针对这种情况需要考虑的问题就较为简单；而对于子女已成年的中年女性或者需要已成年子女扶养的女性，核保时需要考虑的问题则较为复杂。

三、体格

体格指人体的形态结构，是遗传所致的先天性体质与后天各种因素综合作用的结果，主要是通过身高和体重两个指标综合体现。体格与死亡率有较大关联，是寿险的基本危险因素。

体格取决于性别、年龄、饮食、身高、摄入的热量以及内分泌功能等。影响体格的基本因素有：遗传因素、心理因素、内分泌疾病（如库欣综合征、甲状腺功能低下）、下丘脑的疾病或外伤。目前，通常以身体质量指数（BMI）来衡量体格。BMI等于体重除以身高的平方（体重/身高的平方）。人寿保险依据BMI，将被保险人分为过轻体、普通体、过重体和肥胖，如表2-1所示。

表2-1 体格指数分类表

BMI	BMI < 18.5	过轻体
	18.5 ≤ BMI < 24	普通体
	24 ≤ BMI < 28	过重体
	BMI ≥ 28	肥胖
腹围	≥85cm（成年男）	腹部肥胖
	≥80cm（成年女）	

　　肥胖易于诱发或加重的疾病有：心血管疾病、消化系统疾病、高血压、糖尿病、脂代谢紊乱、肿瘤（结肠、乳房、子宫等）、胆囊疾病等。肥胖症患者的死亡率是正常人的2～3倍。

　　核保还要考虑腹部脂肪的分布情况，许多研究表明，腹部肥胖和疾病风险的增加有特别的关联。

　　体重过轻的原因有营养不良、疾病或一些导致营养吸收减少或消耗过多的情况及自然的生理倾向。一般对体重过轻者应重点关注其是否患有以下疾病：神经性厌食症、溃疡性结肠炎、克罗恩病、甲状腺功能亢进、恶性肿瘤、慢性传染病、药物成瘾等。

　　体重在短期内明显减轻（体重减轻≥2.5公斤）也是核保应考虑的情况，核保人员应当弄清楚体重变化的真正原因。如果被保险人是有意的减肥并且体重保持稳定6个月以上，则健康评估时应使用近期的体重数值。半年内不明原因体重明显减轻，可能暗示了某些潜在的疾病（如恶性肿瘤、结核病、甲亢等），应建议做进一步体检或延期承保。

　　此外，对于儿童及青少年体格的核保需特别说明一下：由于被保险人处于儿童或青少年时期，他们的生长发育还未完全定型，对于那些身高、体重超过上限或下限者，通常核保采取延期承保的方法，尤其对那些年龄较小者。因为身高、体重发育异常对于儿童青少年来说可能隐含着某些代谢性疾病，核保时须特别注意，如少儿表现为过高、过重可能患垂体瘤、巨人症，过矮或过轻则可能患有呆小症。

四、现病症及既往病史

　　现病症即被保险人投保时存在的身体器官上的病症。现病症包括被保险人包括投保时所患疾病，如高血压、糖尿病等，还包括体检所发现的身体不良机能状态和症状表现。对于有急性或严重现病症患者，原则上不予承保，但对于某些病情发展缓慢的慢性病，如高血压、控制较好的二型糖尿病等，能通过统计学方法预测其将来的风险的被保险人，则可予以承保，对超过标准风险的存在现病症的被保险人，核保人员可采用对其额外死亡率进行评估，以次标准体费率予以承保。

　　既往病史是与被保险人以往遭受损伤和疾病有关的资料。既往病史主要包括：手术史、意外伤害史、住院史、过敏史、最近就医史以及地方病病史，女性还包括月经和婚育史。

既往病史与现在和将来的健康有密切关系。某些疾病治愈后对被保险人的身体无严重影响，如病毒性疱疹；某些疾病虽可以治愈，但仍有复发可能，并可以导致其他重大疾病，如肺结核；某些疾病不能治愈，只能加以控制，如高血压。有些易于复发的疾病，如甲亢、结核等疾病需要经过一段时间观察后，才能按标准体承保。对于患有诸如肿瘤、心脑血管疾病、精神疾病的被保险人，即使临床治愈，其死亡率仍大大高于正常健康人群。一般情况下，病情须稳定相当一段时间后才允许投保，并且往往要加费承保。

被保险人在投保时填写的健康告知和体检报告书上的告知往往相当简略或避重就轻，给评估工作造成困难。对有既往病史者，应特别注意视情况索取和收集门诊病历、疾病诊断书、各种检查报告、手术或病理报告、出院小结、伤残程度证明及鉴定书等。对近期就医者，应询问就诊医院和医师的诊断意见和建议。核保有疑点时应要求投保人或被保险人提供相关资料，尽可能详实地了解既往病史，以便于准确判断风险程度。对不能提供既往病史相关资料者，按本病的最高评点审慎掌握，必要时填写疾病问卷。

对于有既往病史的被保险人告知其有某些症状而未明确诊断时，应尽可能通过体检、生调、索取资料、被保险人健康声明等方法了解风险程度，不要轻易做出核保决定。

对于告知既往有手术史者，应详细了解手术原因、手术名称、病理报告及术后诊断，可以通过调阅病历了解真实情况，不能仅凭手术名称即做出核保决定。既往史中告知被保险人患有某种疾病时，应了解其治疗情况和目前状况，根据该疾病的风险程度、治疗效果以及被保险人的治疗条件等因素综合考虑核保决定。

五、家族史

家族史也是核保时非常重要的风险因素。核保考虑的家族史除了涉及家族遗传病及遗传倾向疾病外，还涉及寿命、家族背景、家族习惯等一些核保时必须考虑的因素。但在很多情况下，家族史并不直接作为危险分类的标准，除非家族的某些疾病在被保险人身上体现出来。

（一）遗传性疾病

遗传性疾病是指因受精卵中的遗传物质（染色体，DNA）异常或生殖细胞所携带的遗传信息异常所引起的子代的性状异常。通俗的情况是精子和卵子里携带有病基因，然后传给子女并引起发病，而且这些子女结婚后还会把病传给下一代。这种代代相传的疾病，医学上称之为遗传病。

遗传病依其遗传特性通常分为单基因遗传、多基因遗传及染色体异常。单基因遗传又分为显性遗传、隐性遗传及性连锁遗传。

1. 单基因遗传

（1）显性遗传：父母一方有显性基因，一经传给下代就能发病。

（2）隐性遗传：如先天性聋哑、高度近视、白化病等。

（3）性链锁遗传又称伴性遗传发病：与性别有关，如血友病，其母亲是致病基因携带者。又如红绿色盲是一种交叉遗传，儿子发病，其母亲是致病基因携带者，而女儿发病，其父母均是致病基因携带者，但男性的发病率要比女性高得多。

2. 多基因遗传

是由多种基因变化影响引起，是基因与性状的关系，人的性状如身长、体型、智力、肤色和血压等均为多基因遗传，还有唇裂、腭裂也是多基因遗传。此外多基因遗传受环境因素的影响较大，如哮喘病、精神分裂症等。

3. 染色体异常

由于染色体数目异常或排列位置异常等产生：最常见的如先天愚型，这种孩子面部愚钝，智力低下，两眼距离宽、斜视、伸舌样痴呆、通贯手并常合并先天性心脏病。1963 年，法国科学家首先报告了一种特殊的疾病，患儿的哭声好像猫在叫一样，称为"猫叫综合征"。

"猫叫综合征"是由于 5 号染色体丢失了一个片段所引起，所以也可以称为"5 号染色体短臂缺失综合征"。根据国外报告，"猫叫综合征"在新生儿中的发病率为 1/45000。临床表现为：出生时哭声小、体重轻、小头、小颜、小喉头、内眦赘皮，最突出的是新生儿哭声似猫叫，其智力迟钝、斜视、眼距宽常合并先天心脏病、高腭弓、掌纹异常、指趾过长等。

从遗传的角度可以将遗传性疾病分为两类：第一类是遗传因素起主导作用的疾病，这类疾病在出生后甚至是胚胎时期已形成，在正常条件下均会表现出功能障碍，如血友病、地中海贫血等。第二类是环境因素与遗传因素共同作用的疾病，遗传因素提供了产生疾病的遗传背景，环境因素促使机体发病，表现出相应的症状和体征这类疾病有多基因遗传病、遗传易感性疾病等，是需要核保人员运用所掌握的医学知识进行判断的。这些疾病包括高血压、糖尿病、精神分裂症、恶性肿瘤、动脉粥样硬化、冠心病、高脂血症、尿毒症等。

有下列特征者核保人员应考虑其患有遗传病：①精神发育迟缓，即智力低下，形态学上有脑体积小、脑组织退行性变、脑水肿等；②躯体发育障碍，躯体生长迟滞、身材矮小、骨骼发育障碍、马蹄肾等；③其他的一些特征有唇裂、腭裂、掌纹改变、猫叫、小脸裂，小头畸形等。当出现这些特征时应考虑其患有遗传病，各种不同遗传病对健康及寿命均有不同的影响。

（二）寿命

科学家对近 500 个长寿家庭进行了调查，发现在这些家庭中，至少有一名成员活到 100 岁，其平均寿命较高的概率要高出平常人 50%。

人的生长、发育、衰老过程均受到基因规律的影响。寿命长短与基因等因素的作用有一定关系，在推测一个人寿命长短的时候，其父母的寿命是重要的参考因素之一。但在考虑被保险人寿命长短的时候，还要看其他因素，如社会因素、自然因素、疾病因素对其基因或称为自然寿命的影响。

例如：某被保险人父母均活到 90 岁，可以认为其有长寿基因，但其本人社会压力、工作压力、生活压力较其父母大，生活的自然环境和其父母迥然不同，并且经常受到疾病的侵袭，甚至是致命疾病的侵袭，就不能推测他长寿。此外，被保险人的父母均活到 90 岁，其本人所在的工作生活环境、自然环境、卫生保护条件均和其父母相似或好于其父母，则可认为其可能长寿。在考虑寿命的遗传因素作用时，必须同时考虑其他因素的影响。

（三）家族背景和习惯

家族背景和家族习惯，这里所指的是被保险人的家族中一些传统及习惯导致一些疾病的必然产生。例如：不允许和外族人结婚的长期族内婚姻或者近亲结婚导致一些遗传缺陷性疾病发生。核保人员在发现有这种情况时就应做更进一步的调查，要求被保险人做医学方面的检查，做家族系谱疾病分析等，为核保结论的合理准确做更深入的工作。

一些传染性疾病虽本身不属于遗传病，但由于母亲在怀孕或分娩时将此疾病传染给婴儿，在母亲有此病的子女投保时，核保人员应要求其出示这方面健康检查的报告。这些疾病有获得性免疫缺陷综合征(艾滋病)、肝炎等。

另外，还有一种和家族习惯有关的疾病，称为家族性疾病。这些病也属传染病，有家族聚集现象，是由于共穿衣物、共用浴巾浴盆、共用餐具等引起的家族中或家庭中多个人患病，如麻风、梅毒、肝炎等。对于家庭中有此类疾病的人员，投保时应要求其做专项检查。对于配偶有艾滋病或其他性病者，同样应要求其做专项检查，且在承保时可要求作特别约定。

总之，了解家族的存活、死亡、患病情况有助于对被保险人死亡率进行评估，从而为核保提供重要依据。

第二节　财务因素

核保时除了从医学角度审核其投保的风险，还须进行财务核保。财务核保是核保人员依据投保人、被保险人的财务状况，来衡量其实际保险需求及续期支付保费的能力，决定其投保保额是否适合的过程。财务核保是有效控制高额保险风险的重要方法。投保人、被保险人的财务状况直接关系到其保险需求的额度是否恰当，进而可了解其有无不良投保动机。财务状况的正确评估，对确立投保者的保险需求，避免道德风险及维持保单的持续率有非常重要的意义。

通常情况下，被保险人、投保人为同一人。如果投保人不是被保险人，那么核保员也要依据其缴付保险费的能力来评估投保人的财务状况。通过财务核保，核保员可能发现并防范逆选择、保险欺诈、过高的保单失效率和洗钱的风险。

(一)逆选择

逆选择，是指投保人所进行的对其自身有利、对保险公司及其他投保客户不利的选择，它是一种对抗保险公司风险选择的倾向。逆选择在人身保险中的存在比较普遍。逆选择在人身保险中一般表现为：身体状况不好、死亡率高的人乐于参加死亡保险；高事故发生率的人倾向投保人身意外伤害保险；身患疾病且面临高医疗花费的人愿意投保医疗保险。这些具有高危险性的人往往为了使投保被接受并力争以标准费率投保而实施违反告知义务行为，隐瞒其真实情况或采取欺骗手段。

当涉及逆选择时，核保员无法准确地评估风险，因此签发保单的保险费将不足以抵偿风险，导致保险公司遭受财务损失。所以，防止逆选择的发生是财务核保的一个基本方面。核保员应通过财务核保确保被保险人的保险需求应与其年龄阶段相匹配。人生各阶段保险需求见表2-2。

实际申请保额多于其看起来需要的人，可能正在涉及逆选择。中国保监会发布的《关于合理购买人身保险产品的公告》建议：投保人将意外伤害保险保险金额设定为自身年收入的10~20倍；重大疾病险保险金额设定为5~10倍。长期储蓄型人寿保险的金额则根据到期需要使用金额与已有储备和其他投资渠道获得金额之间的缺口确定。保险费的支出应与自身的经济条件相适应，一般以年收入的5%~15%为宜。

表2-2 人生各阶段保险需求一览表

人生阶段	意外寿险	还贷	教育	储蓄投资	养老	医疗
婴幼	★★		★★			★★★
学生	★★★		★★★			★★
单身	★★	★		★★	★	★★★
二人世界	★★	★★		★★★	★	★★★
有子女	★★★	★★★	★★★	★★★	★★	★★★
中年	★★	★			★★★	★★★
中老年					★★★	★★★
老年						★★★

(二)保险欺诈

保险欺诈,是指利用或假借保险合同谋取不法利益的行为。这种行为旨在从保险金中获利而并非对财务损失风险进行防范。客户进行欺诈通常需要冒很大的风险,需要使用很多手段,以及利用很多相关的人员,欺诈的实施费用有时也很高,所以骗保者的目的往往是大额的赔付。如果被保险人死亡,当投保的金额超过受益人可能遭受的潜在财务损失时,就有保险欺诈的可能。因此,核保人员应通过财务核保来确保投保金额与潜在经济损失一致。

(三)过高的保单失效率

保单失效率,是指在一特定时间里(如一年)客户自动终止的保险业务所占总业务的百分比。与失效率相对的是续保率,即在某特定时期内,持续生效业务占总业务的百分比。它表示保单的持久性。人寿保险多是长期契约,由于寿险营销模式具有特殊性,通常在保单的初始阶段,保险公司的开销很大,这些费用包括前期的产品开发费用、培训费用、核保出单费用、首期佣金等,保险公司需要依赖良好的保单持续率在未来的时间里产生利润。

如果保单在保险公司收取的保费足以支付保单分销和新契约费用之前失效,公司将因此遭受损失。因此,只有持续生效的保单才是保险公司的目标。对于投保人来说,按期缴纳保险费是一个长期的支付过程,投保人应具有长期缴纳保险费的能力。换句话说,购买保险所支付的保险费额度应该以不影响家庭的正常生活开支为前提;如果相反,则投保行为很可能是一种短期行为,该保单极有可能因要支付过高的保费而无法继续下去,致使保险合同中断,投保客户与保险公司的利益均遭受损失。

(四)洗钱

洗钱,即通过隐瞒、掩饰非法资金的来源和性质,通过某种手法把它变成看似合法资金的行为和过程。如果客户申请的现金价值保险高于其需求,而且不能合理解释其保险费来源,就可能存在洗钱的风险。

通常,以下16种大额保险交易属于可疑交易,应认真审核,弄清其是否有洗钱倾向:①短期内分散投保、集中退保或集中投保、分散退保且不能合理解释;②频繁投保、退保、变换险种和保险金额;③对保险公司审计、核保、理赔、给付、退保规定异常关注,而不关注保险产品的保障功能和投资账户收益;④投保人有意逃避对交易的监测与检查;⑤在犹豫期退保时称发票丢失；⑥投保时拒绝告知真实身份或提供虚假姓名、住所、联系方式或财务状况等文件；⑦投保规模、交费方式、频率与投保人的身份、财务状况不符；⑧购买的保险产品与实际需要明显不符；⑨以趸交方式购买高额保单且不能合理解释；⑩大额投保后立即退保或超过犹豫期退保且不能合理解释；⑪明显超额支付保险费并随即要求返还超出部分；⑫通过第三人支付个人保险费，而不能合理解释第三人与投保人关系；⑬保险经纪人代付保费，但无法说明资金来源；⑭单位客户首期保费或趸交保费从非单位账户支付或从境外银行账户支付；⑮保险业务与洗钱高风险国家和地区有关系；⑯投保人在投保、赔偿、给付保险金、退还保险费和保单价值以及其他支付环节，坚持要求采用现金支付。

核保过程中，还得注意区分洗钱与诈保。同为金融犯罪，诈保属于金融诈骗的一种，被保险人就保险标的，具有主观故意，以欺诈的手段骗取保险金的行为。其表现形式多种多样，既有财产保险诈保，也有人身保险诈保。被保险人通常会采取保前不实告知、案发隐瞒事故真相等手段向保险人(保险公司)提出既不合法也不合理的赔偿诉求。洗钱与诈保大体上有以下三方面的区别：第一，洗钱目的是通过投保方式将非法收入变得合法化，所以最大关注的是保费的短期回收金额；诈保主要是对短期可能发生的风险通过投保来获得最大保险赔付利益，所以关注的是高保障。第二，从险种与保额、保费上来看，洗钱多选择缴费高、保单现金价值高、可趸交的险种。第三，从保费来源及缴费方式来看，洗钱行为的保费缴费方式首选现金，或单位账户转入保险公司账户，而极力回避个人账户转账方式。

第三节　非健康风险因素

个人因素是与遗传及家族习惯无关的非健康风险因素，包括职业、驾驶、个人偏好、心理健康、境外旅居等。个人因素由于其不可把控性，很大程度上增加了保单风险，是核保时应重点考虑的因素。

一、职业

职业及工作性质不同，发生意外事故及患某些疾病的概率也有所不同，而意外和疾病是影响人死亡率的两大重要因素，因此，对于被保险人职业风险的评估也是核保的重要内容。职业方面的风险主要考虑由于职业引起的意外风险和健康风险两个方面。

（一）意外风险

所谓危险职业者是指其意外伤害事故的发生率与正常人群存在统计学上的差异，前者明显高于后者。决定其是否为危险职业者取决于两个因素：一是工作性质本身危险程度的高低。飞机试飞员、赛车手、特技演员等职业危险程度极高；高空作业者、码头工人、林业工人、高架工人、土木工人、石工、炸药操作员等意外伤害事故发生率较高；渔业工人、矿井工人则可能因一起事故发生大量的意外死亡；机关干部、学校教师等职业危险相对较低。二是工作环境中的职业有害因素。农药制造工人、化工技术工人、炼钢工人等由于生产过程中接触的有害物质，其意外伤害事故发生率较高。

（二）健康风险

职业在身体健康方面的风险主要体现在两个方面：一是生产性有害因素对人体健康的不良影响；二是职业病。

生产性有害因素包括生产过程中产生的有毒化学物质、粉尘、电离辐射、噪声、微生物等，以及工作环境、时间、强度不合理，个别身体器官长时间过度紧张，缺乏安全防护措施等。职业病，是指职工在生产劳动过程中受有害因素的影响，在一定条件下破坏人体的机能，引起某些器官和系统的病变所致的疾病。常见职业病一览表见表2-3。

表2-3　常见职业病一览表

序号	职业病名称	致病职业的工作环境和有害物质	部分患此种职业病的工种
1	职业中毒	工业毒物	接触工业毒物的工人
2	尘肺	长期大量吸入可以引起肺纤维化的各种粉尘	掘进工、风钻工、爆破工、支柱工、矿石搬运工，以及耐火材料厂、石粉厂、玻璃厂、陶瓷厂、搪瓷厂、石棉厂中的粉碎工、配料工、搬运工、包装工等，此外还包括石英和硅酸盐企业中的工人
3	热射病和热痉挛	在高温和热辐射的条件下工作	锻工、轧钢工、司炉工
4	日射病	在强烈日光直接照射下的露天作业	搬运工、修道工、建筑工、测量人员
5	职业性皮肤病	经常接触刺激性物质如沥青、焦油、石蜡、油漆、酸碱等	工作上与上述物质有关的人员
6	电光性眼炎	在强烈紫外线照射条件下	电焊工、照相制版工
7	职业性耳聋	经常在高噪声环境下工作	铆工、锻工、打眼工、风钻工、织布工
8	职业性白内障	经常在某些辐射线的环境中工作	玻璃厂的成形工、接触超高频电流作业的人员
9	潜涵病	在高气压条件下工作	潜涵工、潜水工
10	高山病和航空病	在低气压条件下工作	高山勘探、筑路、铺轨工作及航空工员
11	震动性疾病	剧烈的震动	操纵风动工具的工人
12	放射性疾病	电离辐射（X射线等）	操纵和接触电离辐射的人员
13	职业性炭疽	接触被炭疽杆菌污染的动物及其原料制品的人员	制草工、制毡工、制造皮毛制品的工人
14	职业性森林脑炎	受带病毒的虱子感染	伐木工、森林调查人员

准确地了解被保险人的职业性质，对于保证承保业务质量及合理确定保险费的收取标准有着重要的意义。职业的性质不同，面临的人身风险程度也不相同。人身保险包括寿险、意外伤害险及医疗险等，职业在意外伤害险及医疗险的核保中较寿险占据更重要的地位。

二、驾驶

在意外伤害保险中，驾驶常被视为一个重要的考虑因素。驾驶分为职业驾驶和非职业驾驶，非职业驾驶的风险和职业驾驶的风险相似，但前者发生危险的频率肯定低于后者。核保时应考虑以下因素：第一，被保险人年龄。年纪较轻、驾龄较短的驾驶员较易开快车；年纪太大，如65岁以上的驾驶员不易保持警觉状态，应急反应能力较差。第二，交通违规的次数、性质、时间。发生过多次交通意外的人极易发生致命的交通事故。第三，饮酒情况及药物和毒品滥用情况。在酒精和药物的影响下很容易发生交通意外。第四，患有某些疾病。如癫痫、血脑管疾病、神经症、睡眠呼吸暂停综合征以及精神神经系统疾患都会导致意外发生。

此外，车辆型号不同则其对驾驶能力的要求及安全性能、速度等均有不同，所以其危险的程度亦有所不同，故应予以分别对待。如某家保险公司的职业分类表，驾驶四吨以上货车予以拒保，四吨以下可按四级费率承保；驾驶砂石车、油罐车、混凝土预拌车予以拒保。

三、个人偏好

被保险人可能会有各种各样的特殊爱好，其中有些会影响被保险人的健康及寿命，或大大增加意外发生的可能性，从而成为核保时重点关注的风险因素，如烟酒嗜好，滑翔、赛车、赛马、登山、探险、攀岩等体育活动。

（一）吸烟

吸烟对人体危害极大，香烟中含有尼古丁、焦油及一氧化碳等有害物质，增加癌症、气管炎、肺气肿、心脑血管疾病等的发病概率，对健康及寿命有重要影响。例如：吸烟者患癌症的概率是不吸烟者的3倍，吸烟是动脉粥样硬化的主要致病因素。对吸烟风险的核保有两个同样重要的参数：一是每日吸烟量；二是吸烟年数，吸烟持续周期。吸烟达到大约40包一年时，冠心病、周围血管疾病、慢性阻塞性肺疾病和肺癌等的发病率开始急剧上升。

（二）嗜酒

嗜酒是长期连续地对酒精有特殊的嗜好，对酒精有依赖性，在饮酒量上失去控制且饮酒是绝对主动的。酒精对人体许多系统有伤害，如消化道、肝脏、心血管系统、神经系统等，研究的数据结果已表明嗜酒大大影响人的寿命。俄罗斯的人均饮酒量居世界之首，其男子平均寿命远远低于同等发达国家男子平均寿命，有研究认为这很大程度上就是由于酒精所致。所以嗜酒、酗酒是核保考虑的重要因素。

对于饮酒的核保应从以下方面进行考虑：饮酒量、是否有酒后事故、是否出现身体健康状况的异常、职业。

（三）体育运动

生活水平的提高使人们娱乐和锻炼身体的要求增加，而体育运动是意外伤害的一个风险因素。越来越多的人为追求新奇刺激而从事一些高风险的体育运动。目前，国内对各种业余爱好的风险统计很少，核保的结论往往是根据有限的资料和核保人员的经验得出的。首先，涉及业余爱好及专业体育活动的核保，应区别注意意外伤害的风险级别，高风险级别的体育活动如拳击、赛车、杂技、滑翔等，应缴付较高的保险费或予以责任免除。风险级别较低的运动可采用低费率，如田径运动、小球类运动、棋类等，其致死亡、致残的可能性小。具体的风险级别参见职业分类表中的职业运动项。相对于职业运动员，业余爱好者风险的暴露程度有限，核保决定须基于对参与者的技能、经验和参与频率的评估，其他因素（如被保险人对待风险的态度和其生活方式）也需要考虑在内。在被保险人为运动员时还要考虑到一些追求成功而使用各种损害健康的手段，如使用兴奋剂和毒品来提高运动成绩或延长运动寿命。这些药物对健康有严重的影响，甚至会导致意外发生。还有一些体育项目，如拳击，运动员常有机会为换取名利而以生命安全或健康为代价。

核保时还需要考虑的因素是被保险人从事体育活动的损伤保护和医疗保健质量。如果是成功人士，其常常会得到高于一般运动员的损伤保护和保健措施，而基层运动员及业余运动人员的保护及健康措施相对较差，但亦应视参加活动的时间长短而定。另外，参加一些特殊项目，如登山、潜水、探险的人员投保，保险公司一般会要求客户填写相关问卷，详细了解参与者的技能、经验、参与频率、安全措施、使用设备种类、既往事故或受伤史及将来计划等，再进行风险评估。

（四）药物/毒品滥用

某些药物和毒品无严格的界限，如吗啡、可卡因等在治疗时即视为药品，用于非疾病时即视为毒品。药品使用合理、恰当对身体有益无害，药物滥用则和毒品使用一样有害健康。造成的损害有：第一，很快致死，如麻醉药品；第二，短期致死，如吗啡、激素类过量使用；第三，缩短寿命。

核保员要发现是否有药物毒品滥用往往是很困难的。因为投保客户很多，不可能逐一进行查询调查，而投保单上的健康告知又常常忽略此项，即使有此项内容或核保员查询，因被保险人未能意识到药物滥用或私下使用而不愿意公开，仍会使核保员受到蒙骗，往往在进行体检时或进行其他因素核保时，或保单出险后才知道。

有依赖性的药品或毒品会让使用者产生身体上的依赖或精神上的依赖或者两者兼有，所以使用者会长期滥用，造成身体损害。这些药物有以下几类：第一类，麻醉剂，如吗啡、杜冷丁、可待因、海洛因；第二类，致幻觉药物，如大麻、麦司卡林等；第三类，兴奋剂，如类固醇、类激素、麻黄碱类、安非他明等；第四类，镇静剂，如巴比妥类、安眠药等；第五类，其他药物，如镇痛剂等。

对于药物滥用的情况，核保员在核保时需要特别注意的要点包括：被保险人有无药物滥用；为何种药物滥用，所用药物是否会增加被保险人的死亡率或使其受到严重伤害；结合被保险人的健康或医疗状况，该药物是否会影响被保险人的预期寿命。

对于毒品使用高发区的投保申请，核保人员对可疑保件需考虑到被保险人吸毒的可能，如被保险人经济状况急剧变坏、无工作、性情变坏、有偷盗诈骗史、行为怪异等，即应考虑吸毒的可能。根据以上情况，一般需要进行进一步的调查，了解被保险人滥用药物或吸毒的具体情况与程度如何、目前其健康状况如何、是否曾有戒断毒品而没有戒绝、有无接受治疗、治疗方案如何，必要时应使用专门的药物毒品滥用问卷。在作核保决定时，对于被保险人自己有意使用毒品，有长期大量使用史，或不能戒断史，或身体状况、精神状况、家庭状况不良，或有过恶性事故者，须从严核保或予拒保。在做出可以承保的核保决定之前，一般都应对被保险人做相应的全面体检。

四、心理健康

现代医学的健康概念不仅仅是指没有疾病，还包括身体、心理、社会方面的完好状态。现代医学的模式为生物—心理—社会模式，故被保险人的心理状态是否良好也应引起核保人员的重视。

随着社会发展，竞争机制逐渐渗透到人们的工作、学习、生活中，同时人们的精神压力也不断增加。众所周知，目前人群发病率较高的许多疾病，如高血压、冠心病、脑血栓、溃疡病等，其发生、发展、恶化均与精神因素有一定的关系。所谓"A"型性格多表现为自我意识较强，争强好胜不肯服输，这类人易患动脉硬化、高血压、冠心病，而性格忧郁者癌症的发病率相对较高，这说明心理因素在人类疾病的发生中起着一定的作用，对人群的死亡率亦存在着相应的影响，核保人员理应对此加以考虑。一个性格和缓、心态平衡、遇事头脑冷静、不急不躁的人往往心理状态良好，人际关系也很不错，这类人寿命较长，患病率及事故发生率相对较低；性格刚烈、易怒易躁之人，其死亡率及事故率可能会高一些；而不善言辞、自卑心理强的人感情较为脆弱，心理承受能力低，他们患恶性肿瘤及精神疾病的可能性相对增加。在审核具体保件时，核保人员要对上述问题有所考虑。

人的心理状态良好与否会受到诸多因素的影响，如人的经历、所接受的教育、家庭的影响、工作环境、社会地位、人际关系等。因此，判断一个人的心理状况是一件非常复杂的事情，在核保实务操作上极为困难。但应该认识到，人的心理状况确实是一个影响人类健康与寿命的因素，而且随着社会的发展，现代文明给人类社会带来进步的同时也带来了许多负反应，逐步体现为对人心理的影响，心理因素在人们的生活中所起的作用将越来越大。核保人员应根据自己的经验、知识和能力尽可能对投保人、被保险人的心理状况加以了解，尽量使核保结论趋于准确合理。

六、境外旅居

核保人员经常碰到这样的情况，被保险人告知经常或将要出国旅游、工作或居住，或者客户因要出国旅游而投保旅行险。核保人员需要对各种情况进行分析，做出是否承保或以何条件承保的核保决定。由于所去的国家地区各不相同，自然环境优劣参差，社会环境稳定不一，交通方式多种多样，风险的出现也难以预料。

核保人员在核保时考虑的因素主要有：

1. 疾病

核保时应考虑疾病因素，尤其是传染病，如霍乱等肠道传染病，艾滋病等性传播疾病，水土不服导致的疾病。卫生状况不佳也是导致旅行者患病的重要因素，旅行者在途中本来患上一些可以治愈的疾病，因为治疗不及时造成拖延可能会造成严重的后果。从平原去高原、高山时可能有高原病的发生，严重时可能致命。

2. 交通事故

虽然科技的发展使交通运输越来越发达，越来越安全，但世界各地的交通事故仍是困扰社会的一个难题，陆上交通事故、空难、海难仍时有耳闻。出国旅游者乘坐这些交通工具的频率、时间都较平时大大增加，所以核保人员在其投保时要考虑交通事故带来的风险。

3. 社会稳定状况

社会稳定状况，包括战争、动乱、犯罪、敌对、歧视等。在去存在战争动乱的国家或地区旅游时，因为风险不可预测，并且出险时无法调查，保险公司常不予承保。在去高犯罪率的国家或地区旅游时，可参照当地的犯罪率情况，予以加费处理。在去宗教歧视、性别歧视、种族歧视的国家或地区旅游时，可予以增加评点，并结合其他因素综合考虑。

4. 自然状况

自然状况风险，指寒冷、炎热、风暴、洪水等恶劣的自然环境带来的高风险。例如：去偏远地区旅游或去原始森林、高山、高原、极地旅行，或自行车环形、徒步旅游等，进行这些方式的旅游时，旅行遇到的各种危险情况均可能碰到，如疾病、恶劣的环境、野兽蛇虫及人为伤害等。一般遇到上述情况投保时常不予承保。

对于出国旅游或居住的投保申请，可要求被保险人填写相关问卷，进一步了解前往原因、具体目的地、停留时间、住宿条件等，如果是去工作，还要了解具体工作性质及工作场所。一般情况下，保险公司会接受国外居留人员的寿险申请，但通常会拒绝他们投保意外伤害保险和医疗保险。有许多原因促使保险公司采取这种做法，如核保时对各种危险情况无法评估，发生风险时无法确证，语言文化方面的差异、医疗费用的差异、各国家地区之间的法律法规等异同使实务操作非常困难。但是，随着经济文化交往的增加，交通、信息沟通的加强，地区经济统一体的形成，保险公司会规定在一些国家地区居留予以标准体承保，而在另一些国家地区居留予以加费承保，对风险较高的国家地区则不予承保。

第四节 道德因素

道德因素是从个人主观意愿及法务风险角度对保单进行核审。包括投保动机、保险利益、受益人指定。

一、投保动机

投保动机，换言之即投保心理，它在核保考虑因素中非常重要，准确了解投保者的投保动机，是避免逆选择等道德风险的主要手段之一。

投保动机就是投保者参加保险的目的。投保动机可以从投保人、被保险人、受益人之间的保险利益关系中有所发现，并可结合被保险人的年龄、职业性质、健康告知、财务状况与投保险种、保险金额、缴费方式等大致有所了解。如果对其投保动机有任何疑问，必须确认其真实的投保目的。销售人员提供的信息对了解投保动机很有帮助，如是否为客户主动接近销售人员要求投保，客户要求比推荐保额高得多的保险保障或是提出购买与推荐的产品完全不同的计划。

举例而言，年轻父母为其年幼子女的未来教育而投保有教育金给付的险种，投保理由充分，投保动机纯正，而若给幼小子女投保高额死亡保险或重疾保险，其投保动机就值得商讨，须进一步调查其家庭收入、家庭关系、子女身体状况、家庭其他成员的保险状况等，以明确其保险需求是否合理。在寿险及意外险核保中，应特别注意，为维护未成年人利益，对少儿的死亡保险金额应加以限制。

目前，根据保监会的规定，国内父母为其未成年子女投保的人身保险，在被保险人成年之前，保监会对各保险公司累计赔付做了如下规定：不满 10 周岁最高 20 万，已满 10 周岁最高 50 万。

对于重疾保险，虽然监管机构没有统一规定，但各保险公司对于未成年人的累计重疾险保额都会有一定额度的限制，比如不超过 50 万元。

再如，一位年轻的自营企业主，为自己投保寿险、养老金、重大疾病及医疗险，因为每个人对自己的身体及生命具有无限的保险利益，且该投保者自己经营企业，对自身疾病及将来的养老问题考虑较多，此种投保动机合情合理，核保一般会较顺利地通过。然而，如果该年轻人在未给自己投保的情况下，为其年长的已退休的父母投保高额寿险和医疗险，则需要仔细研究一下他的投保心理，是其父母年老体弱需支付医疗费用，抑或有病在身享年不久，还是另有其他不良企图，一般应对其父母进行体检，同时须对保险金额进行一定控制，以避免逆选择及其他道德风险的发生。

此外，观察投保者对缴费方式的选择，也对了解投保者的投保动机有一定的帮助。如果一份投保申请选择缴费方式为趸缴时，通常发生道德风险的可能性较少，年缴方式次之，若申请人坚持以月缴方式投保高额保险，特别是保费相对较为低廉的意外伤害保险，或有保险费豁免或意外事故加倍给付的险种，核保人员需仔细审核，弄清为什么投保人一定要采用月缴方式，设法明确其参加保险的真正目的，必要时可进行生存调查以决定是否接受此类投保申请。

二、保险利益

保险利益是指投保人或者被保险人对保险标的具有的法律上承认的利益。人身保险中的保险利益可以理解为，被保险人身故或伤残等事故的发生会给投保人带来实际的经济损失。

订立合同时，投保人对被保险人不具有保险利益的，合同无效。依据《保险法》第31条，投保人对下列人员具有法定保险利益：①本人；②配偶、子女、父母；③前项以外与投保人有抚养、赡养或者扶养关系的家庭其他成员、近亲属；④与投保人有劳动关系的劳动者。除此之外，被保险人同意投保人为其订立合同的，视为投保人对被保险人具有保险利益。

保险法并没有直接规定受益人与被保险人之间应具有保险利益关系。为了防范道德风险，在核保操作中，关于被保险人同意的规定的应用范围相对严格，必须要求投保人与被保险人之间存在一定的经济利益关系。主要包括以下关系类型：

（1）雇佣关系：企业对于具有合法雇佣关系的人员具有保险利益。

（2）债权债务关系：债权人对其债务人具有保险利益（私人之间的借贷除外）。

（3）其他合法、合理的经济利益关系。

投保人与被保险人之间保险利益的审核，可参照如下表2－4。

表2－4　投保人与被保险人关系表

被保险人	投保人	保险利益
丈夫/妻子	妻子/丈夫	存在
（未）成年子女	父母	存在
收养子女	养父母	需审核
外孙子女/孙子女	外祖父母/祖父母	需审核
兄弟姐妹	兄弟姐妹	需审核
债务人/合伙人	债权人/合伙人	需审核

三、受益人指定

（一）受益人

受益人是指人身保险合同中由被保险人或者投保人指定的享有保险金请求权的人，投保人、被保险人均可以为受益人。受益人具有以下特点：

（1）受益人对被保险人具有保险利益。

（2）受益人由被保险人指定，或经被保险人同意由投保人指定。投保人指定受益人时须经被保险人同意。投保人为与其有劳动关系的劳动者投保人身保险，不得指定被保险人及其近亲属以外的人为受益人。

（3）如果受益人故意造成被保险人死亡，则丧失受益权。

（4）被保险人为无民事行为能力人或者限制民事行为能力人的，可以由其监护人指定受益人。

（5）被保险人或者投保人可以指定一人或者数人为受益人。受益人为数人的，被保险人或者投保人可以确定受益顺序和受益份额；未确定受益份额的，受益人按照相等份额享有受益权。

（6）被保险人或者投保人可以变更受益人并书面通知保险人。保险人收到变更受益人的书面通知后，应当在保险单或者其他保险凭证上批注或者附贴批单。

（二）保险金赔付

受益人指定后，保险金赔付规则如下：

（1）受益人在被保险人死亡后领取的保险金，不得作为死者遗产用来清偿死者生前的债务，受益人以外的他人无权分享保险金。

（2）在保险合同中，受益人只享受权利，不承担缴付保险费的义务。

（3）受益人的受益权以被保险人死亡时受益人尚生存为条件，若受益人先于被保险人死亡，则受益权应回归给被保险人，或由投保人或被保险人另行指定新的受益人，而不能由受益人的继承人继承受益权。

（4）受益人与被保险人在同一事件中死亡，且不能确定死亡先后顺序的，推定受益人死亡在先。

（5）被保险人死亡后，有下列情形之一的，保险金作为被保险人的遗产，由保险人依照《中华人民共和国继承法》的规定履行给付保险金的义务：

①没有指定受益人，或者受益人指定不明无法确定的；

②受益人先于被保险人死亡，没有其他受益人的；

③受益人依法丧失受益权或者放弃受益权，没有其他受益人的。

（三）核保要点

如果受益人与被保险人的关系不合常理，就必须深入了解其指定该受益人的原因，并确认此受益人确由被保险人认可，这种情况往往需要进行生存调查。

当投保单对受益人指定不明确、不具体时，核保人员应尽可能了解投保人、被保险人对指定保险金受益人的真实意愿。

第三章　核保实务

学习指引：

- 掌握不同人身保险类别的特点及核保注意事项
- 熟悉核保处理在新形势下的转变和调整
- 掌握团险核保的特点
- 通过核保案例的学习加深巩固理论知识

核保实务进行审核时会根据不同类别产品的特点，结合核保基础知识、风险因素等，予以侧重点不同的核保处理。本章将按照人身保险不同的类别，分别论述核保的关注要点，同时会介绍团体保险核保的基础知识。最后一节将提供核保案例分析，以期巩固所学。

根据《人身保险公司保险条款和保险费率管理办法》，人身保险分为人寿保险、健康保险、意外伤害保险、年金保险。

第一节　人寿保险核保

一、人寿保险的特点

人寿保险是指以人的寿命为保险标的的人身保险。人寿保险分为定期寿险、终身寿险、两全保险。

定期寿险是指以被保险人死亡或全残为给付保险金条件，且保险期间为固定年限的人寿保险。

终身寿险是指以被保险人死亡为给付保险金条件，且保险期间为终身的人寿保险。

两全保险是指既包含以被保险人死亡为给付保险金条件，又包含以被保险人生存为给付保险金条件的人寿保险。

人寿保险风险保费定价的基础是死亡率，因此在核保中应关注的是风险因素是否对死亡率产生不利影响。

从风险角度而言，定期寿险风险较终身寿险、两全保险要高；短期交费方式相对于长期交费方式风险较低。

二、人寿保险的核保规则制定

对于风险较高的定期寿险，一般对职业、最高投保金额会予以限定，当额外死亡率大于100%时拒保。但目前一些网络销售的定期寿险却在挑战传统的核保风险控制措施。例如某公司一款网销定期寿险，一般地区最高投保金额可达50万，北上广深可达100万。

终身寿险、两全保险具有储蓄性质，逆选择风险相对较低，其规则相对于定期寿险要宽松，例如当额外死亡率大于300%时拒保。

三、人寿保险的核保要点

对于寿险的核保，需要从健康因素、财务因素等方面评估，确定风险对被保险人死亡率的影响。

在评估风险对死亡率的影响时，健康风险因素至关重要，因此需要核保人员具备一定的医学知识。

(一)健康风险因素

健康风险因素主要根据现病史及既往史，评估其对死亡率的影响。通过掌握的健康异常情况，查阅核保手册，给出具体的核保结论。

(二)年龄

年轻的被保险人应更关注意外事故造成的死亡；对于40岁以上的被保险人应开始关注其健康问题，年龄越大应更加关注其健康问题。比如有保险公司对于投保寿险年龄在55岁以上的被保险人一律体检。

年龄同样可能存在逆选择的问题。例如一位年龄60岁的首次购买寿险的男性比另一位年龄60岁从成年后就一直购买寿险的男性有更高的逆选择概率。

(三)个人风险因素

职业、驾驶历史、业余爱好、是否吸烟、是否酗酒等都会成为风险考虑的因素。比如职业，一般寿险对1~4类职业均可标准体承保，5~6类职业加费，拒保职业不能投保。（备注：国内保险公司一般将职业风险等级划分为1~6类及拒保职业）

(四)财务风险因素

应关注投保人的续期交费能力，投保人的期交保险费不应超过其年收入的20%；关注逆选择风险，被保险人的保额应该在合理的范围，与其需求及年收入相匹配。

四、特殊人群的寿险核保要点

(一)未成年人

未成年人投保寿险要确保投保人与未成年人之间有保险利益。通常认为只有父母、祖父母或法定监护人才对未成年人的生命具有保险利益。同时要满足《保险法》第33条对死亡保险的禁止性要求，当被保险人为无民事行为能力人时，投保人只能是其父母。同时未成年人的累计身故保额不应超过保监会的要求。在健康风险因素方面，早产儿一般会要求2岁后方可投保。如果家庭有多名子女，若仅为其中一人投保，应引起重视。保险公司一般不对未成年人进行体检，一是出生1年后未成年人死亡率较低；二是儿童体检阳性率较低，且保单保额不高，不值得进行复杂、成本高的体检。

（二）家庭主妇

家庭主妇投保寿险，一般会了解其丈夫的工作及收入情况，家庭状况等，以确定其合理的保障需求。保险公司一般会限定家庭主妇所投保的最高额度，比如最高投保寿险保额为50万。在其配偶同时投保时可适当放宽投保额度。

第二节　意外伤害保险核保

意外伤害保险是指以被保险人因意外事故而导致身故、残疾或者发生保险合同约定的其他事故为给付保险金条件的人身保险。

一、意外伤害保险的特点

意外伤害保险具有以下特点：

（1）保费低，保障高。例如某公司一款意外伤害保险保额50万，保费不足200元。

（2）意外伤害保险保险费根据保险金额损失率计算。损失率主要取决于被保险人从事的职业或从事的活动。因此，通常不同职业风险等级应予以不同的保险费率，职业风险等级越高，费率越高。这一点上与寿险不同，寿险通常为1~4类职业费率相同。

（3）意外伤害保险保险期限一般较短，一般不超过1年。

二、意外伤害保险的核保规则制定

意外伤害保险的核保规则在制定时应遵循核保原则，比如意外风险保额应同被保险人的年收入关系在合理范围。另外一般会规定额外死亡率小于200%时标准体，大于200%时不予承保；如果意外伤害保险为附加险，一般会要求不超过主险寿险保额的一定倍数，防止被保险人累计保额过高。

三、意外伤害保险的核保要点

意外伤害保险核保重点关注的风险因素有：职业、生活环境、年龄、特殊爱好、财务状况、道德风险、健康等。

意外伤害保险的主要风险因素是职业、生活环境，有观点认为，意外的发生同年龄、健康因素无关。实际在意外伤害保险核保处理中会考虑年龄、健康、道德风险等因素。

（一）年龄

保险公司通常会规定意外伤害保险的最高投保年龄及老年人的最高保额限制，例如意外伤害保险最高投保年龄为65岁，最高保额为30万。这是因为，在同样的意外事故发生时，老年人导致损失的概率高，如在急刹车时，年轻人不易摔倒，即便摔倒一般也不会造成伤害。但老年人容易摔倒，且摔倒后容易导致骨折。另外老年人往往存在健康问题，在发生意外伤害事故时，会存在无法区分事故是意外造成还是其本身健康问题所致。

（二）健康因素

健康因素在意外险核保时也应考虑，一是健康状况较差、存在某些健康异常及不良生活习惯者，其意外事故发生的概率高，如失明、聋哑、癫痫、嗜酒等。二是健康状况较差者在发生事故时，难以区分事故责任。三是健康状况较差者，道德风险高于正常人。

（三）道德风险

由于意外伤害保险保费低、保障高，同时除身故责任外，还承担残疾责任，容易诱发逆选择和道德风险。核保审核时需关注被保险人累计风险保额是否过高，是否存在短期内在多家保险公司进行多次投保等情况，如企业经营状况不良的私营企业主投保高额意外险。

四、新形势下意外伤害保险对核保的挑战

（一）特定意外伤害保险的核保要求

近些年，特定意外伤害保险，尤其是承担被保险人自驾车所致的意外伤害责任的保险推出，其保费千余元保障百万起受到客户追捧，同时也是风险控制的要点。全国已出现过多起短期投保累计自驾车风险近 1000 万保额的理赔案例。

对于百万身价保险，核保规则制定及核保时，应重点关注：规则限定一般被保险人的最高投保额度，例如最高为 200 万；关注被保险人的财务状况，如限定被保险人年收入最低 10 万元；特殊群体应重点关注，如学生、家庭主妇、年龄小于 25 岁者；关注是否在短期内多家投保百万身架保险。

（二）网销意外伤害保险的核保关注点

同时意外伤害保险在网销渠道大量销售，在提供方便快捷的同时，对风险控制也提出了新的挑战。

对此核保应重点关注三点：

（1）生效日期的控制。通过网络在线投保，投保次日生效会导致出险后投保的情形出现，如 22 点发生保险事故后投保，24 点后生效，报案谎称 24 点后出险。此种情况下很难核实。对此保险公司在网销投保时多规定生效日期为投保后的 2～5 日，以降低出险后投保的风险。

（2）在线投保最高额度的限制。一般保险公司限定在线可投保的意外险保额为 50 万。

（3）应询问是否短期多家投保，保额达到一定额度，如是否 1 年内累计投保超过 50 万。

链接 3－1

"蛇蝎丈夫"指使同伙杀妻骗保 300 万

一对男女，通过微信认识，相处了 13 天后就领证结婚。这段"闪婚"的表面，是丈夫对妻子无微不至的照顾——动不动就买金首饰、苹果手机、电动摩托车等。可奇怪的是，他又在领证后的第 3 天和第 5 天，接连为妻子购买两份人身意外保险及一份旅游意外保险，保金共计 450 万元。到了婚后 2 个月零 5 天，妻子就溺亡了。这起杀妻骗保案很快就被侦破，丈夫李某及同伙同某最终被法院以故意杀人罪判处死刑及死缓。

（备注：投保系通过网络完成，此案也暴露出保险公司核保风险控制存在的不足。）

（据新闻晨报 2016 年 9 月 21 日）

第三节　健康保险核保

中国保监会《健康保险管理办法》将健康保险分为疾病保险、医疗保险、失能收入损失保险、护理保险。

一、疾病保险

疾病保险，是指以保险合同约定的疾病的发生为给付保险金条件的保险。比如重大疾病保险、防癌保险、少儿特定疾病保险等。

（一）重大疾病保险的特点

重大疾病保险是最常见、销售最多的疾病保险。重大疾病保险与寿险保险责任不同，因此核保时侧重点会有所不同。

重大疾病保险以约定的疾病为给付条件，风险较为集中，而寿险以死亡为给付条件，风险范围较为宽泛。因此在重大疾病保险核保过程中，对被保险人提供的核保资料都要认真审核，不可忽视。

重大疾病保险达到约定条件即给付保险金，受益人为被保险人本人，具有生存给付的特点。寿险是被保险人身故后才能给付保险金。因此，重大疾病保险的逆选择风险比较高，核保时应特别关注投保动机及财务状况，以防范逆选择的发生。

重大疾病保险的风险比寿险要高，在核保时评点一般比寿险严格。例如被保险人患有高血压，投保寿险按照死亡率50%加费，重大疾病保险按照75%加费。

重大疾病保险要求核保人员必须熟悉掌握保险条款对重大疾病的定义，只有熟悉掌握疾病的定义，才能保证核保标准的一致性，对风险给出合理的评估。

（二）重大疾病保险的风险考虑因素

重大疾病保险核保主要考虑的因素有年龄、性别、现病史、既往史、家族史、个人嗜好等。

（1）年龄：年龄不但会影响死亡率，也会影响重大疾病的发生率，尤其是恶性肿瘤、心脑血管疾病等，在40岁以后发病率会大幅提升。因此对于40岁以上的被保险人，首次投保，并且额度较高者，应特别关注。通常在制定规则时，40岁以上的被保险人免体检额度会比40岁之前明显下降。

（2）性别：对于多数重大疾病来讲，男性患病率高于女性，因此男性费率高于女性。

（3）现病史：现病史是被保险人正患有的疾病或体检时发现的异常。对于重大疾病保险而言，重点关注现病史对所承保重大疾病的发生率是否有影响。对重大疾病发生率无影响的现病史可按标准体承保，如慢性阑尾炎；对重大疾病有直接影响的现病史，应该拒保，如糖尿病、冠心病；对重大疾病有不良影响的慢性疾病，可根据核保手册评点对应的额外死亡率做出核保结论，如对高血压加费；无法判断与重大疾病关联关系的现病史，应延期或者除外责任，如腹部超声发现肿块，无法判断是良性还是恶性时，应延期投保，待明确性质后再行判断。

（4）既往史：既往史是被保险人曾经患病治疗的病史。核保审核重点关注何时因何原因在何地如何治疗，治疗后情况如何。核保评估同现病史相同，考虑既往史对重大疾病发生率是否有影响。如急性肺炎治愈后可标准体投保重大疾病保险。

（5）家族史：关注与重大疾病相关的家族史或遗传倾向。一般在投保单健康问询中均会涉及家族史的问询，比如被保险人的父母、兄弟姐妹有无 65 岁以前死于或罹患高血压、糖尿病、癌症、多囊肾等疾病。对于家族史，一般不直接作为风险分类的标准，除非家族的某些疾病已经在被保险人身上体现出来。被保险人若告知家族史，通常进行针对性的体检，根据体检结果合理的评估风险。

（6）个人嗜好：一般关注吸烟和饮酒情况。对于长期过量饮酒产生酒精依赖者，投保重大疾病保险通常拒保。

（7）道德风险与逆选择：重大疾病保险除关注健康风险因素外，道德风险和逆选择风险亦应重视，以下情况须谨慎：①短期内在多家保险公司进行多次投保；②投保高保额重大疾病保险与其财务状况不相匹配；③投保时过分关注等待期；④有医疗背景的人员投保高额重大疾病保险等。

（三）新形势下重大疾病保险对核保的挑战

自 1982 年，第一个具有现代意义的重大疾病保险产品在南非诞生以来，目前已遍布全世界。我国在 1995 年引进重大疾病保险产品，经过二十余年的发展，病种由当初的 7 种，扩展到 12 种，20 余种，到目前的百余种。同时重大疾病保险产品也从单一的提前给付发展到包含轻症的额外给付、分组多次给付等不同的类型。

医学的发展和体检的普及，为逆选择创造了条件。比如体检时甲状腺结节的检出率高，出险客户甲状腺癌的理赔率同疾病发病率明显不匹配。

网购的普及，更多年轻人选择通过网络投保重大疾病保险产品，方便快捷的同时也可能会带来多家投保、不如实告知等逆选择情况出现。

上述情况，都给核保带来了新的课题和挑战。需要核保人员加强理论学习，关注新技术对保险的影响，及时完善和改进核保风险管控措施。

二、医疗保险

（一）医疗保险的特点

医疗保险，是指以保险合同约定的医疗行为的发生为给付保险金条件，为被保险人接受诊疗期间的医疗费用支出提供保障的保险。

医疗保险按照保险金的给付性质分为费用补偿型医疗保险和定额给付型医疗保险。

费用补偿型医疗保险是指，根据被保险人实际发生的医疗费用支出，按照约定的标准确定保险金数额的医疗保险。

定额给付型医疗保险是指，按照约定的数额给付保险金的医疗保险。

医疗保险具有以下特点：

（1）受益人为被保险人，为被保险人的医疗行为提供保障。

（2）保障范围更广泛，寿险保障身故，重大疾病保险保障约定的疾病，而医疗保险保障的是各种原因导致的医疗行为，如住院治疗、门诊治疗等。这决定了医疗保险逆选择的风险更大。若不具备严格的核保环节和有效的医疗机构管理，常易引起道德风险。

（3）保险期限通常为 1 年，产品通常会设置等待期和免赔额。保险期限为 1 年，会涉及续保问题，通常分三种情况：不保证续保，续保时会重新审核被保险人是否符合承保条件。

保证续保但不保证费率，被保险人交纳保险费，保险人不得拒保，但有权利对保费进行调整。保证续保，只要被保险人依照费率表年龄费率交纳保险费，保险人必须依照原条件续保。保证续保的医疗保险一般为定额给付型医疗保险。

（二）医疗保险的风险考虑因素

医疗保险以医疗行为的发生为保障责任，同时逆选择的风险较高，所以核保时更加重视健康风险及道德风险。在核保时需要被保险人的资料比较全面。

核保时主要考虑的风险因素同重大疾病保险：年龄、性别、现病史、既往史、家族史、职业、个人嗜好和生活习惯等。

如职业，通常职业对发病率的影响比对死亡率的影响更大，核保应关注可导致高于平均水平的事故率和健康危险的职业。保险公司会对职业进行风险等级划分，对较高医疗风险者，收取更高的保费。如特种养殖(蜂\蛇\鳄鱼)人员投保，寿险可标准体承保，医疗保险属于风险较高的职业，需要额外收取费用。

对于定额给付型医疗保险，常见的为住院津贴型医疗保险，需考虑被保险人的财务状况，一般要求津贴日额不应超过被保险人日工资的80%。同时对特殊职业的津贴日额应加以限制，如家庭主妇、退休人员、未成年人等，一般要求其津贴日额最高为100元。

（三）医疗保险的核保决定

医疗保险的核保决定，同其他险种相同，包含标准体、延期、拒保、次标准体(加费或除外)。

但医疗保险的特点决定了对于健康异常或其他风险较高者，除外责任核保结论的使用，远远大于其他险种，同寿险通常用加费应对健康异常，重疾慎用除外不同。如乙肝病毒感染者，投保医疗保险会除外乙型肝炎、肝硬化、肝癌的治疗，投保寿险、重大疾病保险通常会加费承保。

除外责任一般用于投保前已患有疾病且有复发的可能性或目前已存在的疾病。如被保险人曾因阑尾炎住院保守治疗，投保医疗保险时会被除外阑尾炎引起的治疗。体检发现子宫肌瘤，会被除外子宫肌瘤及其并发症引起的治疗。

除外责任时应注意是否采用除外责任；是否有充足的依据；除外项目是否准确而公平(包括对公司和客户)；是否可以说服客户接受；做的除外责任是否已经把想要除外的风险都已包括；理赔时是否好操作；是否具有歧义。

例如某女性，30岁，农民，投保医疗保险。告知近2年有时感到腹胀，食欲减退，无恶心呕吐，半年前在乡卫生院检查，开了一些健胃药，效果不明显。无其他治疗记录。

此案例无明确诊断，除外"腹胀"等症状不合适，不适用除外责任结论。只有当疾病诊断明确时才可用除外条款，并且要确保除外条款除去了相应的理赔风险。

又例如某男性，40岁，食品店老板，投保医疗费用保险1万元。体重超重，BMI为30，血压为130/80 mmHg，血脂、血糖在正常范围内。

除外"肥胖及其相关并发症"，对影响多系统的疾病不宜采用除外条款(例如系统性红斑狼疮、糖尿病、高血压等)，可加费或拒保处理。

三、失能收入损失保险

失能收入损失保险，是指以因保险合同约定的疾病或者意外伤害导致工作能力丧失为给付保险金条件，为被保险人在一定时期内收入减少或者中断提供保障的保险。其主要目的是为被保险人的收入损失提供保障，不承担所发生的医疗费用。

失能主要有以下四类：①无法从事以往的职业。即使被保险人仍具备从事其他工作的能力，仍视为失能。②无法从事一切可以获取报酬的职业。③无法从事与其教育程度、技能训练或经验相称的工作。④符合残疾标准情况。如双目失明、双耳失聪、失去任意两肢等，即便被保险人仍能从事某种职业，亦属于失能。

失能保险的逆选择风险高于其他健康险。失能后不工作而能获得报酬，这为一些被保险人的"退休"提供了经济动机。如企图购买超过其收入的失能保险或有其他不道德行为。

目前国内尚未有纯粹的失能保险险种，其保险保障的内容更多是寿险条款的保障责任和残疾给付。由于失能保险同重大疾病保险一样属于生存给付险种，可给予被保险人财务上的帮助，可能在不久的将来此险种将在国内市场陆续产生并迅速发展。

失能保险的核保方面，通常会考虑：身体健康状况、职业、生活环境、家庭及财务状况等。

四、护理保险

护理保险以因保险合同约定的日常生活能力障碍引发护理需要为给付保险金条件，为被保险人的护理支出提供保障的保险。

护理保险的范围分为医护人员看护（看护人是医护人员且需要 24 小时看护）、中级看护（看护人是医护人员但不需要 24 小时看护）、照顾式看护（看护人员是非专业医护人员）和家中看护四个等级。

典型的长期护理保险要求被保险人生活无法自理，必须有人照料。一般要求不能完成保单规定的日常生活中的两项：吃饭；洗澡；穿衣；如厕；移动；服药。

长期护理保险核保时须关注被保险人目前是否存在认知损害或无法进行日常生活活动，除常规从投保单、销售人员报告书获取信息外，可通过个人访谈、面对面评估等方式获取相应信息。

长期护理保险可能采取的核保结论包括标准体、限制保额、缩短保险金给付期间、增加保费或延长等待期或拒保等。

链接 3 – 2

13 张保单、790 万重大疾病骗赔案告破

无锡一保险公司客户高某，在一家保险公司购买了重大疾病险，保单观察期刚过，他就申请理赔 160 余万元，引起了保险公司的注意和怀疑。令人意想不到的是，随后有多家保险公司发生了相同情形，投保人均为高某，且均是在保险单观察期过后，立即出手申请理赔。

经侦民警接到报警后，认为这可能是一起骗保大案。排查发现：高建业在 2016 年 5 月至 9 月期间，连续在 13 家保险公司购买了总额高达 790 万元的重大疾病险。

据介绍高建业供职于无锡市内一家民营医院，妻子在一家保险公司担任业务经理。最终查明：2016 年初，高建业凭借多年从医经验，感觉自己甲状腺出了问题，于是利用工作之便，

通过所在医院私自拍片，发现可能是患有乳头状甲状腺癌。随即，高建业与妻子廖晓芸商议，决定故意隐瞒患病事实，购买巨额重大疾病险，骗取保险金。因廖晓芸熟悉保险业务，便提醒丈夫高建业以假名到医院就诊，逃避保险公司调查。随后，高建业用"高飞"的假名到甲状腺专科医院就诊确认。2016 年 5 月、9 月，两人先后在 13 家保险公司购买了总保额达 790 万元的重大疾病险。

（据《现代快报》2017 年 9 月 6 日）

第四节　年金保险核保

一、年金保险的概念

年金保险是指以被保险人生存为给付保险金条件，并按约定的时间间隔分期给付生存保险金的人身保险。

从某种意义上说，年金保险和人寿保险的作用正好相反。人寿保险是为被保险人因过早身故而丧失的收入提供经济保障，而年金保险则是预防被保险人因寿命过长而可能丧失收入来源或耗尽积蓄而进行的经济储备。如果一个人的寿命与他的预期寿命相同，那么他参加年金保险既未获益也未损失；如果他的寿命超过了预期寿命，那么他就获得了额外支付，其资金主要来自没有活到预期寿命的那些被保险人缴付的保险费，所以年金保险有利于长寿者。

二、年金保险的特点

既然年金保险和人寿保险要解决的风险不一样，因此在核保时的侧重点也是不同的。人寿保险的逆选择是担心客户健康有问题，而不告知保险公司；而年金保险的逆选择是没有健康问题，故意告知存在疾病，以便能够获得更多的年金给付或者降低保费。在欧美有些投保年金保险者，会故意夸大病情，保险公司为控制风险，会要求其提供病历资料证明。从某种程度上讲投保年金保险，保险公司是不怕客户不健康的，不健康者对保险公司更有利。

年金保险的特点，决定了长寿是其主要风险。在平均寿命不断增加的情形下，保险公司在推出年金保险时，以保证给付一定年限或至某一年龄为主，终身年金较少，以控制风险。

年金保险的特点，决定了核保规则简单：无须体检；职业不做限定等。

三、年金保险核保要点

年金保险核保一般关注两点：一是投保人的续期交费能力。年金保险通常保费较高，如果投保人的期交保险费与年收入不在合理范围，通常需要客户提交财务证明资料或调整保险计划，降低保费。二是被保险人是否会短期身故。由于年金保险包含身故责任，身故责任一般为退还已交纳的保费，若被保险人短期内身故理赔，保险公司会损失前期的运营成本，如出单费用、销售人员佣金等。所以对有严重健康问题的客户核保时会拒保，但这种案例极少。像寿险、重疾险被拒保的冠心病、中风以及超过一定年限生存期的恶性肿瘤患者，年金保险可标准体承保。

第五节 团体保险核保

一、团体保险的特点

团体保险是指保险公司用一份保险合同为团体内众多成员提供保险保障的人身保险业务。

在团体人身保险中，符合条件的团体为投保人，团体内的成员为被保险人。团体保险主要承保意外、疾病、伤残等保险责任。

团体保险投保人和被保险人的特殊性使其具有一些有别于个人保险的特点，主要表现为：

(一)风险选择特殊性

团体保险主要考虑团体的可保性，一般不需要个人做出可保性证明，而个人保险主要针对个人风险进行审核。

(二)保险计划灵活

团体保险其保障计划、保险内容可与保险公司协商，只要不违反法律及监管要求，投保团体的要求都会给予充分考虑并在合同中加以体现。

(三)经营成本低

团体保险的经营成本会低于个人保险，如可节省大量单证的印刷成本、逆选择小，不需体检节省核保费用等。

(四)服务管理要求更加专业

团体保险的投保人是团体，其对保险的要求、谈判能力高于个人，对保险公司的服务管理要求更加专业。

二、团体保险的风险考虑因素及核保处理

(一)投保人的要求

团体保险是指投保人为特定团体成员投保，由保险公司以一份保险合同提供保险保障的人身保险。特定团体是指法人、非法人组织以及其他不以购买保险为目的而组成的团体。特定团体属于法人或非法人组织的，投保人应为该法人或非法人组织；特定团体属于其他不以购买保险为目的而组成的团体，投保人可以是特定团体中的自然人。

核保时应重点关注特定团体是否为购买保险而临时组成。比如以团购优惠名义组织人员购买团体保险，核保时应不予接受。

(二)被保险人人员要求

为了控制风险，如投保人仅为团体中的风险较大者投保，对于被保险人人数及参保比例核保应关注并做要求。

团体保险的被保险人的人数在合同签发时不得少于3人。

投保团体保险时，参保成员应占团体中符合参保条件成员总数的75%以上，在不足10人时应全员投保。

（三）被保险人健康要求

团体保险虽然考虑整个团体的可保性，但承担身故、重疾、医疗等保险责任时，个人的健康状况也需要考虑。

团体保险一般要求：只有"身体健康、能正常工作或学习"的人员才能作为被保险人或连带被保险人参加团体保险。

满足下列情形之一者，即为不属于"身体健康、能正常工作或学习"的人员。

（1）有既往病史的人员：指在保单生效之前患有被保险人已知或应该知道的有关疾病或症状。

①保单生效前，医生已有明确诊断，长期治疗未间断；

②保单生效前，医生已有明确诊断，治疗后症状未完全消失，有间断用药情况；

③保单生效前发生，未经医生诊断和治疗，但症状明显且持续存在，以普通人医学常识应当知晓的；

④投保时已患病住院的人员；

⑤投保前因病假或其他原因不在岗达 10 个工作日以上的人员；

⑥慢性病，指拥有以下两个以上特点（含两个）的疾病或伤害：没有已知的公认的治疗方法；永久的持续；复发或可能复发；需要缓解治疗；需要长期的监护、会诊、检查或检测；需要康复治疗或特别训练。

（2）险种性质为团体意外伤害、团体定期寿险及健康保险（意外医疗）类险种的计划，凡患有或曾患有恶性肿瘤、脑中风、心脏病（心功能不全Ⅱ级以上）、高血压病（Ⅱ级以上）、心肌梗死、慢性肾脏疾病、精神疾病及其他严重慢性病患者不能作为被保险人或连带被保险人。

险种性质为健康保险计划，凡患有或曾患有恶性肿瘤、心脏病（心功能不全Ⅱ级以上）、心肌梗死、白血病、高血压病（Ⅱ级以上）、肝硬化、慢性阻塞性肺疾病、脑血管疾病、慢性肾脏疾病、胰岛素依赖型糖尿病、再生障碍性贫血、先天性疾病、精神疾病、癫痫病、特定传染病、艾滋病、性病及正患病住院全休、半休者不能作为被保险人或连带被保险人。

对于不属于"身体健康、能正常工作或学习"的人员，核保时可以视投保团体的保费规模、理赔经验评估其对整个团体风险的影响程度，采取以下四种处理方式：

①承保时剔除该被保险人或连带被保险人；

②将特定疾病、症状或残疾所引起的保险责任除外；

③该被保险人的风险相对于整个团体而言，在保险公司能够接受的范围之内，可加费承保。加费可采取对该被保险人加费，也可以采取对整个团体加费，加费的幅度由核保人员视风险程度而定；

④该被保险人的病情经治疗后可完全康复，可延期承保。

尤其是对被保险人人数较少的团体，在投保重疾、医疗等险种时，需要提供个人健康告知，必要时需要进行体检。

（四）职业要求

团体保险由于同一职业人员的聚集，其工作性质对风险的影响较大。对高风险职业团体应谨慎承保或拒保或增加特殊要求。对于一个团体中的部分拒保或高风险成员，需要综合其他因素权衡。

如果投保团体被保险人从事五类(含)以上职业人数超过总投保人数的30%，原则上应予拒保或条件承保等特殊处理。

例如对于矿山开采等风险较高团体，要求出险后能够提供安监证明作为理赔材料。

(五)保险方案划分要求

保险方案是指投保单位根据被保险人的属性，对不同被保险人投保不同的险种或同一险种制定不同的保险金额、费用限额或领取标准。

保险方案的划分应遵循一定的原则，以避免随意划分，将高风险人员划分至较高保障的方案中。

保险公司一般会要求，投保单位在投保当时必须明确被保险人的保险方案制定原则。

同一次投保只能选择一种等级划分方式，等级划分方式有以下几种：统一无区分、按职务区分、按工资区分、按工龄区分、其他区分(如服务年限、地区、综合等)。

原则上同一次投保只能确定一种保险方案划分原则，一般不超过10个保险方案，健康险计划原则上不超过5个保险方案。

原则上同一等级被保险人的保险方案应相同。较低等级被保险人保额不得超过较高等级被保险人保额。

第六节　核保案例分析

学习和了解的人身保险的核保基础知识、核保考虑的风险因素以及不同类型险种的核保处理要点，通过案例的学习，可加深对所学知识的理解和提高。同时分析学习核保案例也是保险公司核保人员技能提升的途径之一。

一、超重案例分析

(一)案例描述

1.投保信息

被保险人，男性，40岁，已婚。投保人为被保险人的妻子。受益人为被保险人的妻子、儿子。本次申请投保寿险保额12万元，提前给付重疾保险保额10万元。既往投保经历：3年前投保寿险保额20万元，标准体承保。累计人身险风险保额32万元。投保人与代理人为朋友关系，保险计划为代理人与投保人共同设计。

2.个人信息

被保险人职业为私营企业主，告知有C类驾照，无交通事故记录，无危险运动爱好。投保人职业为中学教师。

3.财务信息

被保险人告知其年收入20万元，来源私营，否认借贷。投保人告知其年收入6万元，来源工薪。

4.医学信息

投保告知被保险人健康告知无异常，无烟酒嗜好，家族史等均告知为否。投保体检结果显示被保险人的累计保额已达到体检额度，规则体检，体检结果如下：身高180 cm，体重98 kg，ALT 54(0~40)U/L，AST 48(0~40)U/L，TG 2.4(0.48~1.88)mmol/L，B超显示轻度脂肪肝，其余无异常。

5. 异常情况小结

本单发现的异常情况为体检项目异常，主要有：体格指数 BMI＝30.2；轻度脂肪肝；肝酶轻度升高；甘油三酯轻度升高；胆固醇正常。

（二）案例分析

被保险人为 40 岁男性，私营企业负责人，财务状况良好，本次投保目的为获得养老保障和投资收益，保额与收入匹配，保险需求、受益人指定均合理。未发现非健康风险。

本案例体检有超重、脂肪肝、肝酶偏高、血脂偏高等异常情况，超重/肥胖对健康的危害很大，会增加罹患糖尿病、高血压、心血管疾病（如冠心病、心肌梗死等）的风险。有研究表明，肥胖女性患子宫内膜、胆囊、宫颈、卵巢及乳房等部位的肿瘤概率较高。另肥胖者可伴有脂肪肝、血脂、肝酶的异常，及血压偏高、血糖偏高等情况，对预期寿命有明显影响。本案例被保险人规则体检，BMI 大于 30，此外发现有轻度脂肪肝、甘油三酯及肝酶轻度升高，因无其他既往病史告知，且脂肪肝、甘油三酯及肝酶均为轻度异常，故考虑单纯性肥胖可能性较大；因此本案例可参考核保手册对超重/肥胖进行基本评点，结合其伴有的轻度脂肪肝，甘油三酯、肝酶轻度升高进行综合分析。参考核保手册，寿险、重疾可予以健康加费。

（三）案例提示

参考核保手册，寿险按额外死亡率 25% 加费，重疾按额外死亡率 50% 加费。

二、超重、高血压、投保资料涂改案例

（一）案例描述

被保险人，男性，43 岁。职业为办公室内勤、无投保经历。保险计划如下：重大疾病保险 20 万元，津贴型医疗险 150 元/日，费用型医疗险 1 万元。告知内容如下：被保险人身体健康、年收入 8 万元、身高 172 cm，体重 68 kg，但投保书"体重 68 kg"处有涂改。个人史告知为无，家族史告知为无投保。

（二）案例分析

中年男性，职业、财务状况相符，投保险种均为健康险，投保书中体重有涂改痕迹。涂改体重的原因是什么？对于有疑问的投保申请是否可以抽查体检。

对于这张全部投保健康险，健康和财务告知无问题的投保申请，核保人发现在体重处有明显涂改的痕迹，通知客户进行投保体检，体检结果：身高 172 cm，体重 96 kg，BMI 32，血压 186/122 mmHg，ECG 示左室肥大。

实际业务中，对于体重，被保险人及销售人员倾向于往轻一些填写，对于告知超重的被保险人，可增加抽检力度。

超重可引起许多疾病（心脑血管疾病、代谢性疾病等），特别是患心脑血管病的概率大大增加，而且一旦发生，其预后非常不好，并且因此而产生的医疗费用也较昂贵。根据重度肥胖、严重高血压、心电图改变（左室肥大），核保决定为拒保。

（三）案例提示

重度肥胖、严重高血压、心电图异常，应予以拒保。为了减少逆选择，面对有疑问的投保申请，核保人员有权决定抽查体检，但一定要考虑核保成本和可能给业务员造成的负面影响，要避免意义不大的随机抽查，抽查要具有针对性。

三、吸烟史、肺功能轻度异常案例

（一）案例描述

被保险人，男性，42 岁，职业为企业总经理，无投保经历。保险计划如下：终身寿险 50 万元，重大疾病保险 20 万元。个人告知如下：吸烟，每天 2 包，约 15 年；不饮酒；既往有咽炎病史 5 年，近 2 年晨起后咳嗽，8～10 次/年，无家族病史。

体检报告。一般检查：身高 172 cm，体重 62 kg，血压 128/70 mmHg，普检（－）。实验室检查：血常规（－）；尿常规（－）；两对半（－）；肝功能、肾功能等均正常。特殊检查：ECG、胸片、腹部 B 超均未见异常，肺功能轻度异常。

生存调查资料如下：被保险人外观体健，为当地有名的夜总会总经理，应酬较多，每天吸烟约 2 包，有 15 年吸烟史。自述吸烟多，有慢性咽炎，近 2 年晨起咳嗽，8～10 次/年，不需要服药治疗，偶尔服消炎药治疗数天即愈。年收入约 20 万元。

（二）案例分析

1. 案情小结

被保险人为中年男性，因职业原因应酬多，有吸烟史 15 年，每天 2 包，平时有咳嗽症状，肺功能测试结果轻度异常。

2. 存在的问题

吸烟是导致额外风险增加的原因。

3. 核保分析

首先让我们来了解一下吸烟对健康的危害。

统计数据显示，吸烟者的死亡率明显高于不吸烟者。吸烟可诱发多种癌症、心脑血管疾病、呼吸道和消化道疾病等，是造成早亡、病残的最大病因之一。英国一项历时 40 年的研究证明，中年吸烟者死亡率为不吸烟者的 3 倍。WHO 资料表明，目前全球每年死于与吸烟有关的各种疾病的人数达 300 万人。

（1）致癌作用

吸烟者患肺癌的危险性是不吸烟者的 13 倍，如果每日吸烟 35 支以上，则其患肺癌的危险性比不吸烟者高 45 倍。吸烟者肺癌死亡率比不吸烟者高 10～13 倍，肺癌死亡人数中约 85% 由吸烟造成。另外吸烟还与喉癌、膀胱癌、口腔癌、食道癌、胃癌、结肠癌、子宫癌等的发生都有一定关系。

（2）对心脑血管的影响

吸烟是许多心、脑血管疾病的主要危险因素，吸烟者的冠心病、高血压病、脑血管病及周围血管病的发病率明显升高。冠心病和高血压病患者中 75% 有吸烟史。冠心病发病率吸烟者较不吸烟者高 3.5 倍，冠心病病死率前者较后者高 6 倍，心肌梗死发病率前者较后者高 2～6 倍。高血压、高胆固醇及吸烟三项具备者冠心病发病率增加 9～12 倍。心血管疾病死亡人数中的 30%～40% 由吸烟引起，死亡率的增长率与吸烟量成正比。

吸烟者发生中风的危险是不吸烟者的 2～3.5 倍，如吸烟和高血压同时存在，中风的危险升高近 20 倍。

（3）对呼吸道的影响

吸烟是慢性支气管炎、肺气肿和慢性阻塞性肺疾病（COPD）的主要诱因之一。吸烟者患慢性支气管炎较不吸烟者高2~4倍,且与吸烟量和吸烟年限成正比,吸烟者还常患慢性咽炎和声带炎。

(4)吸烟还将促使慢性胃炎与消化性溃疡的发生。女性90%的肺癌,75%的COPD和25%的冠心病都有吸烟有关。

图3-1是吸烟指数(即每天吸烟支数÷20×吸烟年数)对常见疾病的发病率的影响。

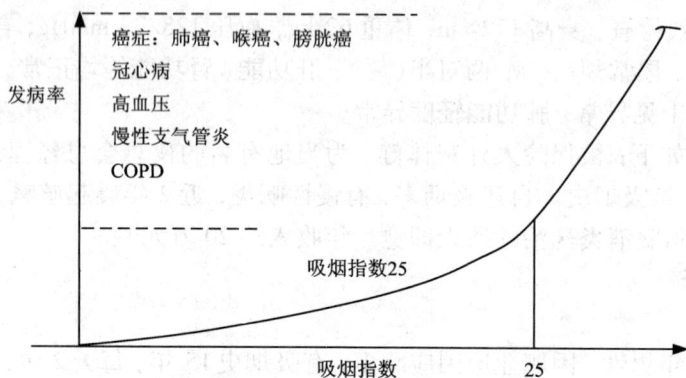

图3-1 吸烟指数对常见疾病的发病率的影响

从图3-1可见,当吸烟指数达到25时,癌症、心血管和呼吸道疾病的发病率明显升高(参阅科隆再保险公司提供的资料)。

(三)案例提示

寿险及重大疾病险额外死亡率75%~100%加费承保。该被保险人的吸烟指数为30(40÷20×15),患癌症、心血管疾病和呼吸道疾病的风险较大,因此额外危险较高。被保险人近两年经常晨起时咳嗽,肺功能轻度异常,但胸片正常,故按慢性支气管炎评估,有吸烟习惯及肺功能异常要适当地增加评点。

四、高血压案例

(一)案例描述

被保险人,女性,52岁,已婚,职业为农民。投保人为被保险人的女儿。受益人为被保人的女儿。保险计划及投保经历如下:投保寿险10万元,重疾险10万元,年金险3万元。无既往投保经历。投保人与代理人为朋友,代理人与客户共同设计保险计划。被保险人无烟酒及其他特殊嗜好。财务告知内容:被保险人年收入3万元,来源为农作物收入,投保人年收入10万元,来源工薪。

健康告知如下:无异常健康告知。首次规则体检A项:BMI 28,血压三次165/105 mmHg、160/100 mmHg、160/100 mmHg,眼底动脉硬化I期;因体检超重合并高血压,加查血糖、血脂、胸片,结果显示总胆固醇6.8 mmol/L(2.8~5.8 mmol/L),余项正常;填写问卷否认高血压病史。

异常情况小结包括血压升高、胆固醇升高、超重、眼底动脉硬化。

(二)案例分析

被保险人为老年女性,农民,女儿投保并受益,计划设计及受益关系合理,投保过程未见明显逆选择倾向，故该案例审核的主要风险点在于被保人的健康因素，也就是高血压同时合并高血脂、肥胖对寿险、重疾险的影响。

高血压为常见慢性疾病，长期得不到控制的高血压可以导致心脑肾等靶器官的损害，进而影响人的寿命，所以高血压为人身险核保过程中必须考虑的风险因素。另外，大量研究表明，高血压与糖脂代谢紊乱、肥胖等关系密切，有协同及因果关联，故不可孤立地评估该风险点，应结合被保险人其他相关的异常状况，综合评估。

本案例被保险人体检为中度高血压水平（三次检查均升高，可排除偶发因素），同时合并超重、眼底动脉硬化、胆固醇升高。超重（BMI > 24）者的一些病理生理改变（如负担过重，心脏的搏出能力减弱，阻力加大等）使其成为高血压的重要危险因素之一，二者并存时，更加重了心血管疾病的患病风险。眼底动脉硬化常见于老年人的眼底检查，有两种情况，一种是单纯的老年性生理性动脉硬化，另一种情况则是在全身性疾病的基础上出现眼底动脉硬化，例如动脉粥样硬化、高血压、糖尿病等。

本案例被保险人血压升高，眼底动脉硬化，故为第二种原因可疑。最后，被保险人胆固醇升高，胆固醇是导致血管疾病（动脉粥样硬化）的一个主要的且受到广泛研究的风险因素，当和高血压并存时，冠心病的发病率远较一项者高。

（三）案例提示

寿险额外死亡率125%加费，重疾险拒保，年金险标体。综上分析，在本案例中，在对被保人高血压、高胆固醇、超重各自参考核保手册评点的基础上，须再予以适量加重评点。结合所申请险种，因重疾险评点超过 EM150%，故可直接拒保，寿险可予以加费承保，年金险无风险保额，可标准体承保。

五、贫血病史案例

（一）案例描述

被保险人女性，44 岁，已婚。职业为农民。投保人为被保险人本人。受益人为其女儿、儿子。投保计划与投保经历如下：投保寿险 10 万元，重疾险 8 万元。被保险人无烟酒嗜好，无危险运动爱好。财务告知如下：年收入 2 万元，来源于农产品收入，否认借贷。

医学信息如下：2016 年 3 月因贫血、子宫多发肌瘤住院，并提供住院病历。病历资料中入院血常规：血红蛋白 75 g/L（120～160 g/L），MCV、MCHC 均降低；被保险人行子宫全切术，病理诊断：子宫平滑肌瘤；肝肾功能检验结果正常；出院时血红蛋白 82 g/L（120～160 g/L），MCV、MCHC 均降低。

投保体检信息如下：抽查普检、血常规等，体检结果正常。异常情况包括贫血、子宫多发肌瘤病史。

（二）案例分析

被保险人为中年女性，44 岁，农民，财务状况一般，本次投保目的为获得人身保障，保额与收入匹配，保险需求、受益人指定均合理。未发现非健康风险。

本案件中健康告知有贫血、子宫多发肌瘤病史。子宫多发肌瘤已行子宫全切术，病理诊断为良性，可不予评点。住院期间血红蛋白 75 g/L，MCV、MCHC 均降低，为小细胞低色素性中度贫血，本案件的关键风险点为中度缺铁性贫血对于终身寿险、重大疾病保险的影响。

贫血主要依据贫血的类型或病因，以及贫血的严重程度进行评点的。本案例中的被保险人为中年女性,因子宫多发肌瘤住院行子宫全切术,住院期间发现中度贫血,故被保险人贫血原因为子宫肌瘤月经失血过多引起的慢性缺铁性贫血。

被保险人因子宫肌瘤行子宫全切手术,本次投保抽检血红蛋白、MCV、MCHC 未见异常为有利因素。住院期间贫血为不利因素。

(三)案例提示

综上分析,考虑被保险人贫血原因子宫肌瘤病因已经得到根治,并且投保时复查的血常规结果正常,故认为被保险人的贫血得到充分治疗且已经治愈。参考核保手册,寿险、重疾险均标准体承保。

此外,如果确认贫血病因是与慢性疾病(如类风湿性关节炎、慢性肾功能不全等)相关,那么评点通常针对潜在的疾病评估。对无法解释病因的贫血在未明确病因前投保,寿险、重疾险应延期承保。

六、过敏性紫癜病史案例

(一)案例描述

被保险人,男性,10 岁,职业为学生。投保人为被保险人的父亲,职业为工人。受益人为被保险人的母亲。保险计划及投保经历如下:寿险 10 万元,重疾险 20 万元,无既往投保经历。

财务信息如下:被保险人为未成年人,无收入来源。投保人年收入 2 万元,来源为工薪。

医学信息如下:被保险人告知 2014 年因为扁桃体炎行扁桃体切除手术;2015 年 11 月因为皮疹就诊于市儿童医院,诊断为过敏性紫癜合并过敏性紫癜肾炎。投保体检信息如下:投保时因为既往病史抽查普检、尿常规、血常规、肾功能等体检项目,体检结果正常。异常情况主要为既往病史异常:2015 年过敏性紫癜合并肾炎病史。

(二)案例分析

被保险人为 10 周岁儿童,保险需求及投保险种合理,投保人保额与收入匹配,受益人指定均合理。未发现非健康风险。

本案例主要风险点为被保险人过敏性紫癜合并过敏性紫癜肾炎病史。过敏性紫癜是一种较常见的微血管变态反应性出血性疾病,可分为单纯性、腹型、关节型、肾型等类型,被保险人在出现皮疹的同时,出现持续尿蛋白,肾功能轻度异常,过敏性紫癜肾型一般病情最为严重,少数肾型患者可转变成慢性肾炎或肾病综合征。过敏性紫癜的预后主要取决于肾脏受损的程度。部分病例可迁延数年,持续尿液检查结果异常的个体在确诊几年后可能出现肾功能衰退。少数重症可伴高血压脑病及慢性肾功能衰竭,后者多发生于出现肾炎后数年。所以此案例评点的重点在于评估肾脏因素对于过敏性紫癜预后的影响,从而做出对寿险、重疾险的评点,所以本案例对被保险人进行了尿常规、肾功能等抽查体检。

被保险人诊断为过敏性紫癜(肾型),并且出院时间仅半年,为评点的不利因素。

被保险人诊断为过敏性紫癜后,在北京市儿童医院进行了规范的治疗(并未使用糖皮质激素);被保险人为儿童,儿童患此疾病一般预后较好;被保险人在投保后进行了抽查体检,尿常规、肾功能等均为阴性,未发现肾脏受损的迹象。以上因素均为评点的有利因素。

(三)案例提示

综上所述,对于此案例,过敏性紫癜(肾型)已痊愈,出院半年,检查未发现肾脏受损迹象，可以按照核保手册对寿险、重疾险进行评点。考虑到少数肾型患者可转变成慢性肾炎或肾病综合征，未来出现慢性肾功能衰竭的可能性仍高于正常人，重疾险予以加费承保。参考核保手册，寿险标准体，重疾 EM +50 承保。

七、肾炎病史案例

（一）案例描述

被保险人，男性，26 岁，职业为机关外勤。身故受益人为其子。健康告知信息如下：10 岁时肾炎已痊愈。肾脏疾病问卷告知 83 年（10 岁时）晨起时面部浮肿，住院治疗诊断为慢性肾炎，以后间断有晨起时面部浮肿。

无保险经历，无不良嗜好。保险计划信息如下：重大疾病保险 3 万元，终身寿险 2 万元，津贴型住院医疗保险一档。

体检报告信息如下：身高 158 cm、体重 55 kg、血压 120/90 mmHg、普检（－）。验室检查尿常规：尿蛋白（＋＋），颗粒管型 0～1/HP，余（－）；BUN、Cr 正常。B 超提示：右肾稍小（萎缩），左肾正常，余未检。

（二）案例分析

被保险人为青年男性，告知 10 岁时患肾炎，医院诊断为慢性肾炎，以后间断性出现面部浮肿，现血压（血压临界值），尿蛋白（＋＋），右肾稍小，左肾正常，肾功能正常。

存在的问题是肾炎病史与体检异常结果的关系及对核保的影响。

急性肾炎是 10 岁以下儿童的常见病，但 90% 以上能够痊愈，转为慢性者不超过 5%，被保险人住院治疗以后仍有间断性晨起面部浮肿，故其告知的"医院诊断为慢性肾炎"基本可信，但由于无医院诊断报告，仅凭被保险人告知，不排队除与另一儿童常见的肾脏疾病——肾病综合征相混淆的可能，其也有蛋白尿和面部浮肿的表现，其中单纯性肾病预后较好，但易复发，而肾炎性痛病，由于病理变化复杂，预后不好。

现被保险人体检血压舒张压临界值，尿蛋白（＋＋），右肾稍小（慢性肾炎后可导致肾萎缩）的结果及其病史等表现亦符合肾病综合征，由于肾脏有强大代偿功能，两肾正常组织不小于 1/3 时肾功能指标可以正常，被保险人肾功能正常并不能除外肾脏疾病，结合病史和本次体检结果，被保险人的风险可以锁定于慢性肾脏器质性疾病，究竟是慢性肾小球肾炎还是肾病综合征无法确切区别。

（三）案例提示

慢性肾脏疾病最终可导致尿毒症，此外，疾病发展过程中的并发症（如高血压、贫血、动脉硬化导致的心脏损害、视网膜病变、感染等）也对死亡产生重大的影响，这是核保要考虑的风险，但不同类型的慢性肾炎和肾病综合征预后差别较大，轻者（如微小病变肾病）长期预后好，甚至大多数频繁复发者也能保持肾功能正常，但病理上的分型只有肾活检才能确诊，其后结合血压、血常规、尿常规、12 小时尿蛋白测定及肾功能检查结果再查核保手册方能做出较准确的风险评点。本案例按延期或拒保处理。

八、心律失常窦性心动过缓案例一

（一）案例描述

被保险人，男性，50 岁，已婚。投保人与被保险人为同一人。受益人为被保险人的妻子。保险计划与投保经历如下：寿险保额 10 万元。无既往投保经历。

投保过程：代理人即被保险人本人，自己设计投保。

财务信息如下：年收入 5 万元。

医学信息如下：健康告知正常。第一次体检，身高 170 厘米，体重 69 公斤，脉搏 45 次/分，血压 130/80 mmHg，普检的内科、外科、眼科正常，心电图示窦性心动过缓，心率为 45 次/分。第二次稍微活动后复查心电图为窦性心动过缓，心率为 46 次/分。

异常情况小结包括：两次心电图检查均为窦性心动过缓，且均低于 50 次/分。

（二）案例分析

被保险人为中年男性，保险公司业务员，年收入 5 万元。投保人与被保险人为同一人，受益人是被保险人的妻子。本次投保寿险 10 万元，既往在本公司无投保经历，投保需求合理，受益关系合理。本次投保风险点主要集中于体检时发现被保险人窦性心动过缓。

核保时遇到的窦性心动过缓经常是在被保险人体检时发现的。这时要根据被保险人的心电图心率、普检的脉搏、年龄、职业及其他体检项目是否正常等因素综合考虑。对于体检时心率次数在 50 次/分以上，其他体检项目均正常的，通常不予考虑。对于心率在 50 次以下的，可以让被保险人稍微活动后复查一次心电图，看活动后心率能否增加。如果活动后复查心率超过了 50 次/分，通常可以不予评估。如果活动后心率不能提高，复查心率仍低于 50 次/分，要考虑延期处理。

（三）案例提示

本案例中第一次心电图窦性心动过缓，心率为 45 次/分，脉搏也为 45 次/分，活动后复查心率为 46 次/分，且左室高电压。考虑两次体检心率均过低，提示潜在疾病影响，核保时要对其进行延期处理。因此作为延期案件处理。

九、胃溃疡病史案例

（一）案例描述

被保险人，男性，45 岁，已婚。投保人为本人，受益人为其女儿。本次申请计划：本次寿险 10 万元，重疾险 10 万元。无既往投保经历。此次投保为客户转介绍，代理人与客户共同设计计划。

投保人职业为建筑工程承包商，告知吸烟 20 年，10 支/天，偶尔应酬性饮酒。

财务信息如下：告知年收入 30 万元，来源私营。医学信息如下：2016 年曾因胃炎住院，显示 2016 年 7 月被保险人因上腹痛住院，胃镜检查显示为胃溃疡，幽门螺杆菌试验阳性，服药治疗，既往史告知近七八年有出现腹痛症状多次。

填写问卷告知 2010 年至今出现过十余次腹痛不适症状，无黑便及呕血，多自行服药缓解。2016 年 7 月出院至今（2017 年 8 月），未再复发。

异常情况小结包括：胃溃疡病史且多次发作。

（二）案例分析

被保险人为中年男性，工程承保商，收入与保额匹配，受益关系合理，投保过程未见明显逆选择倾向，故该案例审核的主要风险点在于被保险人的健康因素，也就胃溃疡病史对寿险、重疾险的影响，同时结合被保险人职业性质、生活习惯（烟酒嗜好）综合评估。

消化性溃疡的两个主要的原因是幽门螺杆菌感染和服用阿司匹林等非甾体类抗炎药物；

同时遗传、体质、环境、饮食、生活习惯、神经精神因素等通过不同途径或机制，导致上述侵袭作用增强和或防护机制减弱，均可促发溃疡形成。胃溃疡的主要并发症为上消化道出血及胃穿孔，也有癌变可能，如有上述并发症，均需要接受外科手术治疗。

（三）案例提示

从本案例的被保险人病史资料来看，幽门螺杆菌试验阳性，可以确认被保人胃溃疡的发生主要是由于幽门螺杆菌感染；同时结合被保人职业为工程承包商，应酬多，饮食不规律，烟酒嗜好（偶尔应酬性饮酒的告知较可疑），这些因素均可促进溃疡的发生。从健康问卷告知来看，被保险人虽多年病史，多次发作，但未出现消化道出血及胃穿孔等并发症（穿孔病史胃镜检查可以排除），2016 年住院也未出现手术指征，内窥镜检查可排除恶性溃疡。

综上，被保险人患有多年的胃溃疡，多次发作，未有穿孔及出血史，可以参考核保手册，对寿险、重疾险进行评点加费，同时考虑被保险人职业、生活习惯、健康意识（多次发作，未去医院治疗），予以适当加重评点。寿险额外死亡率 25%、重疾险额外死亡率 50% 加费。

十、子宫肌瘤案例

（一）案例描述

被保险人，女性，47 岁，已婚。投保人为本人，受益人为其丈夫。投保险种：本次寿险 6 万元，重疾险 4 万元，同时投保住院医疗险 5000 元，无既往投保经历。

个人信息如下：家庭主妇，健康告知无异常。

医学信息如下：无既往病史。规则查体：妇科 B 超示子宫肌瘤，大小 2×3 cm，血常规正常，余均无异常。异常情况小结包括：子宫肌瘤。

（二）案例分析

被保险人为中年女性，保险计划合理，健康告知正常，无特殊职业及道德风险，主要风险为健康风险因素：查体 B 超示子宫肌瘤。若对子宫肌瘤相关知识了解，便能给出正确承保结论。

病理检查结果被誉为肿瘤诊断的金标准，仅靠 B 超检查结果是否可以确认被保险人患有子宫肌瘤，这是面对被保险人查体结果时，核保人产生的第一个疑问。有医学统计数据显示，B 超诊断子宫肌瘤，准确率可达 93.1%。目前相关医学论文关于 B 超示子宫肌瘤与术后病理检查结果的对比，显示其准确率均超过 90%。B 超对子宫肌瘤的诊断仍是目前临床最实用、简便、理想的检查方法。故在核保中若查体 B 超显示为子宫肌瘤，可按照子宫肌瘤进行评点。

根据 B 超结果，确认被保险人患有子宫肌瘤，然后就是对子宫肌瘤的病理及临床表现要有所了解，以便做出正确评估。子宫肌瘤是女性常见的良性肿瘤，主要由子宫平滑肌细胞增生形成，故也称子宫平滑肌瘤。统计资料显示，30~50 岁女性发病率约为 30%，其中 40~50 岁女性占 50%~60%。

根据肌瘤所在子宫的不同部位，分为以下几类：肌瘤位于肌壁内，周围均为肌层所包围，初发病时多为此类肌瘤，故最常见，占 60%~70%。浆膜下肌瘤，肌壁间肌瘤向浆膜发展，并突出于子宫表面，与浆膜层直接接触，约占 20%。如突入阔韧带两叶之间生长，即为阔韧带内肌瘤。粘膜下肌瘤，肌壁间肌瘤向宫腔内生长，突出于子宫腔内，与粘膜层直接接触，约占 10%。子宫肌瘤临床表现主要为：子宫出血（经期延长、月经量过多等）；腹部肿块（下腹部肿块有时为子宫肌瘤的唯一症状）；疼痛（持续腹部隐痛等）；压迫症状（尿频、排尿困难、尿潴留等）；贫血（长期失血所致）。

子宫肌瘤既然是良性肿瘤，那么我们所关注的便是其恶变率有多大，这将直接影响到对寿险及重疾险的风险评估。子宫肌瘤患者的预后与肌瘤大小及是否变性有关，肌瘤过大或妊娠时常发生变性。变性分为良性变和恶性变。良性变有粘液变性、囊性变、脂肪变性和钙化等；恶性变即子宫肉瘤，恶变率较低（0.5%～1%），若绝经以后肌瘤长大，需要警惕肌瘤恶变性。

（三）案例提示

综合以上相关知识，此单被保险人子宫肌瘤诊断明确，肌瘤较小，无相关症状出现，恶变率较小，故寿险、重疾险可标准体，住院医疗险除外责任。

十一、乳腺增生病史案例

（一）案例描述

被保险人，女性，35 岁，已婚。投保人为本人，受益人为其儿子。投保险种：寿险 12 万元，重疾险 10 万元，既往无投保经历。投保人为代理人原客户的朋友，经转介绍而认识。保险计划为代理人设计，投保人认可。

个人信息如下：被保险人为文职军人，无不良嗜好。

财务信息如下：年收入 5 万，来源工薪，无贷款。

医学信息如下：2013 年乳腺增生手术，2015 年 5 月乳腺增生再次手术治疗。无家族史。提供既往完整住院病历：2013 年查体发现双乳肿物，手术治疗，病理示乳腺小叶增生；2015年 5 月因双乳肿物住院，手术治疗，病理示乳腺小叶增生伴部分导管扩张并上皮细胞增生。家族史：无乳腺癌家族史。住院时其他检查均无异常。

异常情况小结包括：乳腺增生病史住院 2 次。

（二）案例分析

被保险人为中年女性，本人投保，年收入 5 万元，人身险保额 12 万元，保额合理，受益人为其儿子，无特殊职业及道德风险。

本案例主要为被保险人乳腺增生病史。被保险人乳腺增生诊断明确，已提供详细的病历资料，2 次手术病理分别为乳腺小叶增生、乳腺小叶增生伴部分导管扩张并上皮细胞增生。末次治疗距投保不足半年，且住院时已做详细体检，无其他异常，不再要求进行体检。若被保险人投保时距末次治疗超过 1 年，应要求客户体检，了解是否复发或存在其他异常。

乳腺增生属于一种良性病变，对核保最重要的便是其转归预后，恶变率如何。乳腺增生的恶变率学术观点相差较大，有观点认为本病恶变可能为 2%～3%；有观点认为乳腺增生恶变率为 5%～30%。通过对相关文献分析，恶变率相差较大，主要因为乳腺增生不同病理分型其恶变情况相差较大。通常认为单纯囊性增生很少恶变，但伴有上皮不典型增生者则恶变机会较大。如患者有乳癌家族史，则恶变率较大。

（三）案例提示

被保险人乳腺增生诊断明确，但乳腺增生存在恶变率，应考虑其对重疾险的影响。被保险人职业为军人，两次发病均及时治疗，有良好的健康意识，无乳腺癌家族史，年龄 35 岁，为有利因素。

综合以上分析，寿疾险标准体，重疾险标准体或加费承保。此案例重疾险评点结合有利因素，可降低评点。查阅核保手册，寿险标准体，重疾标准体。

十二、自杀病史、道德风险案例

（一）案例描述

被保险人，女性，27 岁，职业为酒吧服务员。无投保经历。保险计划：定期寿险 50 万元、意外伤害保险 100 万元，身故受益人为其父母。

个人信息如下：未婚，年收入 4 万元。4 个月前因意外从 4 楼摔下，住院半月，痊愈。

体检报告如下：身高 156 cm、体重 49 kg、血压 120/70 mmHg 普检（－）、常规（－）ECG（－）。

生存调查信息如下：直接调查显示被保险人外观正常，性格偏内向。当问及投保动机时回答，四月前擦窗玻璃时不小心从 4 楼坠下，只受一点轻伤，住院十余天即治愈。而且现在酒吧上班，经常上晚夜班，上下班又很远，所以意识到保险的重要性。

侧调显示被保险人 5 年前从一个贫穷的山区来该市打工，曾在多家酒店从事服务工作，月收入 3000 元。3 年前谈了男朋友，不久同居，4 个月前男友提出分手，一气之下，从住所 4 楼跳楼自杀，但外伤不严重。被保险人是通过同事找的保险代理人自动投保，多次向业务员了解条款后才决定本保险计划。

（二）案例分析

被保险人系 25 岁的未婚女性，生活不规律，4 个月前自杀未遂，属于较低收入人群，选择投保低保费高保障型险种。

所谓道德风险，广义上指投保前或投保后对被保险人死亡率产生影响的心理状态或行为。狭义上的道德风险是指投保人故意隐匿重要核保信息，诱使核保人员做出错误的核保决定，从而实现保险欺诈目的的行为。

道德风险的常见形态：主动投保；收入与保额不符；短期内连续、多家投保；子女自己不保而给老年父母高额投保；不寻常的受益人；不合理的医疗行为。

本案被保险人为未婚女性，家庭经济状况较差，职业为酒吧服务员，近期自杀未遂，收入不高，主动投保低保费高保障型的高额保险，应考虑存在道德风险的可能。被保险人有可能通过自杀来获取保险公司的高额保险金。

（三）案例提示

综上所述，本案存在下列特征：被保险人有高度企图自杀倾向，且属于成功自杀风险最高的人群；主动投保；收入与保额设计不符。因此，核保人员认为本保险计划存在道德风险的可能性较大。

第二篇 理赔篇

第四章 理赔概述

学习指引：

- 理解理赔工作的意义，增强从事理赔工作的使命感；
- 能够在理赔实际工作中坚持理赔原则，正确面对公司与客户；
- 能够从"三差"及人身保险合同概念框架自觉规范理赔行为；
- 了解理赔发展趋势，顺应潮流、与时俱进。

第一节 理赔的一般概念

一、理赔定义

寿险理赔工作是寿险公司经营中极其重要的业务环节。寿险理赔是指保险人应受益人或其他权利人的请求，按照保险合同的约定和相关法律规定，对被保险人发生的死亡、伤残、疾病等事故决定是否承担保险责任以及如何承担保险责任的处理过程。寿险理赔工作的核心是重在审核。

二、理赔意义

寿险理赔工作从发现事故或接受被保险人、受益人的事故通知时开始，经过索赔资料采集、责任审定、赔款计算、保险金给付等主要过程来完成，是一项复杂而又繁重的工作。其意义主要体现在以下几个方面。

（一）实现保障功能

保险产品的使用价值是其拥有的保障功能。客户购买寿险，就是为了能够有一份化解风险的保障。对于个人和家庭来说，目的是为自己和家人寻求化解未来风险的保障；对于企业来说，目的是使自己的员工消除对风险的恐惧，安心工作，稳定企业的经营；对于社会来说，目的是避免保险事故发生后家庭的破碎和社会成员的流离失所，从而减轻社会负担，起到社会稳定器的作用。而理赔，是保险人履行保险合同义务，实现经济保障的最终体现。如果没有这个程序，保险产品的使用价值即保障功能就无法有效实现。

（二）树立公司品牌

商业保险公司的社会形象和良好声誉，是通过诚信、良好、及时、合理地履行保险合同义务的服务品质来树立和维持的，而理赔是履行合同义务的关键。理赔结果合情合理，无懈可击，客户即使被拒付，也会心服口服；理赔违反规定，漏洞百出，客户即使拿到保险金，也会对公司的服务和信誉产生怀疑。

良好的理赔服务可以口口相传，通过规范理赔服务，提升专业素质，可以杜绝惜赔、滥赔等不良现象，推动公司的业务拓展，树立良好的市场形象。

（三）控制经营风险

在寿险公司中，核保、理赔被习惯性地称为"两关"，即入口关和出口关。作为入口关，核保的主要作用是防止"病从口入"，避免把不合理的风险承保进来；作为出口关，理赔的主要作用是防止"财从口出"，避免公司承担不合理的赔付风险。入口关若把不好，会给公司未来的发展埋下隐患；出口关若把不好，则会使这一隐患变成现实，直接影响公司的利润指标。

理赔是保险公司控制经营风险的重要手段。在理赔过程中，做到重合同、讲诚信、不惜赔、不滥赔。在很大程度上能够促进公司长期稳健经营目标的实现。

（四）促进风险管理

理赔是保险公司业务管理各环节问题集中凸显的最后一环。从不断积累的历史数据和大量案例中，我们至少可以获得两个方面的资料。一方面是关于客户风险状况的数据，可以从中分析出客户风险集中在哪些范围，可以采取哪些措施来降低这些风险的发生概率，从而降低损失；另一方面是检验产品开发、展业、核保、承保、保全全过程中出现的风险点，行使着"内部审计"的工作职责。如通过理赔可以回顾并检验保险条款、保险费率制定中存在的问题和漏洞，有利于规范保险公司的业务行为，为业务核保和风险管理提供依据，减少和杜绝不规范业务和高风险业务，提高保险公司整体风险控制水平。理赔实践甚至可以挖掘整个保险行业的问题，如保险法律法规存在的漏洞，促进其进一步完善。

三、理赔特征

（一）寿险理赔是一项专业性很强的工作

寿险理赔涉及学科与知识极其广泛，需要综合运用保险学、医学、法学、社会学、侦察学、心理学、谈判学等多种知识来综合判断是否赔付以及如何赔付。例如，寿险理赔人员需要运用保险学知识正确理解保险条款；运用医学知识判定被保险人是否患有保险责任范围内的重大疾病；运用法学知识判断投保人对被保险人是否具有保险利益；运用社会学、侦察学知识调查客户有无欺诈行为；运用心理学、谈判学知识处理与客户之间的争议和纠纷等等。

（二）寿险理赔也是一项技术性很强的工作

一名好的寿险理赔人员需要多年的专业训练和相关经验积累。因此，仅仅只是对保险学、医学、法学等上述知识的掌握并不能成为一名好的寿险理赔人员，其更需要的是将这些基础知识熟练地运用到具体的赔案处理之中。

（三）寿险理赔还要处理纷繁复杂的内外环境的大局观

一个具体案件的理赔决定受到理赔技术、理赔经验、市场环境、社会环境等多种因素的影响，如何在合情合理合法的基础上准确理赔，做到情、理、法的完美结合，这对寿险理赔人员的工作构成巨大的挑战。当然，这也恰恰说明理赔工作是一门艺术。有时候，某个案件不单单是赔与不赔的问题，更多的是要做到既让客户满意，又不违背保险监管规定，符合公司现行政策和未来发展目标。

第二节　理赔基础

人身保险合同是理赔的依据和基础，其对做好理赔工作具有极其重要的意义。理赔掌控的是保险公司的"出口关"，对衡量公司经营效益的"三差"有着直接的影响。因此，理赔人员在实际工作中应把能否为公司创造出"三差益"作为衡量理赔工作的基础。这也是对理赔人员具有大局观的要求。

一、人身保险合同与理赔

保险合同是指投保人（含被保险人、受益人）和保险人之间关于确立、变更或终止保险权利义务关系的协议。因此保险合同是理赔的基础与依据。就寿险而言，保险人作为人身保险合同中的民事行为主体，按照保险相关法律的规定和保险合同的约定，对被保险人发生的死亡、伤残、疾病等事故决定是否承担保险责任，以及如何承担保险责任，这一过程既是履行合同义务的过程也是理赔过程。理赔就是对保险人承担责任不确定性的一种判断，一种审核。

理赔过程要解决的是两个问题：一是该不该赔；二是怎么赔。也就是进行定性和定量的分析。因此，人身保险合同在理赔中的基础作用表现在对出险事故进行定性分析和定量分析这两个方面。

（一）人身保险合同在保险责任事故定性分析中的作用

保险事故的定性分析是指保险人对被保险人的出险是否属于保险责任，是否给付保险金的分析判定，即理赔人员根据出险事故的性质是否属于保险合同中列明的保险责任所做出的理赔结论。

所谓理赔结论就是这次出险事故是否该赔、怎样赔的判断，这一判断是以本次出险事故是否在保险合同约定的责任范围或免责条款范围为依据。例如，被保险人甲某购买了人身意外伤害保险，在保单有效期内，甲某因车祸造成了左脚踝关节以上断离，向保险公司索赔，理赔人员做出了理赔给付决定。其理赔依据是甲某因车祸致伤残，与人身意外伤害保险条款中保险责任条款规定内容相吻合，因此定性为意外伤害致残的保险责任事故。

值得注意的是，要认识到人身保险合同是一种射幸合同，即指当事人一方或双方的给付由将来不确定事件的发生而决定。如果认为给付保险金是保险人履行合同义务的最终体现，这是不正确的。给付保险金固然是保险人履行合同的一种体现，根据条款约定拒付保险金也是保险人履行合同的体现。例如，被保险人王某，购买了人身意外伤害保险，在保单有效期内，在一次车祸中造成了左脚踝关节以上的断离。出院后到保险公司索赔，理赔人员做出了拒赔处理，依据是调查发现事故原因是王某无证驾驶、酒后开车，属于人身意外伤害保险免除责任条款中规定的内容。

在理赔工作上就是要坚定不移地以合同条款为依据，做到不惜赔、不滥赔，拒之有理、付之有据，这就要求我们要熟悉保险产品的条款内容，加深对条款的理解，提高对条款的执行力度，将理赔工作提升到更高的水平。

（二）人身保险合同在保险责任事故定量分析中的作用

人身保险合同保险责任的定量分析是指在定性分析的基础上，保险人需要依据保险合同条款确定保险标的的损失程度、损失金额，以此来确定被保险人应得的保险金额，如果属拒赔案件，也要依据保险合同的约定，进行核算，做好补扣款的处理，即通常所说的"赔多少"。

在人身保险业务中，保险人需要依据保险合同的类型，确定保险金的给付方法。例如，在两全保险中，是以签订合同时约定的保险金额承担被保险人的保险责任；在费用补偿型医疗保险中，则根据本次保险事故的损失额度，在保险合同约定的保险金额范围内，支付保险金；在意外伤害保险中，有死亡责任和伤残责任，其中伤残责任的鉴定则主要依据被保险人在保险事故发生后的180天的伤残状况，对照保险合同中的伤残等级，确定伤残金的给付。

另外，我们还可以认识和联想到保险合同中的很多条款都是进行理赔计算的依据。例如：免赔额条款、比例给付条款、年龄误告条款、分级累进制条款等都是理赔计算的依据。

二、"三差"与理赔

（一）"三差"概念

"三差"具体是指死差、利差和费差。

1. 死差

死差是指保险产品承保的被保险人的实际死亡率与设计该保险产品时预定被保险人死亡率之间的差异。当实际死亡率小于预定死亡率时，称"死差益"，反之称"死差损"。"死差益"有利于保险公司的盈利，"死差损"则减少保险公司的盈利。

2. 利差

利差是指保险资金投资运用收益率与有效保险合同的平均预定利率之间的差异。当投资收益率高于预定收益时称"利差益"，反之称"利差损"。例如，保险企业运用保险基金用于投资，预计收益率为10%，结果实际收益是12%，则该公司的利差益是2%，形成公司利润。反之若实际收益率只有8%，则该公司利差损是2%，造成公司利润损失。

3. 费差

费差是指保险企业在某一单位时间经营中的实际成本费用与预定成本费用之间的差异。通常是以一年为核算单位，考核的是该公司在该年度内的成本控制力度。当实际成本费用低于预定成本费用时则称"费差益"，反之则称"费差损"。"费差益"表明公司成本控制效果较好，形成公司收益，反之则成本控制效果较差，降低公司利润水平。

（二）"三差"对寿险公司的影响

1. 死差对寿险公司的影响

寿险公司的产品主要是在死亡时进行给付，这样，死亡时间、死亡概率都会对寿险公司的经营产生影响。保险公司根据生命表计算出的死亡率是一段时间内的平均死亡率，不一定适用于所有时间段，而且实际上随着科学技术的进步和医疗水平的提高，人口的死亡率也在不断发生变化，因此，死差对保险公司的影响是不容忽视的。

2. 利差对寿险公司的影响

保险公司收到保费后，要拿出保费中的一部分（除去各种准备金）进行投资，投资收益如果低于定价假设的利率，就意味着保险公司没有足够的资金应对未来的赔付，导致偿付能力不足。

3. 费差对寿险公司的影响

根据费差对寿险公司的影响程度不同，可以分为以下几种情形：

（1）轻微费差损。指当年费差损小于当年的死差益、利差益之和，只是使当年利润减少，不造成当年亏损。

（2）中等费差损。指当年费差损大于当年死差益和利差益之和，小于现存保单未来利润，虽使公司当年发生亏损，但可以用现存保单以后年度产生的利润弥补。这里所指的现存保单未来利润，是指当年内的有效保单（无论是当年还是以前年度签发）未来能够实现的利润。现存保单的未来利润，不能用会计方法计量和确认，只是用计算方法评估，所以只具有一定程度的确定性。

（3）严重费差损。指当年费差损大于现存保单未来利润，造成的亏损只能由以后年度签发的保单所产生的利润弥补。

上述划分费差损程度的标准，不是费差损的绝对额的大小，而是与公司业务规模、业务结构相联系的相对水平。

（三）"三差"与理赔的联系

评估企业经营的优劣，最直观的方法是运用收入和支出以及两者之间的比值来衡量，收入多，支出少，说明公司经营良好，盈利水平高，反之则亏损。我们不妨把"三差"与理赔对保险企业的影响放到收入支出这一评估模式中来进行分析，从中找出它们联合作用之下对公司利润形成或亏损形成的影响。

1. 死差与理赔的联系

从死差的概念可以看出死差损将降低公司利润，那么理赔质量的高低能否影响死差的损益呢？回答是肯定的。理赔实务中对被保险人的死亡处理，必须审核死亡原因，看其是否属于保险责任范围或属于保险条款约定的责任免除范围。对于不属于保险责任范围或属于责任免除范围的死亡案件，保险人将作拒赔处理，这样可降低实际死亡率的水平，也可减少公司保险金的给付，减少了支出，从而有利于公司盈利水平的增长。

2. 利差与理赔的联系

利差益的产生规模与公司可投资的资金规模密切相连，而投资资金来源于保费收入，同样理赔所支付的保险金也来源于保费收入。当保费收入规模在一定的条件下，理赔质量不高，支付赔款超过预定赔付率，必然影响或挤占用于投资运作的资金，使得投资规模萎缩，利差益生成困难，或生成额度受限，公司收入减少，从而影响公司利润的产生。

3. 费差与理赔的联系

从费差益产生的原因看，主要产生于保险企业对内部费用成本的控制。在费用成本中包含有理赔费用，该费用包括理赔人员工资、理赔调查费用、理赔系统的维护费、定点医院的公关费等。理赔费用控制不力，势必影响"费差益"的形成，甚至可能直接导致费差损，影响公司的经营利润。因此，加强理赔业务的管理，重视理赔人员的培训，提高理赔业务水平，降低理赔经营成本，是促进公司利润增长的有效方法。

综上所述，理赔不但与死差的损益有着密切的联系，并且理赔质量的高低、理赔成本的控制均会直接影响到公司利润生成的多少。因此，理赔人员要加强提高自身业务水平的自觉性，严格把好理赔这一"出口关"，通过降低赔付率来扩大投资资金的规模，创造利差益，通过严格的理赔管理，降低理赔成本来增加费差益，通过理赔技术的提高，减少错赔和误赔，降低道德风险和逆选择。

第三节　理赔原则

理赔原则是指理赔工作必须遵循的原则。其对于理赔工作的严谨有序、得心应手，防范和处理纠纷有着极为重要的意义。

一、重合同、守信用原则

寿险合同通常采用的是书面合同，是投保人与保险人约定保险权利义务关系的协议。它将保险当事人双方的真实意思固定下来，便于双方共同遵守。同时，保险合同也是将来发生纠纷或处理争议的最有力证据。

理赔人员在处理具体案例时，应以与客户签订的保险合同以及有关保险法律法规作为直接依据。该承担的责任，不能随意拒绝，不该承担的责任，在拒绝时应努力向客户解释清楚并说明拒付理由。同样保险金给付的多少，也必须以保险合同为依据。

另外，在理赔实践中，对于通融赔付的现象要正确认识，其实质属于一种未严格按合同办事的行为，从某种意义上来说，它违背了理赔时的重合同、守信用的原则，而且容易让保险消费者产生一定误解。因此，理赔人员应树立较强的契约意识，严格地按合同约定办事，不随意变更赔付标准，尽可能减少通融赔付情况的出现。对于某些特殊案件，如按合同不能获得赔付而当事人经济特别困难需要提供救济的，可以通过捐助等其他方式解决。

二、实事求是原则

实事求是原则是指理赔工作必须一切从客观实际情况出发，求真务实，决不以主观臆断来处理赔案。在保险合同中，虽然对发生人身保险事故后的保险金给付责任做了明确的规定，但实际发生的赔案要比我们预料的要复杂得多，加上被保险人、受益人对保险条款理解上的差异，提出的索赔要求有的合理，有的不尽合理，有的甚至有些荒谬。这就要求我们理赔人员明察秋毫，坚持以事实为依据，以合同和相关法律法规为准绳，坚持实事求是原则，做好理赔工作。

案例 4 - 1　以事实为依据的赔付

[案例描述]

2016 年 7 月，王某以儿子小王为被保险人投保了一份意外伤害附加医疗保险，保险期限皆为 1 年。半年后，小王在体育课打篮球时与同学撞击猛烈，门牙磕掉两颗，遂在最近的医院急诊处理。在行止血、创口缝合等处理后回校。一周后，小王再次去该院补牙。在医疗过程中，牙医发现小王还有两颗龋齿，于是一并予以处理。手术结束后，小王持相关医疗材料向保险公司提出索赔，要求赔付所有医疗费用。

小王的医疗费用包括三类：一是意外伤害后的紧急治疗费用；二是假牙安装费用；三是

龋齿治疗费用。而该附加医疗险除外责任包括：被保险人因疾病所支出的医疗、医药费；装配假眼、假牙、假肢等费用。龋齿属于疾病，由此带来的治疗费用属于除外责任；装配假牙已明确列明于除外责任之中；故只有意外伤害后的紧急治疗费用属于保险责任范围之内，应予赔付。

［案例分析］

从上述案例我们可以看出，应该以事实为依据分析客户所发生的事故结果哪些属于保险责任，哪些属于除外责任，并据此做出正确合理的理赔结论。

三、"主动、及时、准确、合理"原则

主动，是指当接到出险通知后，理赔人员应主动热情受理，对前来索赔的客户要热情接待，避免让客户产生投保时满面春风、索赔时冷若冰霜的感觉。考虑到一些因重大自然灾害等造成的保险事故，即使投保人、被保险人或者受益人未能及时通知保险人，而保险人通过其他途径已经及时知道或者应当及时知道的，也应及时赶赴现场查勘定损，主动寻找客户，及时理赔。

及时，是指理赔必须注重时效性，即在合理的期限内，尽快审定索赔材料是否完备、事故是否属于保险责任范围内等，避免案件积压和赔案拖延。为了进一步规范理赔的时效性，《中华人民共和国保险法(2009 修订)》(为简便起见，该法在后文中均简称为新《保险法》，而原《保险法》均简称为《保险法》)对于保险金核定的"及时"程度做出了具体的限定，即"保险人收到被保险人或者受益人的赔偿或者给付保险金的请求后，应当及时做出核定；情形复杂的，应当在 30 日内做出核定，但合同另有约定的除外。"

准确，是指在理赔中正确认定责任范围和责任程度，准确核算给付金额，杜绝差错，保证双方当事人的合法利益。特别是某些涉及医疗费用赔付的复杂赔案，被保险人所接受的每一项治疗及所使用的每一种药物是否在报销范围之内，报销比例为多少，分项限额和总限额是多少，均应一一计算，一一核实，做到赔付过程与赔付结果准确无误。拒赔案件，退保案件，保险期满案件等，也存在正确准确处理和计算。

合理，是指理赔人员在处理赔案时应拒之有理，付之有据，维护理赔结论的严谨性和公正性。例如，处理赔案时，简单地从法律条款的字面意思出发，机械套用，不深入探求该条文的立法本意，很有可能得不到合理的理赔结论。那么，合理的理赔结论从何而来？首先，来源于理赔人员对于保险原则等保险原理的深入理解和合理使用；其次，来源于理赔人员对于法律法规条款的深入了解和准确运用；最后，来源于理赔人员对于保险事故前因后果的准确把握及合理推断。

"主动、及时"和"准确、合理"是理赔工作效率与理赔工作质量上既对立又统一的一对矛盾。我们既不能光顾速度，"快刀斩乱麻，越斩越乱"；也不能以"磨刀不误砍柴工"为由，人为延长理赔工作进度。一方面，对申请人的索赔请求要积极回应，比如对符合立案条件的要尽快立案，对需要申请人补充材料的要及时通知，对需要调查的要立即着手调查，防止办事拖拉；另一方面，注意严把出口关，在高效的同时保证理赔结论准确合理。

第四节 理赔发展趋势

一、理赔人员角色的变化

随着社会的发展，寿险产品需求扩大，寿险业务发展十分迅速。因此在寿险理赔领域对理赔工作提出了许多新的要求。理赔人员只有顺应整个行业变化趋势，对自身工作角色有清醒的认识，并迅速做出相应的反应，积极改革创新，才能在理赔岗位上出色地完成其工作任务，满足整个寿险业发展的要求。

（一）由单纯理赔向风险管理方向发展

一直以来，许多理赔人员都只是将自己定位于一个简单的"理赔操作工"：客户提出索赔申请，理赔人员根据程序和规定进行审核，然后决定赔付或拒付，就这样重复一个又一个的案件。在他们的意识当中，还没有风险管控的观念。其实，理赔人员在寿险公司里，担任了非常重要的风险管控的角色，承担着大部分的风险控制工作。他们把守着保险公司业务风险控制的最后关口，因此保险公司常常要求他们具备"一夫当关，万夫莫开"的能力。

为什么理赔人员必须具备较强的风险控制能力呢？这主要是由于客户与保险公司信息不对称的原因造成的。所谓信息不对称是指客户对自己的认知永远多于保险公司对他的了解。由于信息不对称的存在，导致了少数客户为了获取保险金向保险公司隐瞒了现存的或可预见的风险，从而对保险公司的财务稳定性构成直接威胁。类似的情况也会在寿险经营的其他环节存在。理赔人员的任务就是要在理赔环节，发现寿险经营中的风险并剔除这些不良风险，使保险公司计算出来的实际死亡率小于预定死亡率，产生死差益。目前，这种风险控制工作主要由保险公司理赔人员负责，但由于受到信息不对称性原因的制约，他们往往显得有些势单力薄，难以发挥出更好的效果。

未来的理赔人员需要更多地对风险控制进行合理规划，将原先由自己承担的风险控制工作部分转嫁给客户或与理赔有关的机构及人员（如医院、保险代理人等）来完成。采取上述做法的主要原因，一是基于技术上的支持，二是基于市场竞争的需要，更主要的是基于思想意识上的突破。未来的发展趋势将是，保险公司不再把客户或理赔相关机构及人员看成矛盾的对立面，而是把他们看成保险公司开展理赔工作的合作伙伴，保险公司要与他们结成一个广泛的经济利益联盟，利益共享，风险共担。

这一切都需要理赔人员进行更多的理性思考，建立相关风险管控制度。譬如，当外部力量履行了风险控制的责任后，保险公司要给予他们相应回报，以提高他们控制风险的积极性和主动性，培养他们的主人翁意识。

客户和理赔有关机构及人员每天都与风险打交道，直接接触风险，因此他们比保险公司更了解风险，更懂得采取何种手段控制风险，在控制风险的时间方面与保险公司相比也更加及时，他们一旦能发挥出自己独特作用的话，风险所带来的损失也会大大降低。最后由于他们的参与，保险公司丰富了风险控制的手段，客户在风险控制方面也有了更大的选择余地，这必将使保险公司风险控制的总体水平比以往得到显著改善。

（二）由单纯理赔向专业化方向发展

为适应理赔专业发展的要求，保险公司应对理赔人员进行更加精细的专业化分工，分阶段地进行职业化教育，制定行业规范和工作标准。专业化理赔工作突出程序化、标准化和规范化，强调授权和职业教育。

要加快工作节奏，提高办事效率，让客户感受到更加透明、更加方便、更加迅速的理赔服务。通过专业化分工的实行，理赔人员也将成为一支有突出特长、技术全面、分工明确、责权对等、自律性强、能够自我管理的精干队伍。专业化要求理赔人员在面对纷繁复杂、变化莫测的理赔案件时，能够集中精力以专业化的操作，高效率完成任务，并能按专业化的标准不断改进和创新工作方式。

(三)要坚持理赔向独立性方向发展

所谓理赔独立性，是指理赔过程中，理赔人员要排除干扰，不受任何第三方约束，独立自主地完成理赔工作，做出理赔结论。鉴于理赔部门特殊的工作性质，理赔人员应具有绝对的独立性，任何人员、任何部门一律不得干预他们的工作。

在实务操作中，公司内部理赔人员有时候或多或少地会受到一些压力干扰，公司内部主要是公司领导或同事的人情赔案，公司外部主要是某些蛮不讲理的客户的恐吓或胁迫，这难免干扰其理赔独立性操作。

面对上述情况，如果理赔人员不能坚持按公司政策规定来进行理赔操作，就不能很好地完成"看门人"角色，更不能公平对待客户。而肆意践踏公平性原则，最终将大大损害公司的市场形象，危害公司的永续经营。

二、理赔业务发展趋势

寿险经营业务从地域到数量也因此获得高速发展。理赔业务在此趋势之下呈现出以下几个方面特点。

(一)理赔业务范围不断扩大

寿险业务范围的扩大是由于客户需求的变化所引发的。随着人们生活水平的改善，人们购买保险的目的已不仅仅是灾后的经济补偿，而是希望通过保险使自己健康长寿。寿险理赔的功能也由资金补偿型变为知识、技术补偿型。

为了适应这种变化，保险公司将会对寿险理赔的概念作进一步的阐释，寿险理赔不再仅是保险公司对出险客户进行金钱方面的赔付，未出险客户将是保险公司关注的重点。保险公司更加侧重的是对未出险客户进行防灾防损知识、健康管理知识、心理健康咨询和健康行为培育等多方面的宣传介绍，以及与之有关的训练或活动。

所以，寿险理赔业务范围如何设计，完全取决于客户的未来需求。只有意识到这种需求，顺势并创新而为，方能使公司在激烈的市场竞争中独具特色。

(二)理赔业务数据的集中化

公司的各个分支机构由于各方面条件所限，特别是在原来计算机网络系统并不发达的时候，往往在理赔方面各自为政。这就导致每个分支机构的理赔部门建设都必须投入一定的成本，每个分支机构都必须配备足够的理赔人员以及相关设施。从整体上看，一方面这种重复建设肯定导致了人员、设施的部分闲置，不可避免地出现了大量的浪费；另一方面因理赔工作技术含量高、道德水准高，从而人员培养成本高，在大量保险分支机构建设理赔部门的情况下，高素质高水平的理赔人员更是缺乏，这样使得各地区各分支公司的理赔水平参差不齐，影响了理赔质量，从而损失了公司的经营效益，影响公司信誉。

除此而外，在各前沿分支机构设置理赔中心，虽使服务地点更加接近客户，缩短客户理赔服务的物理距离，但是这种分散化管理使公司总部对理赔的统一监控难度加大，各分支机构存在很大的操作空间，难以避免地会出现"人情赔付"、内部暗箱操作等赔付风险。

现代电子计算机网络系统的广泛运用为集中理赔提供了物质基础。另外，随着网络信息技术的不断完善，理赔数据就可以逐步做到由市级集中、省级集中、全国分片区集中乃至最终大集中。这种集中化管理，可以保证在更大范围内消除理赔质量参差不齐造成的影响，保证理赔质量与理赔标准的一致性，大大降低了公司理赔风险控制的难度，提高了服务效率。

（三）理赔业务服务的外包化

在企业竞争环境愈来愈激烈的情况下，将非核心的业务外包，成为企业流程创新、降低成本的基本策略。所谓服务外包，指的是公司把部分服务或流程业务交给第三方去完成。随着全球化发展，企业经营的市场或生产据点逐渐分布到世界其他国家，因此许多公司把外包服务也扩大到世界其他国家，加上信息技术发展成熟与应用普及，服务外包的模式更是由有形的产品即传统的制造外包，逐渐走向无形的服务，包括 ITO（信息技术外包）与 BPO（商业流程外包）等。

保险理赔业务外包是商业流程外包的一种。通常人们认为保险公司理赔业务最核心的工作是理赔规则的制定、高额赔案的审核等，其他工作诸如接受报案、案件扫描、理赔调查等都属于非核心工作，这些工作都可以交由第三方承担（例如，保险公估公司）。以更专业的手段服务于客户。甚至某些公司可以做到将理赔业务所涉及的所有工作都委托给第三方承包商来进行，自己只是起对理赔业务进行监督审核的作用。

理赔业务部分或全部外包至少有如下两点好处：

第一，保证理赔的公正公平，让客户更加信赖公司。

一直以来，很多人都认为，保险公司的理赔都是由公司的理赔人员负责，客户出险后赔多赔少都是由保险公司说了算。这给保险公司的声誉和业务发展带来很大的制约。这样在保险理赔中，保险公司既当"裁判员"又当"运动员"，这种"身兼两职"的情况导致了大量的理赔纠纷，直接影响到了保险业的形象和良性发展。如果将理赔业务外包，让第三方来客观公正地处理所有赔案，无疑会增加客户对保险以及公司的信赖。

第二，降低理赔成本，提升理赔效率。

承接理赔外包业务的第三方机构通常网络比较健全，技术上比较先进，由于拥有众多公司客户而形成了业务规模优势，理赔业务成本自然下降。另外第三方机构通常专注于理赔业务，而保险公司内部理赔部门与人员会受到公司其他部门或人员的影响，尤其是行政对于理赔的干扰，其理赔效率自然也较高。

（四）理赔技术手段的现代化

随着社会科技的日新月异，理赔部门通过现代化手段不断地完善理赔服务，如通过网上理赔实现远程服务等，大大提高了理赔服务的品质，满足了客户的便捷需求。

理赔工作除了服务客户，还有另外一项重要的工作内容，即防范保险欺诈。在这个方面，许多新的技术也不断得到应用，如管理式电话调查技术。

管理式电话调查是通过精心设计的结构性电话谈话对欺诈性案件进行识别的一种工具。这种工具既可以基于电脑软件，如语音识别系统（另称电话测谎系统）来识别欺诈，也可以由经过系统化培训的反欺诈电话专家来完成。人工和系统的完美结合更可以将这种工具的效用发挥到极致。管理式电话调查的理论基础是应用行为心理学和面谈技巧的综合。

简言之，在被要求叙述事件发生的经过或问及一系列高度组织的问题时，说真话者应对流利自如，不存在任何的心理障碍，而说假话者或夸大其词者则不免陷入急于自圆其说而又漏洞频出的尴尬境地，这也就给了电话反欺诈专家发现事实真相的大好良机。这种反欺诈管理可以应用于多个行业，其中保险理赔行业的应用效果尤其令人满意。

总之，寿险作为社会保险体系的重要组成部分，在国家经济快速发展和改革创新的大潮中，任重而道远。寿险理赔也会因其业务规模的扩大、保险产品的丰富、理赔案件的纷繁复杂而困难重重。唯有树立攻坚克难，改革创新之宏愿，不懈努力，方可在为国家经济发展、为人民生活幸福保驾护航的伟业中建立不朽功勋。

第五章 人身保险理赔中的医学知识

学习指引：

- 能够根据《重大疾病保险的疾病定义使用规范》的要求，掌握各种疾病、手术的保险责任；
- 能够通过人身常见疾病、人身常见伤害知识的学习，正确进行保险责任的认定；
- 能够通过医疗文件查阅的学习，正确掌握理赔过程中医学方面证据的采集。

随着《重大疾病保险的疾病定义使用规范》的颁布实施，以及寿险、意外险、健康险业务的大量增长，医学理赔显得十分重要。为了方便广大理赔人员对医学理赔知识与技能的掌握，本章拟从理赔与医学概述、重大疾病的理赔、人身常见疾病的理赔、人身伤害的理赔、相关手术的理赔等方面展开叙述，其中每种疾病按照概念、临床表现、诊断、治疗、理赔分析等方面进行介绍，每种手术方法、医疗文件的查阅按照概述、理赔分析等方面进行阐述。

第一节 理赔与医学概述

一、医学知识对理赔工作的意义

理赔是通过审理赔偿，求得公平给付的过程，以保证保险公司的"出口"质量。在目前我国的寿险理赔工作中，理赔人员可以运用医学知识对医院的一纸证明做出局限性和欺伪性的判断。同时，理赔人员还可以运用医学知识综合判断医院的诊断或证明是否符合保险条款的赔付标准。因此，理赔人员对于医学知识的掌握尤为重要。

医生运用医学基本理论、基本知识和基本技能对疾病进行诊断，通常包括以下几个方面：病史的采集；全面系统的掌握患者的症状；体格检查；实验室检查；辅助检查。确定诊断后，医生根据各方面的综合情况针对性地进行治疗。这些过程都会以医疗文件的形式得以体现。理赔人员在理赔过程中，经常需要审查和查阅的重点之一正是这些记录以及各种相关的医疗文件。

医疗文件是索赔的核心材料，其内容直接影响客户是否能够索赔成功。所以，理赔人员在审核医疗文件时,一定要注意患者的姓名、治疗的时间和经过、医师的签名和诊断疾病的名称等内容。医疗文件包括门诊病历、入院通知书、住院病案首页、入院记录、治疗记录、检验报告单、医嘱单、出院小结、疾病诊断证明书等。

因此,上述工作的高效完成,无一不需理赔人员依据合同条款的有关规定,灵活运用医学知识对索赔案件进行妥当处理,所以医学知识对理赔工作具有极其重要的作用。

二、门(急)诊病历在理赔工作中的应用

(一)概述

患者初次就诊于医院的门(急)诊,挂号之后购买或提供门(急)诊病历本或医保本。门(急)诊病历本封面应设有姓名、性别、出生年月、职业、住址、工作单位、药物过敏史等内容;每次就诊均应填写就诊日期(年、月、日)和就诊科别。对于急、危、重患者应注明其就诊时间,包括:年、月、日、时、分。

专科医生首先对其就诊的最主要的原因进行询问,并将这些内容记录到病历本中,形成主诉;然后对其本次患病的起病日期、主要症状、他院诊治情况及疗效、与本次疾病有关的既往史、个人史、家族史等情况进行记录,形成现病史;接下来,医生对患者进行简单的体格检查,重点记录阳性体征及有助于鉴别诊断的阴性体征,形成体格检查,对不能明确诊断的需要进行实验室检查,并将实验室检查结果粘贴在病历本上,形成实验室检查;医生在综合以上情况后,做出初步诊断并记录下相应的处理措施,包括药名、剂量、总量、用法、治疗方式及次数、进一步检查措施或建议等,形成处方;最后签上医生的全名。

复诊门诊病历则包括上次诊治后的病情变化和治疗反应、体格检查、需补充的实验室或器械检查项目、再次诊断、处理措施、医师签名等内容。

对急、危、重患者应记录包括患者体温、脉搏、呼吸、血压、意识状态、诊断和抢救措施等。对收入急诊观察室的患者,应书写观察病历。对抢救无效的死亡病例,要记录抢救经过,参加抢救人员姓名、职称或职务,死亡日期及时间,死亡诊断等。

(二)理赔分析

门诊病历是患者病情的第一时间资料,既往病史的陈述往往具有较高的真实性。理赔人员如在门诊病历中发现有既往病史或其他疑点,应立即主动到相关医疗机构进行调查,防止有关证据的流失。

留观患者、抢救患者等急、危、重患者的病历记录一般由医院保存,门诊病历一般由患者本人保存,在取证时往往会遇到一定的阻力。

三、住院期间常用医疗文件在理赔工作中的应用

(一)概述

患者就诊于医院的门(急)诊,门(急)诊专科医师根据患者病情决定是否要求其住院治疗。如果确实需要住院治疗,则会开具入院通知书。患者本人或其家属凭此通知书到医院的住院部办理住院手续。手续办妥之后,即可入住相应的科室病房。在患者整个住院期间,会形成以下医疗文件。

1.入院通知书

入院通知书由门诊医师填写,注明门诊就诊的基本情况、住院时间、门诊诊断、住院科

室和预交费用。理赔人员从中可获知患者入院时的基本情况和经过。

2. 住院病案首页

该文件主要分为两部分：

（1）患者的姓名、性别、家庭住址、工作单位以及患者家庭成员的有关信息。该部分内容主要由患者口述，医师填写。调查人员从中可知患者的一般情况和有关人员的联系方式。

（2）入/出院时间、住院科室、入/出院诊断、出院情况和医师签名。该部分由住院医师或主治医师填写并签名，科室主任审阅并签名。理赔人员从中可以获知患者住院的主要经过和既往史，并且通过医师签名，可确立下一步调查咨询的对象。

3. 入院记录

（1）第一次入院记录。入院记录由住院医师（或床位医师）书写，其主诉、现病史与住院病历相同，其他病史（如既往史、个人史、月经生育史、家族史）和体格检查也包括在内。

（2）再次入院记录。在病案当中有再次入院记录，说明此名患者因旧病复发再次入院或因新发疾病再次入院。

理赔人员从中可获知患者的主诉内容、现病史和既往史以及住院次数情况等情况，有助于理赔人员掌握相关情况以及确立后续的理赔调查措施。

4. 住院病历（俗称大病历）

住院病历可由实习医师、试用期住院医师或无处方权的进修医师书写，应于患者入院后24 小时内完成。内容包括患者基本信息、主诉、现病史、既往史、个人史、月经及生育史、家族史、体格检查结果、专科检查、辅助检查、初步诊断、医师签名等内容。

5. 病程记录

病程记录是指经治医师对患者病情诊疗过程所进行的连续性记录。内容包括患者的病情变化、重要的检查结果及临床意义、上级医师查房意见、会诊意见、医师分析讨论意见、所采取的诊疗措施及效果、医嘱更改及理由、向患者及其近亲属告知的重要事项等。

病程记录一般每天记录一次；危重病例应随病情变化及时记录，并注明时间；对病情稳定的患者至少 3 天记录一次病程记录；对病情稳定的慢性病或恢复期患者至少 5 天记录一次。手术后患者应连续记录 3 天，以后视病情要求进行记录。从记录内容来看，可以分为一般病程记录和特殊病程记录两大类。

病程记录主要由经治医师书写，但上级医师必须有计划地进行检查，一般每隔 3 ~ 5 天上级医师查房一次。

理赔人员应仔细审核每页记录，对重要事项的内容应与多位签字医师予以核实。在理赔实务中，该记录经常会发现有涂改或前后矛盾的情况，对此，理赔调查人员应要求申请人或院方予以说明。

6. 化验报告粘贴单

化验报告粘贴单是集中粘贴各种医学检验报告单的地方，包括三大常规检测结果、肝肾功能检测结果、病毒性肝炎检测结果、腹部 B 超检测结果、心电图检测结果以及针对具体疾病所做的各种检测结果。

各种检验报告的内容可帮助医疗机构确诊患者的病情，也是保险公司做出理赔处理决定的重要依据。理赔人员应认真核实上述文件的真实性，在调查过程中应重点注意下列事项：

（1）各种报告单必须都有患者的姓名、住院号、住院科室、床位号和检验医师签名（或代码）。

（2）患者有多份同类项目检验报告单的，理赔人员应将所有报告单相互印证并综合考虑以决定理赔处理决定。

（3）肿瘤病理检查中如有"可能""待观察""待排除"内容的，不可以作为调查结论依据，也不可以在违背医学需要的前提下反复多次要求患者做此项检查。理赔调查人员应该多与医师沟通、交流并结合其他检查检验结果做出理赔处理。

（4）对重大案件中较为复杂的骨髓细胞学检验、肿瘤病理检验等项目，理赔人员还应调查医疗机构的级别、检验医师的职业资格和医疗检验设备。此外，类似的检验应同化疗记录单进行相互印证。

（5）检验报告具有很强的专业性，理赔人员不可盲信医疗机构的诊断结论，必要时应将检验报告的数据咨询有关权威医疗机构或人士，以做出正确的判断和处理决定。

7. 医嘱记录单

医嘱记录单分为长期医嘱记录单和临时医嘱记录单。

长期医嘱记录单内容包括：患者入院后到出院前（即住院期间）的护理、饮食以及用药等情况。由主治医师（或经治医师）签发，执行护士的签名确认。根据一般医疗机构管理规定，长期医嘱单不可以随意更改，如有变更，也不能在医嘱单上直接划掉，而是由主治医师（或经治医师）签名终止原医嘱，再另行开出新的医嘱。一般情况下，长期医嘱记录单可以如实反映患者所患的疾病和整个治疗过程。临时医嘱记录单内容包括：患者所做的检查项目记录、手术前的准备、暂时使用的治疗药物（例如患者临时睡眠不好所开的舒乐安定等）或治疗方法（例如青霉素的皮试记录等）。虽然临时医嘱随时都可以开出，但也不能随意更改，如有变更，也不能在医嘱单上直接划掉，而是由主治医师（或经治医师）签名终止原医嘱，再另行开出新的医嘱。临时医嘱记录单可如实反映患者接受的检查项目等内容。

值得说明的是，在缺少住院费用清单的情况下，理赔人员可根据长期医嘱记录单和临时医嘱记录单确定实际发生的住院费用。

8. 同意书

根据《中华人民共和国执业医师法》《医疗机构管理条例》《医疗事故处理条例》和《医疗美容服务管理办法》，凡在临床诊治过程中，需行手术治疗、特殊检查、特殊治疗、实验性临床医疗和医疗美容的患者，应对其履行告知义务，并详尽填写同意书。

经治医师或主要实施者必须亲自使用通俗语言向患者或其近亲属、法定代理人、关系人告知患者的病情、医疗措施、目的、名称、可能出现的并发症及医疗风险等，并及时解答其疑问。

同意书必须经患者本人或其近亲属、法定代理人、关系人签字，医师签全名。同意书一式两份，医患双方各执一份。医疗机构应将其归入病历中保存。门诊的各种同意书交病案室存档，其保管期限同门诊病案。

理赔人员通过对此项内容的调查了解，可以明确知道患者的病情、手术或特殊检查的诊断、目的、名称、可能出现的并发症及风险等内容。需要强调的是，这些内容签字人须完全知情且同意。

9. 出院小结

出院小结包含患者的基本信息以及所住病区、床号和住院号。同时记载入院时的情况，住院主要治疗及经过、出院时情况及出院嘱托，病情确诊记录和并发症等。出院小结由主治医师(或经治医师)填写并签名。

(二)理赔分析

1. 病案调查取证

当被保险人出险报案后，理赔人员经常调阅病案。根据《医疗机构病案管理规定》，在医疗机构建有门(急)诊病历档案的，病历资料由医疗机构负责保管。未在医疗机构建立门诊(急)诊病历档案的，病历资料由患者自行管理。住院病历由医疗机构负责管理。因此，在医院病案室能调查到的病案主要是住院记录、急诊记录，大部分医院并不保存门诊就医记录。随着目前电子病案的推行，部分有条件的医院也保存有门诊就医记录。

对于实验室检查报告，患者在医疗机构建有门(急)诊病历档案的，医疗机构应当将化验单(检验报告)、医学影像检查资料等在检查结果出具后 24 小时内归入病历档案。住院病历由患者所在病区负责集中，统一保管。病区应当将收到的住院患者的化验单(检验报告)、医学影像检查资料等在当日粘贴，归入住院病历。

申请查阅病案并复印病案的理赔人员，应当提供以下资料：

(1)非死亡案件：①保险机构与患者签订的保险合同复印件；②承办人员的有效身份证明；③患者本人或其代理人同意的法定证明材料。

(2)死亡案件：①保险机构与死亡患者签订的保险合同复印件；②承办人员的有效身份证明；③死亡患者近亲属或者代理人同意的法定证明材料(合同或者法律另有规定的除外)。

2. 病案中"一般项目"内容的理赔分析

在病案一般项目内容中，包含有被保险人住院的个人信息。但有被保险人故意利用假名住院、隐瞒曾经患有疾病的情况，也有带病投保、短期出险、骗取保险金的情况。由于其利用假名住院，导致理赔人员在进行调查时，很难在医院通过姓名这一条件搜索到被保险人过去的治疗记录、疾病诊断等相关情况。因此，对于高度怀疑曾经隐瞒重大疾病史的被保险人，可以通过事先调查了解的疾病诊断、手术名称等信息进行病历搜索、筛选，并最终通过医生指认、DNA 鉴定等方法确定其住院真实性。

3. 病案中"主诉、现病史、既往史"内容的理赔分析

在理赔的案例当中，有一部分理赔案件中被保险人在投保前存在不同程度的既往疾病或临床症状，在投保时投保人和被保险人都没有按照健康告知的相关询问而如实告知，这个当中包含有故意的也有过失的。而病历作为具有法律效力的医疗文件，作为证据的一种，是寿险理赔和纠纷等处理的重要依据。

由于国内医疗服务体系的管理机制、医疗提供者的职业道德、病历书写的规范等问题一直存在，再加上至今没有专门的法规明确对病历资料的归属、证据类型和法律效力等进行界定，病历资料的法律效力和可信度等在法律界也一直存在着争议。在理赔当中，投保前明确的住院治疗记录作为一种直接证据，比较能够被大家所认可。但是病例中的主诉、现病史、既往史等相关记录信息，由于是医生根据患者的叙述而记录的，具有间接证据的特征，其证据效力具有一定的不确定性，因此，一直是理赔纠纷和讨论的主要焦点问题。

"现病史"内容从《证据法》上来讲是属于传来证据，此种间接证据不能独立成为人民法院认定事实的依据。因此，必须结合病历记录、投保后病症的诊断、病历主诉病症与投保后诊断出的病症一致、主治医生的证人证言等间接证据，综合考虑才能认为"主诉、现病史、既

往史等内容"无虚假陈述,从而被法院采信。

第二节　重大疾病理赔中的医学知识

本章节所叙述的重大疾病包括恶性肿瘤、良性脑肿瘤、急性心肌梗死等在《重大疾病保险的疾病定义使用规范》中明确提到的疾病种类,与其密切相关的险种则是重大疾病保险。

重大疾病保险是指以保险合同约定的重大疾病的发生为给付保险金条件的保险。由于各家保险公司对重大疾病的定义存在差别,造成保险人和被保险人理解上的差异,导致大量保险理赔纠纷的发生。为方便消费者比较和选择重大疾病保险产品,保护消费者权益,结合我国重大疾病保险发展及现代医学进展情况,并借鉴国际经验,中国保险行业协会与中国医师协会共同组成"重疾险专家委员会"研究制定了《重大疾病保险的疾病定义使用规范》并于2007年8月1日正式实施。在此定义规范中,列明了25种疾病的定义以及赔付标准、除外责任,所涉及的内容与医学知识联系密切。理赔人员通过本章节的学习,依据《重大疾病保险的疾病定义使用规范》以及相关合同条款,对被保险人所患疾病真伪、所患疾病种类、所患疾病程度等情况做出是否符合赔付标准的判断,从而得出是否赔付的结论。

一、恶性肿瘤

恶性肿瘤是重大疾病保险中最为常见的出险类型。在部分寿险公司,恶性肿瘤的理赔率占重大疾病保险理赔的50%左右,甚至有的高达85%,并且出险率仍有不断增长的趋势。根据2013年《全国肿瘤登记及死因检测结果分析》,我国癌症发病率为235/10万,其中肺癌和乳腺癌分别为男性和女性发病首位的癌症。

(一)概念

根据《重大疾病保险的疾病定义使用规范》,恶性肿瘤是指恶性细胞不受控制的进行性增长和扩散,浸润和破坏周围正常组织,可以经血管、淋巴管和体腔扩散转移到身体其他部位的疾病。经病理学检查结果明确诊断,临床诊断属于世界卫生组织《疾病和有关健康问题的国际统计分类》(ICD-10)的恶性肿瘤范畴。在临床病理诊断中,经常出现某组织"非典型增生"的描述。非典型增生是指细胞增生并出现异型性,分轻、中、重三级。轻、中度非典型增生可恢复正常,重度非典型增生较难逆转,但还不足以诊断为恶性的状况。因此,非典型增生不管其程度如何,均不属于恶性肿瘤的范畴。

1. 肿瘤的分类

肿瘤分类的目的在于明确肿瘤的性质、组织来源,有助于选择治疗方案并能提示预后。根据肿瘤的形态学及肿瘤对机体的影响,肿瘤可以分为良性与恶性两大类。

良性肿瘤一般称为"瘤",如血管瘤、纤维瘤、平滑肌瘤等。恶性肿瘤来源于上皮组织者,一般称为"癌",如鳞状细胞癌、腺癌等;来源于间叶组织者,一般称为"肉瘤",如纤维肉瘤、平滑肌肉瘤等;胚胎性肿瘤一般称为"母细胞瘤",如神经母细胞瘤、骨母细胞瘤等。但某些恶性肿瘤成分复杂或由于习惯沿袭,仍沿用传统的名称"瘤"或"病",如恶性黑色素瘤、恶性纤维组织细胞瘤、白血病等。

在临床上,除良性肿瘤与恶性肿瘤两大类以外,少数肿瘤形态上属良性,但常浸润性生长,切除后易复发,甚至可出现转移,从生物学上显示良性与恶性之间的类型,故称为交界性或临界性肿瘤。如包膜不完整的纤维瘤、粘膜乳头状瘤等。

综上所述，对肿瘤性质的判断，肿瘤的名称只能作为参考，而不能作为标准。例如，"神经胶质瘤"，即包含良性的也包含恶性的，具体的分类应该参考世界卫生组织关于各系统肿瘤的分类以及分级标准。

肿瘤虽有良、恶性之分，但两者的区别是相对的。如血管瘤虽为良性，但无包膜，常呈侵袭性生长；生长在要害部位(如颅腔内和脊柱腔内)的良性肿瘤由于挤压神经和血管同样可以危及生命；有些肿瘤形态学上分化非常好，但可发生侵袭和转移，如甲状腺滤泡性腺癌。转移率低的恶性肿瘤，其生物学特征接近良性，如皮肤基底细胞癌。

正常组织与良性肿瘤之间、良性肿瘤与恶性肿瘤之间并无截然界限。从正常组织到良性再到恶性呈一种渐进关系，有时可呈现中间形态。如癌前病变，本身不是恶性肿瘤，但是一种可能发展为恶性肿瘤的潜在病变，主要表现为上皮细胞非典型增生，再进一步发展可能成为原位癌。

2. 肿瘤的生长

肿瘤的生长可分为良性肿瘤的生长和恶性肿瘤的生长：

(1)良性肿瘤的生长。良性肿瘤生长缓慢，细胞分化程度较高，常有包膜包裹，整体边界清楚，不转移，手术容易切除干净，切除后很少复发。

(2)恶性肿瘤的生长。恶性肿瘤生长较快，呈浸润性生长，细胞分化程度低，无包膜包裹，与正常组织边界不清，易转移，易扩散，手术很难切除干净，切除后易复发。

(二)临床表现

恶性肿瘤的临床表现往往各不相同，与身体的具体组织、器官或部位有密切的联系。晚期恶性肿瘤较容易发现，往往会有"恶病质"的表现，但早期的恶性肿瘤无明显的特异性的全身症状。当出现以下几种临床表现中的一种或几种时，应该要引起重视和排查：

(1)长期低热、不明原因的进行性消瘦。

(2)不明原因的贫血。

(3)身体任何部位出现原因不明的肿块并逐渐增大。

(4)身体任何部位出现原因不明的溃疡且难以治愈。

(5)近期出现的进行性吞咽困难或胸骨后无原因的不适感。

(6)原因不明的腹泻、便血、便形改变。

(7)出现无痛性血尿，或无痛性、全程性、间歇性血尿。

(8)近期出现进行性头痛，并伴有呕吐及运动、感觉障碍。

(9)女性出现不规则性阴道出血、异常的分泌物。

(10)乳房内出现肿块或乳头有血性分泌物。

(11)原有黑痣突然增大、破溃。

(12)近期出现的食欲减退、上腹部不适。

(三)诊断

1. 分期方法介绍

(1)国际 TNM 分期。国际 TNM 分期法是由"国际抗癌协会"制定、得到国际公认的临床肿瘤分期方法，能够正确评价治疗效果，判断预后。

国际 TNM 分期法并不对肿瘤的病理组织类型做鉴别，只是对肿瘤的严重程度和侵犯范围做出客观判断。国际 TNM 分期法首先将肿瘤的临床情况分为三个方面：原发肿瘤，取英文 Tumor 的字头"T"；淋巴转移，取英文 Node 的字头"N"；远处转移，取英文 Metastasis 的字头 "M"。在每个字母下面再附加上 0、1、2、3 等数字，以表示癌细胞在每个方面侵犯的严重程度和范围，从而清楚地表示恶性肿瘤的原发灶、淋巴转移及其他远处转移的程度。

①T——原发肿瘤分期：

Tx——原发肿瘤情况不详（或已被切除）；

T0——原发肿瘤未能扪及；

Tis——原位癌（包括小叶原位癌及导管内癌），佩吉特病局限于乳头，乳房内未能扪及肿块；

T1——肿瘤最大直径小于 2 cm；

T2——肿瘤最大直径在 2～5 cm；

T3——肿瘤最大直径超过 5 cm；

T4——肿瘤任何大小，直接侵犯胸壁和皮肤。

②N——区域淋巴结分期：

N0——区域淋巴结未能扪及；

Nx——区域淋巴结情况不详（或以往已切除）；

N1——同侧腋淋巴结有肿大，可以活动；

N2——同侧腋淋巴结肿大，互相融合，或与其他组织粘连；

N3——同侧内乳淋巴结有转移。

③M——远处转移分期：

Mx——有无远处转移不详；

M0——无远处转移；

M1——有远处转移（包括同侧锁骨上淋巴结转移）。

（2）Binet 分期。专门适用于慢性淋巴细胞白血病的分期方法。

A 期——血和骨髓中淋巴细胞增多，<3 个区域的淋巴组织肿大；

B 期——血和骨髓中淋巴细胞增多，≥3 个区域的淋巴组织肿大；

C 期——与 B 期相同外，还有贫血（Hb：男性 <110 g/L，女性 <100 g/L）或血小板减少（<100×10^9/L）。

（3）Ann Arbor 分期。根据国际上 1970 年 Ann Arbor 会议推荐，淋巴瘤的临床分期法采用 Ann Arbor 分期，可分为四期。

Ⅰ期：病变仅限于一个淋巴结区（Ⅰ）或淋巴结以外单一器官（Ⅰe）；

Ⅱ期：病变累及横膈同一侧两个或更多的淋巴结区（Ⅱ）或病变局限侵犯淋巴结以外器官及横膈同侧一个以上的淋巴结区（Ⅱe）；

Ⅲ期：病变局限于横隔两侧淋巴结，存在或不存在脾受累；

Ⅳ期：病变广泛播散，累及淋巴结和淋巴外部位。

在《重大疾病保险的疾病定义使用规范》中明确规定 T1N0M0、Binet 分期方案 A 期程度的慢性淋巴细胞白血病、Ann Arbor 分期方案 Ⅰ期程度的霍奇金病均属于除外责任。因此，在理赔过程中要明确分期的划分。

2. 实验室检查方法

肿瘤的诊断方法多种多样,通常有实验室检查(包括酶学检查和免疫学检查)、内窥镜检查、影像学检查、病理检查(包括细胞学检查和活体组织检查)。不同的肿瘤用到的诊断方法也不一样。

主要的肿瘤标志物有以下几类:

(1)甲胎蛋白(AFP):AFP 是早期诊断原发性肝癌最敏感、最特异的指标,如果成人血 AFP 值升高,则表示有患肝癌的可能。

(2)癌胚抗原(CEA):CEA 是一种重要的肿瘤相关抗原,70% ~90% 的结肠腺癌患者 CEA 高度阳性,在其他恶性肿瘤中的阳性率顺序为胃癌(60% ~90%)、胰腺癌(70% ~80%)、小肠腺癌(60% ~83%)、肺癌(56% ~80%)、肝癌(62% ~75%)、乳腺癌(40% ~68%)、泌尿系统肿瘤(31% ~46%)。

(3)癌抗原 125(CA125):CA125 是卵巢癌和子宫内膜癌的首选标志物。

(4)癌抗原 15 -3(CA15 -3):CA15 -3 是乳腺癌最重要的特异性标志物。

(5)癌抗原 72 -4(CA72 -4):CA72 -4 是目前诊断胃癌的最佳肿瘤标志物之一,对胃癌具有较高的特异性。

(6)小细胞肺癌相关抗原(神经元特异性烯醇化酶,NSE):NSE 被认为是监测小细胞肺癌的首选标志物,60% ~80% 的小细胞肺癌患者 NSE 升高。

(四)治疗

肿瘤的治疗通常有外科手术治疗、放射治疗以及化学治疗,还有一些中医中药疗法等等。

1. 外科手术治疗

外科手术治疗是肿瘤治疗中最古老也是到目前为止最有效的治疗方法之一,约60% 的肿瘤以此方法为主要的治疗手段,约90% 的肿瘤应用此方法进行诊断及分期。手术治疗存在一定的危险性,当肿瘤超越局部及区域淋巴结时,则不能用手术治愈。手术治疗又分为根治性手术、姑息性手术及淋巴结清除术。

(1)根治性手术。凡肿瘤局限于原发部位及邻近区域淋巴结,未发现有其他部位的转移可以进行根治性手术。此手术对原发灶的切除一定要尽量彻底。

(2)姑息性手术。切除原发或转移病灶已不能起到根治的作用,目的在于提高生存质量,消除某些不能耐受的症状。

(3)淋巴结清扫术。只要临床上出现明显或明确的淋巴结转移,一般均应做淋巴结清扫术。

2. 放射治疗

放射治疗是恶性肿瘤综合治疗的重要手段之一,有资料报道,国内约有70% 以上的恶性肿瘤患者需用放射治疗。虽然放射治疗是一种局部治疗方法,但是放射治疗的区域可以大大超出外科手术范围。

3. 化学治疗

化学治疗(简称化疗)是肿瘤内科治疗的主要手段,它不同于手术、放疗等局部治疗方法,是一种全身的治疗方法。现在绝大多数临床使用的化疗药物都属于这一类。它们的统一作用都是杀死快速分裂的细胞,因此对治疗癌症有不错的效果。但是第一代化疗药物的死穴是它们本身并不能区分恶性细胞和正常细胞，因此化疗药物在杀死癌细胞的同时也会杀死大量人体正常的需要分裂的干细胞，对细胞生长比较旺盛的骨髓细胞、肝细胞、肠胃表皮细胞都有非常严重的毒性。第二代化疗药物是 20 世纪 90 年代开始研究，到 2000 年后在临床使用的靶向治疗药物，这类药物可以选择性杀死癌细胞，而不影响正常细胞。第三代化疗药物是我们正在经历的癌症免疫疗法。免疫疗法的靶点是正常免疫细胞，目标是激活人体自身的免疫系统来治疗癌症。在理论上有着巨大优势，它不但不会损伤正常免疫细胞反而会增强免疫系统；免疫系统被激活后理论上可以治疗多种癌症，因此对更多患者会有效；免疫系统的强大可以抑制癌细胞进化出抗药性，降低癌症复发率。

在结合其他资料的基础上，医院是否对被保险人采取化疗，可以作为判断被保险人是否患有恶性肿瘤或倾向恶性肿瘤的证据之一。

（五）理赔分析

1. 原位癌的理赔问题

《重大疾病保险的疾病定义使用规范》中明确规定原位癌不属于保险责任范围。原位癌是指癌细胞仍局限于上皮层内，还未通过皮肤或黏膜下面的基底膜侵犯到周围组织。原位癌是癌的最早期，故又称为 0 期癌，偶尔可自行消退，通常不会危及生命，甚至没有任何不适症状。

原位癌确实存在癌细胞，也确实存在恶性变，但由于该阶段的癌细胞没有发生浸润，也没有发生转移，因此不符合癌症的特点，也不符合《重大疾病保险的疾病定义使用规范》中关于恶性肿瘤的定义，所以它并不是真正的"癌"。此时若手术切除即可完全治愈，治愈后对身体不会造成重大损害，对生活质量也不会产生大的影响。基于上述原因，重大疾病保险将原位癌排除在保险责任之外。

理赔提示：

原位癌存在癌细胞也存在恶性变，经过发展可以演变为恶性肿瘤，但由于其特殊性，所以属于《重大疾病保险的疾病定义使用规范》的除外责任。理赔人员在理赔过程中除对癌症分期进行认真审核之外，还应和被保险人做好沟通和解释工作，避免矛盾和纠纷。

较常见的原位癌还包括：皮肤原位癌、子宫颈原位癌、胃原位癌、直肠原位癌、乳腺导管内癌和乳房小叶间原位癌。"乳腺粉刺癌"属于乳腺导管内原位癌，同样属于拒绝赔付的情况。

2. 乳腺癌伴微小浸润的理赔问题

乳腺癌伴微小浸润的概念最早出现是在 1982 年，但对它的定义一直没有统一。在我国，更多使用的是早期浸润。根据美国肿瘤联合会 2002 年公布的第六版肿瘤分期指南中明确将乳腺原位癌伴微小浸润具体定义为：癌细胞突破基底膜进入周围组织中的病灶最大范围不大于 1 mm。分期指南进一步规定：如果存在若干微小浸润灶，则微小浸润的大小只以最大直径的病灶为准，而不应该将各个病灶的大小加到一起。

根据恶性肿瘤发生发展过程的三个阶段，当癌细胞突破基底膜后则发展成浸润癌，浸润癌无论是否发生癌细胞转移均符合重大疾病保险赔付条件。

因此，严格按照原位癌的定义，乳腺癌伴微小浸润虽然进入周围组织中的病灶最大范围不大于 1 mm，但癌细胞已经突破基底膜并进入周围组织，故不属于原位癌的范畴。在国际抗癌联盟（UICC）所提出的乳腺癌 TNM 分期中，原位癌属于 Tis，包括导管内癌、小叶原位癌或无肿块的乳头佩吉特病，而乳腺癌伴微小浸润属于 T1mic。综上所述，乳腺癌伴微小浸润既不属于原位癌也不属于原位癌的某种亚型，故乳腺癌伴微小浸润应当予以赔付。

理赔提示：

理赔人员应该明确，原位癌是《重大疾病保险的疾病定义使用规范》的除外责任，但乳腺癌伴微小浸润既不属于原位癌也不属于原位癌的某种亚型，故乳腺癌伴微小浸润应当予以赔付。

3. 交界性肿瘤的理赔问题

交界性肿瘤是介于良性肿瘤与恶性肿瘤之间的一种临界状态，这种状态不是静止不变的，在一定条件下可逐步向明显的恶性发展。此外，主观上难以区别良恶性的肿瘤也可称为交界性肿瘤。因此，交界性肿瘤在医学临床上通常按恶性肿瘤的处理方式进行治疗，使患者认为患上了"恶性肿瘤"。例如胃肠道间质瘤、胰岛细胞瘤、不典型脑膜瘤。

胃肠道间质瘤是消化系统最常见的肿瘤，其中60%～70%发生在胃，20%～30%发生在小肠。胃肠道间质瘤则根据肿瘤的大小、核分裂数多少、有无局部浸润及肿瘤实质有无缺血坏死可分为良性、潜在恶性、恶性3种类型，但目前认为所有胃肠道间质瘤均有恶性潜能，均可出现术后复发或远处转移。胃镜活检特别是超声胃镜下活检最有诊断价值。

良恶性间质瘤的大体表现及组织学改变有显著的不同。

良性肿瘤直径均在4.5 cm以下，界限清楚，切面呈灰白色，实质无出血坏死及囊性变。镜下肿瘤呈膨胀性生长，瘤细胞为长梭形，呈束状交错排列，核密度较低，大小一致，核分裂偶见。肿瘤无淋巴结和脏器转移。

恶性间质瘤患者肿瘤直径大多大于5 cm，切面质细呈鱼肉状，多有出血坏死及囊性变。镜下肿瘤边界不清，有显著的浸润性生长，浸及浆膜和肝脾包膜，瘤细胞为梭形，呈束状乱发样排列，核多形性且大小不一，核仁多清晰，核分裂均 >5 个/50 高倍视野，以异常核分裂为主。肿瘤常转移至肝、盆腔和淋巴结。

综上所述，肿瘤的危险程度与良恶性的区分与有无转移、是否浸润周围组织显著相关。肿瘤长径 >5 cm 和核分裂 >5 个/50 高倍视野是判断良恶性的重要指标。

有专家提出了胃肠道间质瘤良、恶性判断标准。恶性胃肠道间质瘤的肯定指标是：①肿瘤转移；②邻近器官浸润。潜在恶性指标是：①肿瘤直径≥5.5 cm；②核分裂 >5 个/10 高倍视野；③肿瘤坏死；④核异形明显；⑤细胞丰富；⑥上皮样细胞呈巢状或腺泡状。良性者无任何恶性指标；潜在恶性者有 1 项潜在恶性指标；恶性者具有 1 项肯定指标或具有 2 项及以上潜在恶性指标。

胃肠道间质瘤则是处于两种之间的中间状态的肿瘤，此种诊断是一种病理学上的诊断，并非独立的疾病。对于患有胃肠道间质瘤的被保险人而言，是否能获得重大疾病保险的赔付，要根据其是否发生邻近器官侵犯、是否发生浸润、是否发生扩散和转移作为赔付的标准。如果已经发生邻近器官侵犯或已经发生浸润或已经发生扩散及转移，则应予以赔付。同时，也可以按照胃肠道间质瘤良恶性的判断标准，如果具有 2 项及以上潜在恶性指标也应予以赔付。

胰岛细胞瘤又称胰岛细胞腺瘤，好发部位依次为胰尾、体、头部，异位胰腺也可发生，常见于 20～50 岁人群。胰岛细胞瘤属于交界性肿瘤，不易鉴别良恶性。对于胰岛细胞瘤的理赔案件首先要根据有无侵袭或转移，分清是功能性还是无功能性，其次根据临床症状，病理检查，瘤体部位、大小，判断良恶性。据医学资料记载，绝大部分胰岛细胞瘤都为良性，但对于临床已诊断为胰岛细胞瘤而未进行病理诊断或病理诊断为交界性肿瘤的客户，只要能提供倾向恶性肿瘤的证据，应该予以赔付。

不典型脑膜瘤同样是处于良性与恶性肿瘤的中间状态。对属于此类疾病而欲索赔重大疾病者，在处理上要非常慎重。如果病理学证实为不典型脑膜瘤，影像学证实病灶对周围组织的侵袭程度较大，肿瘤的恶性程度为Ⅱ～Ⅲ级，被保险人在医学临床上按照恶性肿瘤的处理方式进行化疗时，可以考虑按恶性肿瘤给付重大疾病类保险金。

从以上三种疾病中我们可以总结得出，对于患有交界性肿瘤的客户，理赔人员要及时与客户沟通，根据医学知识和保险合同约定耐心解释。此类问题的最终结论并不唯一，理赔人员要结合客户投保的情况、病情状况以及当地司法部门对类似案例的处理结果做出理赔决定。当客户提供了明确的倾向恶性的证据时，可以考虑给付。同时需要注意的是，在处理此类案件时，应最大限度地避免矛盾和纠纷。

理赔提示：

对于患有交界性肿瘤的客户，理赔人员要结合客户投保的情况、病情状况以及当地司法部门对类似案例的处理结果做出理赔决定。当客户提供了明确的倾向恶性的证据时，可以考虑给付。同时在处理此类案件时，应最大限度地避免矛盾和纠纷。

4.是否患有恶性肿瘤或倾向恶性肿瘤的证据问题

是否患有恶性肿瘤或倾向恶性肿瘤的证据可以从疾病诊断证明书（依据肿瘤的命名原则做初步判断）、病理学检查报告、病程记录中对于恶性肿瘤细胞转移扩散及恶性生长的临床表现记录、治疗记录（特别是手术记录、化疗记录）、被保险人治疗后的复发情况等方面进行综合考虑和审核。

病理学检查报告尽管被视为诊断恶性肿瘤的"金标准"，但在理赔过程中，不能只重视病理学检查报告。例如：乳腺病理检查报告为"乳腺癌"，但检查被保险人的乳腺仅为一小疤痕，未行乳腺癌改良根治术、未将乳房及附近淋巴结清除、术后未进行相应的化疗，那么，这种病理报告的真实性则值得怀疑。

若病理报告中结论为"考虑为……恶性肿瘤"，理赔人员面对这样的病理学结论是考虑是否为恶性肿瘤还是考虑癌症的具体分型？可约客户一起面见医生，如无法取得明确诊断也可得到客户理解。必要时可要求重新对切片做病理检查（会诊），相关费用可协商。

同时，部分被保险人由于拒绝穿刺、保守治疗或病变部位特殊、疾病特殊等情况，无法进行穿刺细胞学检查或手术切除病变组织，因此缺少病理检查报告，但被保险人经过 CT、MRI 等影像检查并结合临床表现，已经明确诊断为"恶性肿瘤"。面对上述情况，理赔人员需要完整收集被保险人的诊断资料、临床表现资料、影像学资料、治疗记录等其他资料，通过集体讨论研究，在以事实为依据的基础上，从有利于客户的角度出发进行理赔处理。

理赔提示：

是否患有恶性肿瘤或倾向恶性肿瘤的证据，理赔人员可以从疾病诊断证明书（依据肿瘤的命名原则做初步判断）、病理学检查报告、病程记录中对于恶性肿瘤细胞转移扩散及恶性生长的临床表现记录、治疗记录（特别是手术记录、化疗记录）、被保险人治疗后的复发情况等方面进行综合考虑和审核。

5.淋巴瘤的理赔问题

淋巴瘤起源于淋巴结和淋巴组织，是属于免疫系统的恶性肿瘤。根据组织病理学的改变，淋巴瘤可以分为霍奇金病(HL)和非霍奇金淋巴瘤(NHL)。

从《重大疾病保险的疾病定义使用规范》来说，Ⅰ期霍奇金病属于免责范围，而Ⅱ期和Ⅱ期以上的霍奇金病以及非霍奇金病都属于条款的给付范围。

在此需要说明的是，现阶段医疗界将霍奇金病(无论属于哪种分级)都界定为难治愈的恶性淋巴瘤，在治疗过程中如若治疗不当，Ⅰ期霍奇金病极易转化为Ⅱ期或Ⅲ期。

案例5-1：骨巨细胞瘤拒赔案

[案例描述]

2010年5月，赵某在某寿险公司为其本人投保了重大疾病保险。2015年9月，赵某因颈椎不适住院，医院诊断为"颈椎棘突骨巨细胞瘤"。出院后，赵某向该保险公司提出索赔。保险公司做出拒赔的回复。

[案例分析]

保险公司拒赔的理由是：①根据肿瘤的命名原则"颈椎棘突骨巨细胞瘤"属于良性肿瘤；②虽然出具了其病理学报告，但在骨巨细胞瘤的病理报告里，只有第三级才属于恶性肿瘤，而赵某的病理报告没有分级；③公司通过对赵某住院期间的病案调查发现，其病程记录里没有恶性肿瘤细胞转移扩散及恶性生长的临床表现记录，也没有化疗、放疗等抗癌药物使用的治疗记录。

从本案中我们可以得知，良性肿瘤与恶性肿瘤的鉴定问题是重病险赔付当中一个相当重要的问题。在理赔过程中，不能单凭某一点而简单做出理赔的决定。鉴别要点如下：①从肿瘤的命名原则以及肿瘤的定义特征来进行鉴别；②从病理诊断书进行鉴别；③从病案中的病程记录、治疗记录进行鉴别。这些鉴别要点作为两者之间的鉴别显得尤为重要。

二、良性脑肿瘤

(一)概念

良性脑肿瘤是指生长在颅内某一部位(多在脑神经组织外)，组织分化良好，生长缓慢，多能根治的肿瘤。如脑膜瘤、垂体腺瘤、胚胎残余性肿瘤及血管肿瘤等。

(二)临床表现

1.颅内压增高症状

因为脑肿瘤的生长使颅内压增高，出现三个主要颅内压增高症状：头痛、呕吐(头痛剧烈时发生，呕吐呈喷射性，无恶心感，与饮食无关)、视觉障碍(因颅内压增高引起视乳头水肿所致)。

2.精神症状

患者记忆力明显减退，经常"丢三落四"，或反应迟钝，思维能力、理解能力、定向能力下降。严重者出现痴呆、嗜睡甚至昏迷。

3.抽搐和癫痫

多由于慢性生长的大脑肿瘤引起。患者可出现突然昏倒，口、眼、面、四肢抽动、口吐白沫、小便失禁，几分钟后可逐渐清醒。部分患者可表现为一个肢体或一侧上下肢体抽动。

4.其他表现

患者常可出现头晕、走路不稳、耳鸣、面部麻木、失语、偏瘫及内分泌失调等表现。

（三）诊断

典型的临床表现，再结合神经系统检查结果（包括颅神经、运动功能、感觉、反射和病理反射等），并经头颅断层扫描（CT）、核磁共振检查（MRI）或正电子发射断层扫描（PET）等影像学检查证实，即可诊断。

（四）治疗

1.对症治疗

针对颅内压增高，可以应用脱水药物降低颅内压；针对癫痫发作，可以应用抗癫痫药物。

2.病因治疗

主要是手术切除肿瘤，因为颅腔空间有限，有的脑肿瘤手术不能根治，只能切除一次，待长大后再切一次。未能全切除而对放射线敏感的良性肿瘤，术后均应进行放射治疗。化疗仅仅针对脑部的恶性肿瘤，特别是胶质瘤和转移瘤。

（五）理赔分析

1.脑血管瘤的理赔问题

脑血管瘤现在又被称为"脑血管畸形"，此病多见于10～40岁青少年，平均发病年龄25岁左右，常以颅内出血或癫痫为首发症状。脑血管畸形属先天性中枢神经系统血管发育异常所形成的畸形血管团，并非真正意义上的生物性肿瘤。脑血管畸形包括：①动静脉畸形；②海绵状血管瘤；③毛血管扩张；④静脉畸形。

因此，脑血管瘤属于先天性疾病，一般属于条款除外责任。除此之外，颅咽管瘤、上皮样囊肿（又称表皮样瘤）、脊索瘤都属于先天性脑肿瘤范畴。

2.脑良性肿瘤的理赔条件问题

根据《重大疾病保险的疾病定义使用规范》，脑良性肿瘤的理赔必须符合以下条件：

（1）脑良性肿瘤诊断：须由头颅断层扫描（CT）、核磁共振检查（MRI）或正电子发射断层扫描（PET）等影像学检查证实。

（2）脑良性肿瘤的临床表现：已经引起颅内压增高，临床表现为视神经乳头水肿、精神症状、癫痫及运动感觉障碍等，并危及生命。

（3）脑良性肿瘤的治疗：实际实施了开颅进行的脑肿瘤完全切除或部分切除的手术；或实际实施了对脑肿瘤进行的放射治疗。

（4）除外疾病：脑垂体瘤、脑囊肿、脑血管性疾病。

部分保险公司的早期重大疾病保险产品并没有把开颅手术或实际实施的放射治疗作为理赔必要条件，也没有把脑垂体瘤、脑囊肿、脑血管性疾病作为除外责任，因此，在审核该疾病的重大疾病保险给付案件时，应注意根据条款约定，从更有利于被保险人权益的角度进行处理。

三、冠心病

循环系统由心脏、血管和调节血液循环的神经体液结构组成，也叫"心血管系统"。心血管疾病是严重危害人们身体健康的疾病，其发病率呈上升趋势。心血管疾病一般为慢性疾病，呈递增性风险，对预期寿命有直接且较大的影响。在寿险中，数种重大疾病与心血管疾病和手术有关。在理赔甚至公司与客户的某些纠纷中，涉及心血管疾病的内容颇多。

（一）概念

冠状动脉粥样硬化性心脏病是指冠状动脉粥样硬化使血管腔狭窄或阻塞，或（和）因冠状动脉功能性改变（痉挛）导致心肌缺血缺氧或坏死而引起的心脏病，统称冠状动脉性心脏病，简称冠心病，亦称缺血性心脏病。

本病是多病因的疾病，即多种因素作用于不同环节所致，这些因素称为危险因素。主要的危险因素为：年龄；性别；血脂异常，以总胆固醇（TC）及低密度脂蛋白（LDL）增高最受关注；高血压；吸烟；糖尿病和糖耐量异常；肥胖；从事体力活动少，脑力活动紧张，经常有工作紧迫感者；常进食较高热量、含较多动物性脂肪、胆固醇、高糖和高盐的食物者以及性情急躁、竞争性强、不善于劳逸结合的 A 型性格者。

经常见到的此类疾病包括心绞痛和心肌梗死：

1. 心绞痛

心绞痛是冠状动脉供血不足，心肌急剧的、暂时的缺血与缺氧所引起的临床综合征。其特点为阵发性的前胸压榨性疼痛或憋闷感觉，主要位于胸骨后部，可放射至心前区和左上肢尺侧，常发生于劳力负荷增加时，持续数分钟，休息或舌下含服硝酸甘油后缓解。

2. 心肌梗死

心肌梗死是冠状动脉闭塞，血流中断，使部分心肌因严重持久缺血而发生的局部坏死。其特点为剧烈而持久的胸骨后疼痛、发热、白细胞增多、红细胞沉降率加快、血清心肌酶活力增高及进行性心电图改变，可发生心律失常、休克和心力衰竭，属严重类型。

（二）临床表现

1. 心绞痛

心绞痛多见于男性，多数患者在 40 岁以上，劳累、情绪激动、饱食、受寒、阴雨天气、急性循环衰竭等为常见的诱因。

（1）疼痛部位。典型部位位于胸骨后或左胸前区，可放射至左肩、左臂内侧达无名指和小指。

（2）疼痛性质。为一种钝痛，常有压迫、憋闷、紧缩、烧灼等不适感，重症发作时常伴出汗，偶可出现濒死感。

（3）诱因。劳力性心绞痛发生在劳动或情绪激动时，包括饱餐、排便均可诱发；卧位心绞痛常发生在平卧后 1～3 小时内，严重者在数十分钟内即可发生；自发心绞痛发作常无诱因；变异型心绞痛常在午间或凌晨睡眠中定时发作。

（4）持续时间。一般为 3～5 分钟，重度可达 10～15 分钟，极少数 >30 分钟。超过者需与心肌梗死鉴别。

（5）缓解方式。对于心绞痛而言，解除诱发因素即可较好缓解，同时，舌下含硝酸甘油 1～3 分钟即可完全缓解，一般不超过 5 分钟。卧位心绞痛须立即坐起或站立即可缓解。

2. 心肌梗死

心肌梗死在疼痛部位、疼痛性质、诱因上与心绞痛没有特征性的区别，但在持续时间及缓解方式方面有较大区别。

（1）持续时间。持续时间比较长，多数在 30 分钟以上，可达数小时甚至更长。

（2）缓解方式。休息及口服扩冠药物（如硝酸甘油等）不能缓解。

（3）心电图检查。心电图中相应导联 ST 段抬高，随后回复基线水平，出现异常 Q 波（深而宽的 Q 波），T 波倒置。

（4）实验室检查。心肌酶异常增高，包括谷草转氨酶、谷丙转氨酶、磷酸激酶等。

（三）诊断

1. 心绞痛

根据典型心绞痛的发作特点及特征性心电图改变（以 R 波为主的导联中，ST 段压低，T 波平坦或倒置，发作过后数分钟内逐渐恢复），舌下含服硝酸甘油后缓解，结合年龄和存在冠心病危险因素，排除其他原因所致的心绞痛，一般即可诊断。

2. 心肌梗死

根据典型的临床表现，特征性的心电图改变（①心电图中相应导联 ST 段抬高，随后回复基线水平，②出现异常 Q 波，即深而宽的 Q 波，③T 波倒置）以及实验室检查（①心肌酶或肌钙蛋白检查：符合急性心肌梗死的动态性变化，即 2~8 小时开始升高，12~24 小时出现峰值，持续 5~10 天后消退；②左心室功能检查：发病 90 天后，经检查证实左心室功能降低，左心室射血分数低于 50%）诊断本病并不困难。这些诊断标准也属于《重大疾病保险的疾病定义使用规范》中关于心肌梗死赔付必须具备的条件。

现今，最新的急性心肌梗死的诊断标准为：临床上存在心肌缺血并有心肌坏死的证据时，出现下列任何一项均可诊断心肌梗死：

（1）至少有一项心脏生化标志物（优选肌钙蛋白）升高和（或）降低超过 99% 正常参考值上限，同时至少伴有下列一项改变：①心肌缺血症状；②心电图改变提示新发生的心肌缺血；③心电图出现病理性 Q 波；④新出现的存活心肌丢失或新出现的节断性室壁运动异常的影像学证据。

（2）突发、意外的心源性死亡，包括心脏停搏，通常有提示心肌缺血的症状，并伴随新出现的 ST 段抬高，或新出现的 LBBB（LBBB：左束支传导阻滞，是临床上常见的心律失常，常发生于心肌病、冠心病、心肌炎等）和（或）冠状动脉造影和尸检发现冠状动脉内存在新鲜血栓，但是患者在血样采集前或血清心肌生物标志物升高前死亡。

（3）接受 PCI（经皮冠状动脉介入）治疗并且肌钙蛋白为正常基准线水平的患者，如果心脏生化标志物升高 99% 正常参考值上限，提示围手术期心肌梗死。通常心脏生化标志物升高超过 99% 正常参考值的上限的 3 倍，定义为 PCI 相关的心肌梗死，其中部分是支架血栓所致。

（4）接受 CABG（冠脉搭桥术）治疗并且肌钙蛋白为正常基准线水平的患者，如果心脏生化标志物升高 99% 正常参考值的上限，提示围手术期心肌梗死。通常心脏生化标志物升高超过 99% 正常参考值的上限的 5 倍，同时有加上新出险的病理性 Q 波或新出现的 LBBB，或冠状动脉造影证实桥血管或自体冠状动脉出现新的闭塞，或新出现的存活心肌丢失的影像学证据，定义为 CABG 相关的心肌梗死。

（5）有急性心肌梗死的病理学证据。

（四）治疗

1. 关于心绞痛的治疗

心绞痛的治疗原则是：改善冠状动脉的血供和降低心肌的耗氧，同时治疗动脉粥样硬化。长期服用阿司匹林和给予有效的降血脂治疗可促使粥样斑块稳定，减少血栓形成，降低不稳定型心绞痛和心肌梗死的发生率。

外科手术治疗主要是在体外循环下施行主动脉－冠状动脉旁路移植手术，取患者自身的大隐静脉作为旁路移植材料，一端吻合在主动脉，另一端吻合在有病变的冠状动脉段的远端，引入主动脉的血流以改善病变冠状动脉所供血心肌的血流供应。

术后心绞痛症状改善者可达80%～90%，且65%～85%患者生活质量提高。这种手术创伤较大有一定的风险，但仍有1%～4%围手术期死亡率，死亡率与患者术前冠脉病变、心功能状态及有无其他合并症有关。此外，术后移植的血管还可能闭塞，因此应个体化权衡利弊，慎重选择手术适应症。

2. 关于心肌梗死的治疗

心肌梗死的治疗强调及早发现，及早住院，并加强住院前的就地处理。治疗原则是尽快恢复心肌的血液灌注，在到达医院30分钟内开始溶栓或90分钟内开始介入治疗，使闭塞的冠状动脉再通，防止梗死扩大或缩小心肌缺血范围，保护和维持心脏功能，是一种积极的治疗措施。

（五）理赔分析

1. 关于急性心肌梗死的诊断

急性心肌梗死的核心为是否因冠状动脉阻塞或闭塞，从而引起相应区域心肌细胞缺血、缺氧导致坏死。在理赔实务当中，会有部分被保险人的出院诊断或疾病诊断证明书上诊断的疾病为"心绞痛"，这部分被保险人经冠状动脉造影检查，确定冠状动脉狭窄，医院采取介入治疗，放置支架。支架介入治疗后，由于治疗本身对心肌细胞造成一定损伤，导致心肌细胞死亡，从而出现心肌酶或肌钙蛋白指标异常。但这种情况不可作为判断急性心肌梗死的依据。

2. 不典型心肌梗死的理赔问题

现实中，许多急性心肌梗死病症会由于客户未及时就诊、就诊医院条件有限或客户故意隐瞒等情况，不一定具有条款规定的典型特征，出现一些非典型的病例，需要理赔人员认真分析，区别对待，在摸清事实的基础上进行理赔判断，不能一概拒之。对于临床已诊断为"急性心梗"的，只要相关检查指标证实确实存在心肌缺血并有心肌坏死的证据，尽管有部分指标不能完全满足，也可以考虑予以赔付。

3. 达不到条款要求的心肌梗死的理赔问题

达不到条款要求的心肌梗死即"非ST段抬高型心肌梗死"。在具体案件资料中，被保险人有典型胸痛、胸闷表现，但心电图无ST段抬高，亦无病理性Q波出现，反而在相应导联出现ST段压低的非心肌梗死心电表现。

但血液化验结果显示心肌酶、肌钙蛋白均明显升高又提示心肌确实存在急性坏死情形。同时，冠状动脉造影显示：三支血管病变，右支狭窄程度达95%。进一步支持了临床确诊为急性心肌梗死。

面对这种情况，要求理赔人员需要完整收集被保险人的诊断资料、实验室检查结果、病历记录、治疗记录等，通过集体讨论研究，在以事实为依据的基础上，从有利于客户的角度出发进行理赔处理，而不能简单地一概拒赔。

4.继发于其他疾病的心肌损害的理赔问题

有些其他疾病在发作时能引起心肌损害，会在相关检查时表现出心肌酶的变化和相应心电图的改变，但与冠心病（心绞痛、心肌梗死）的定义和病因有着本质的区别，是两种完全不同的疾病。在理赔时，往往给予拒赔的处理。

理赔提示：

综上所述，理赔人员关于此病的调查思路可以总结如下。

（1）调查被保险人所有的投保资料，若为体检件则调出体检资料查看体检内容，如有疑点应立即到体检医疗机构核实有关体检时的情况。

（2）接到报案后，应立即去医疗机构看望被保险人和拜访主治医师，了解患者的发病情况和治疗经过，查阅治疗记录、实验室检查结果、病历记录（重点注意主诉内容）等，调查被保险人入院后心电图是否有动态改变及改变所持续的时间、血清心肌酶含量异常增高的原因。

（3）调查人员在条件允许的情况下，应尽可能通过现场询问被保险人或查阅病历来验证被保险人是否有典型的胸痛症状。

（4）必要时调查人员应要求重新做心电图检查以及心脏射血分数的检查。

案例5－2：心肌梗死拒赔案例

[案例描述]

2012年3月，李某为自己投保了某公司重大疾病保险。2015年5月，李某因急性腹部疼痛住院。医院诊断为"急性重症胰腺炎、急性心肌梗死"。2015年8月，李某持医院的疾病诊断证明书提出索赔。

[案例分析]

理赔人员经过调查了解到：李某因急性重症胰腺炎住院，此病在发展过程中造成了心脏功能的受损，出现心肌酶持续升高及相对应的心电图改变。虽然在疾病诊断证明书中出现了"急性心肌梗死"的诊断，但与冠心病（心绞痛、心肌梗死）的定义和病因有着本质的区别，是两种完全不同的疾病，且达不到《重大疾病保险的疾病定义使用规范》中关于急性心肌梗死的赔付标准。因此，做出拒赔的决定。

从本案中我们可以分析得出，不能简单地依照疾病诊断书上的疾病诊断结果做出赔付的决定，而要对诊断结果做出医学分析、认真核对赔付标准。

四、脑中风后遗症

（一）概念

中风是中医学的一个病名，也是人们对急性脑血管疾病的统称和俗称。临床以猝然昏厥、不省人事、伴发口眼歪斜、语言不利、半身不遂或无昏厥而突然出现以半身不遂为主要症状的一类疾病。因这类疾病起病急骤，来势凶猛，病情变化迅速，像自然界的风一样"善行数变""变化莫测"，古代医家类比而名为"中风"。因其发病突然，亦称为"脑卒中"或"脑血管意外"。

广义上引起脑中风的原因包括由于栓塞和血栓形成导致的血管腔闭塞、血管破裂、血管壁损伤或通透性发生改变、血黏度增加或血液成分异常变化引起的疾病。

1. 脑中风

脑中风又称"脑卒中"，是由于脑局部血液循环障碍所导致的神经功能缺损综合征，起病非常急，症状持续时间至少24小时。脑卒中能引起局灶性的症状和体征，与受累脑血管的血供区域相一致。

根据《重大疾病保险的疾病定义使用规范》，脑中风是指因脑血管的突发病变引起脑血管出血、栓塞或梗死。

脑血管突发病变引起的脑血管出血包括脑出血、蛛网膜下隙出血，属于"出血性脑中风"；脑血管突发病变引起的脑血管栓塞、梗死即指脑栓塞、脑梗死，一起统称为"缺血性脑中风"。

应该指出的是，引起脑缺血的原因当中还有一种是由于心跳骤停引起的全脑缺血，从而出现弥漫性的脑血管功能障碍，这种情况则不属于脑卒中的范畴。

2. 脑血管出血

脑血管出血即我们通常所说的"脑出血""脑溢血"，同时还包括"蛛网膜下隙出血"。高血压是其发病的主要原因之一，其次为脑动脉硬化、颅内肿瘤、血液病等。

3. 脑栓塞

脑栓塞又称"栓塞性脑梗死"，是指血液中的各种固体、液体或气体栓子（如动脉粥样硬化的斑块、脂肪、肿瘤细胞、纤维软骨或空气等）随血流进入脑动脉而阻塞血管，当侧支循环不能代偿时，引起该动脉供血区域的脑组织缺血、坏死，出现局灶性神经功能缺损。脑栓塞占脑卒中的15%～20%。

4. 脑梗死

脑梗死是指各种原因引起的脑部血液供应障碍（包括了脑栓塞），使局部脑组织发生不可逆性损害，导致脑组织缺血、缺氧性坏死，与脑栓塞一起称为"缺血性脑中风"。包括动脉粥样硬化性血栓性脑梗死、脑栓塞。动脉粥样硬化是最常见的病因，其次为高血压、糖尿病和血脂异常等。

5. 脑中风后遗症

脑中风后遗症在医学上的定义是脑中风发病一年后，还存在半身不遂或者语言障碍或口眼歪斜等症状。

《重大疾病保险的疾病定义使用规范》中明确，脑中风后遗症是指因脑血管的突发病变引起脑血管出血、栓塞或梗死，并导致神经系统永久性的功能障碍。

（二）临床表现

脑中风发病时，往往出现头痛、呕吐、脑膜刺激征，多伴有意识障碍出现昏迷甚至癫痫发作。

脑中风后遗症主要有偏瘫（半身不遂）、半侧肢体障碍、肢体麻木、偏盲、失语，或者交叉性瘫痪、交叉性感觉障碍、外眼肌麻痹、眼球震颤、构语困难、语言障碍、记忆力下降、口眼歪斜、吞咽困难、呛食、呛水、共济失调、头晕头痛等。

(三)诊断

1.脑中风的诊断

根据其典型的临床表现并结合头颅 CT、MRI 等影像学检查可诊断此病。如果 CT 未发现异常或没有条件进行 CT 检查，可根据临床表现结合腰穿脑脊液呈均匀一致血性、压力增高等特点考虑此病的诊断。

2.脑中风后遗症的诊断

《重大疾病保险的疾病定义使用规范》中规定，脑中风后遗症的诊断包括以下几个方面：

(1)一肢或一肢以上肢体机能永久完全丧失。永久不可逆是指自疾病确诊或意外伤害发生之日起，经过积极治疗 180 天后，仍无法通过现有医疗手段恢复。肢体机能完全丧失是指肢体的三大关节中的两大关节僵硬，或不能随意识活动。肢体是指包括肩关节的整个上肢或包括髋关节的整个下肢。

(2)语言能力或咀嚼吞咽能力完全丧失。根据《重大疾病保险的疾病定义使用规范》，语言能力完全丧失，指无法发出四种语音(包括口唇音、齿舌音、口盖音和喉头音)中的任何三种或声带全部切除，或因大脑语言中枢受伤害而患失语症。

咀嚼吞咽能力完全丧失，指因牙齿以外的原因导致器质障碍或机能障碍，以致不能作咀嚼吞咽运动，除流质食物外不能摄取或吞咽的状态。

(3)自主生活能力完全丧失，无法独立完成六项基本日常生活活动中的三项或三项以上。根据《重大疾病保险的疾病定义使用规范》，六项基本日常生活活动是指：

①穿衣。自己能够穿衣及脱衣；

②移动。自己从一个房间到另一个房间；

③行动。自己上下床或上下轮椅；

④如厕。自己控制进行大小便；

⑤进食。自己从已准备好的碗或碟中取食物放入口中；

⑥洗澡。自己进行淋浴或盆浴。

(四)治疗

现代"脑中风"的治疗理念是：对于出血性中风是利用现代神经外科最先进的微创手术方法，以最小的创伤将患者脑内的出血引出并止血；对于缺血性中风则是利用手术或用药的方法在最短时间内恢复缺血区的血流，再配合最强效的中药和西药让患者在最短的时间内恢复健康，同时配合合理的康复训练计划，既能最大限度地避免病情复发，又能达到最大的功能恢复效果。

(五)理赔分析

1.脑中风后遗症索赔时间问题

脑中风后遗症，而非"脑中风"这一疾病本身，强调疾病的后遗症状，从而将部分轻症脑中风排除在外。在销售过程中，销售人员存在将脑中风后遗症介绍成脑中风的情况。这样，给后续的理赔纠纷埋下隐患。

索赔应该是在疾病确诊之日起 180 天以后。这个 180 天的时间约定是有医学根据的。虽然造成脑中风的病因有所不同，但临床上发生脑中风的患者往往出现肢体无力、口眼歪斜、丧失言语等神经机能障碍的表现，这些神经机能方面的障碍并不是永久性的。经过手术治疗、药物治疗以及物理康复治疗后，大多数患者在一定时期内症状可以有不同程度的改善和恢复，这个时期在临床医学上一般规定为六个月。

临床上常常可以看到脑中风患者在发病初期病情严重，可能已经达到条款约定的重大疾病标准，但是经过治疗，在六个月内，患者恢复良好，不影响其日常生活，因此这个时间段的规定也是从重大疾病保险的本意出发的。

患者如果经过六个月的系统治疗后，仍遗留的肢体、语言障碍一般认为是不可逆的，也就是条款注释中所谓的"永久完全丧失"。

在实际工作中，应该特别注意与客户进行充分的沟通，说明缘由，从而获得客户的理解，避免不必要的纠纷和矛盾的产生。

另外，如果被保险人在首次中风后的康复期间再次发生梗死或出血，则导致的"障碍"所对应的脑中风确诊的时间，需要视已有的康复过程表现、病灶的部位和新旧程度等情况具体分析而辨别。

2. 诈瘫的理赔问题

有的被保险人在头部损伤或脊髓损伤后，谎称肢体无法运动，表现为单瘫、偏瘫或截瘫，可以是痉挛性瘫痪也可以是弛缓性瘫痪。

因此，对于此种情况，理赔人员可以通过以下的方法进行仔细的核查：

(1)对于怀疑有诈瘫的被保险人可以调阅相关检查结果及病案。如果颅脑 CT 无病损，病理征阴性，病征与体征不符。经过定位检查，结合腱反射情况及神经电生理检查，可以做出鉴别。

(2)肌力测定。肢体机能完全丧失是指肢体的三大关节中的两大关节僵硬，或不能随意识活动。在客观诊断方面必然会涉及肌力的测定。肌力测定的标准为：

0 级——肌肉无收缩；

Ⅰ级——肌肉有轻微收缩，但不能够移动关节，接近完全瘫痪；

Ⅱ级——肌肉收缩可带动关节水平方向运动，但不能够对抗地心引力；

Ⅲ级——能够对抗地心引力移动关节，但不能够对抗阻力；

Ⅳ级——能对抗地心引力运动肢体且对抗一定强度的阻力；

Ⅴ级——能抵抗强大的阻力运动肢体。

一般的肌力测定是一种不借助任何器材，仅靠检查者徒手对受试者进行肌力测定的方法，这种方法简便易行，在临床中得到广泛的应用，但对于伪肌力的问题，这种检查方法缺乏一定的说服力。我们可以借助其他仪器的客观检查，比如数字化肌力测定仪、电子肌力测定系统等，从而可以规避伪肌力风险。

案例 5-3：脑中风后遗症拒赔案

[案例描述]

2012 年 6 月，张某为自己向某保险公司投保了重大疾病保险。2015 年 10 月 15 日，张某因中风住院，2016 年 5 月出院。出院时医院诊断为"瘫痪"。随后，张某向保险公司申请赔付。

[案例分析]

根据《重大疾病保险的疾病定义使用规范》规定，脑中风后遗症的赔付标准是"一肢或一肢以上肢体机能永久完全丧失或语言能力、咀嚼吞咽能力完全丧失或自主生活能力完全丧失，无法独立完成六项基本日常生活活动中的三项或三项以上"。

目前，被保险人的出院诊断是"左下肢瘫痪"。根据《重大疾病保险的疾病定义使用规范》规定，瘫痪是指因疾病或意外伤害导致两肢或两肢以上肢体机能永久完全丧失。根据上述定义，如果被保险人被医院诊断为"瘫痪"是符合"脑中风后遗症"赔付标准的。

保险公司经调查发现，张某能够与人语言交流、生活能够自理，且医院病案显示，出院时张某的肌力测定结果为"左下肢肌力Ⅳ级"。

根据肌力测定标准，"肌力Ⅳ级"既不符合临床"瘫痪"的诊断也不符合重大疾病保险关于"脑中风后遗症"的赔付标准。因此，保险公司做出拒赔的决定。

本案给我们的启示是，不能简单地把医院诊断作为认定责任的依据。虽然医院诊断是具有专业知识的医生所出具的权威性的科学报告，但是在诊断过程中会介入一些不确定的因素，难免会造成诊断结果的偏颇。因此，要求我们理赔人员具有一定的专业知识，并科学对待诊断结果的客观真实性。

五、终末期肾病（或称慢性肾功能衰竭尿毒症期）

（一）概念

这个概念分为两个部分，一个是慢性肾功能衰竭，一个是尿毒症期。

1. 慢性肾功能衰竭

慢性肾功能衰竭是指慢性肾病引起的肾小球滤过率降低以及与此相关的代谢紊乱和临床症状组成的综合征，简称慢性肾衰。慢性肾功能衰竭分为：慢性肾功能衰竭代偿期、慢性肾功能衰竭失代偿期、肾功能衰竭期及尿毒症期四个阶段。

2. 尿毒症期

尿毒症期不是一个独立病种，而是各种晚期肾病共有的临床综合征。尿毒症期是慢性肾功能衰竭的终末期。

（二）临床表现

肾功能衰竭不同阶段会有不同的临床表现。在肾功能衰竭早期，可以没有任何的症状，或仅有食欲不振、乏力、腰酸、夜尿频多、血压增高等表现，到了中期以后，这些症状明显加重，晚期则会出现昏迷、心力衰竭、消化道出血等，甚至危及生命。

（三）诊断

各种原因引起的慢性肾脏结构和功能障碍（肾脏损伤病史 >3 个月），包括肾小球正常和不正常的病理损伤、血液或尿液成分异常、影像学检查异常，或不明原因的肾小球滤过率下降（肾小球滤过率 <60 mL/min）超过 3 个月，称为慢性肾脏病。

慢性肾功能衰竭可以分为以下四个阶段，见表 5－1。

表 5 – 1 我国慢性肾衰竭分期

慢性肾衰竭分期	肌酐清除率 (Ccr)(mL/min)	血清肌酐 (Scr)(μmol/L)	血清尿素氮 (BUN)(mmol/L)
肾功能衰竭代偿期	50 ~ 80	133 ~ 177	3.2 ~ 7.1
肾功能衰竭失代偿期	20 ~ 50	186 ~ 442	>7.1
肾功能衰竭期	10 ~ 20	451 ~ 707	17.9 ~ 28.6
尿毒症期	<10	≥707	>28.6

慢性肾功能衰竭尿毒症期实验室检查参考指标：

1. 血液检查

(1)血红蛋白一般在 80 g/L 以下，终末期可降至 20 ~ 30 g/L，可伴有血小板降低或白细胞偏高。

(2)动脉血液气体酸碱测定晚期常有 pH 下降 ABSB(AB 为实际碳酸氢根，SB 为标准碳酸氢根。AB 是体内代谢性酸碱失衡重要指标，在特定条件下计算出 SB 也反映代谢因素。二者正常为酸碱内稳正常，二者皆低为代谢性酸中毒，二者皆高为代谢性碱中毒)及 BE(剩余碱)均降低，$PaCO_2$ 呈代偿性降低。

(3)血浆蛋白可正常或降低。

(4)电解质测定可出现异常。

2. 尿液检查

(1)尿常规改变可因基础病因不同而有所差异，可有蛋白尿、红白细胞或管型尿，也可以改变不明显。

(2)尿比重多在 1.018 以下，尿毒症时固定在 1.010 ~ 1.012 之间。

(3)夜间尿量多于日间尿量。

3. 肾功能测定

(1)肌酐清除率 <10 mL/min。

(2)血清肌酐(Scr)≥707 μmol/L。

(3)血清尿素氮(BUN) >28.6 mmol/L。

4. 影像学检查

(1)B 超显示双肾体积缩小，肾皮质回声增强。

(2)核素肾动态显示肾小球滤过率降低及肾脏排泄功能障碍。

(3)核素骨扫描提示肾性营养不良。

(4)胸片可见肺淤血或肺水肿、心胸比例增大或心包积液、胸腔积液等。

(四)治疗

慢性肾功能衰竭尿毒症期的治疗方法包括：药物治疗、血液透析和腹膜透析、肾移植。

血液透析一般每周做 3 次，每次 4 ~ 6 小时。在开始血液透析 4 ~ 8 周内，尿毒症症状逐渐好转，长期坚持合理的透析，不少患者能存活 15 ~ 20 年以上。

腹膜透析是一种设备简单，易于操作且安全有效的透析方法，可以在患者家中进行。腹膜透析在保存残存肾功能方面优于血液透析，费用也较血透低。

肾移植已被公认为是治疗慢性肾功能衰竭尿毒症期的最佳治疗方法。成功的肾移植会恢复正常的肾功能。肾移植应用于临床已有40余年，在所有的器官移植中，肾移植的效果及安全性为最佳。

（五）理赔分析

1.慢性肾功能衰竭与慢性肾功能衰竭尿毒症期的理赔标准问题

慢性肾功能衰竭并不等于慢性肾功能衰竭尿毒症期，慢性肾功能衰竭按照程度可以分为代偿期、失代偿期、衰竭期和尿毒症期。因此，尿毒症期是慢性肾功能衰竭的最后阶段。

《重大疾病保险的疾病定义使用规范》中明确规定，终末期肾病（或称慢性肾功能衰竭尿毒症期）理赔时必须同时满足两个条件：①双肾功能慢性不可逆性衰竭，达到尿毒症期；②经过诊断后已经进行了至少90天的规律性透析治疗或实施了肾脏移植手术。

理赔人员在理赔过程当中一定要仔细识别慢性肾功能衰竭的阶段，根据《重大疾病保险的疾病定义使用规范》，只有慢性肾功能衰竭尿毒症期并已经进行了至少90天的规律性透析治疗或实施了肾脏移植手术才能获得赔付。

理赔人员可以通过疾病诊断证明书、临床表现、实验室检查判断慢性肾功能衰竭的分期。肾功能检测项目当中血清肌酐、血清尿素氮是检测肾小球滤过功能的敏感指标，理赔人员在理赔时应重点审查这些指标。

2.提前进行血液透析而达不到尿毒症诊断指标的理赔问题

"透析"可分为血液透析和腹膜透析两种，是慢性肾功能衰竭患者必要的一种维持治疗方法，需要长期进行，有的甚至长达十余年，对被保险人身体、心理及经济上带来沉重的负担，且直接影响被保险人的生活质量。因此，对于糖尿病肾病、儿童、老年、妊娠以及根据医嘱进行提前透析的慢性肾衰竭的被保险人，由于有透析指征而进行了腹膜或血液透析，但达不到尿毒症诊断指标而无法达到重疾赔付标准时，经理赔人员调查核实，被保险人如已诊断为慢性肾功能不全，双肾功能确已不可逆性衰竭，临床必须通过人工肾透析方式维持治疗，在满足条款约定的透析持续时间后，可以酌情给付。

3.诊断为"尿毒症"但未行透析治疗的理赔问题

在理赔实务中，部分被保险人确实因为家庭经济原因无法进行透析治疗，或无法完成90天的规律性透析治疗或急需等待资金进行肾脏移植手术。此种情形，需要理赔人员完整收集被保险人的诊断资料，通过集体讨论研究，在以达到肾功能衰竭且90天后不可恢复的事实为依据的基础上，从有利于被保险人的角度出发，酌情进行给付处理。

4.遗传性肾病的理赔问题

遗传性疾病属于《重大疾病保险的疾病定义使用规范》的除外责任，因此，理赔人员应特别注意遗传性肾病所导致的慢性肾功能衰竭尿毒症期的问题。

遗传性肾病是由于基因突变所致，包括遗传性肾囊肿疾病（如多囊肾）、遗传性肾病等。遗传性肾病包括家族性出血性肾炎（又称为 Alport 综合征）、家族性肾炎及遗传性进行性肾炎。

理赔提示：

理赔人员应该掌握遗传性肾病的特点，从而在实际理赔过程中能够予以明确。遗传性肾病所具有的特点是：①本病遗传与性别有关，母病传子也传女，父病传女不传子；②发病年龄多在10岁前；③血尿为突出和首发表现，间断或持续性肉眼或镜下血尿；④肾功能呈慢性进行性损害，男性尤为突出，常在 20～30 岁时进入终末期肾衰；⑤常伴有或不伴有耳聋，10%～20% 的患者有眼部病变，包括近视、斜视、白内障及眼底病变等；⑥早期高血压症状。

六、急性或亚急性重症肝炎

感染肝炎病毒之后，个体临床表现及预后差异较大。一部分患者可无明显临床症状，一部分患者可顺利恢复，另一部分则可能持续不愈，或反复波动。

（一）概念

急性重症肝炎又称为暴发型肝炎，根据《重大疾病保险的疾病定义使用规范》，急性或亚急性重症肝炎是指因肝炎病毒感染引起的肝脏组织弥漫性坏死，导致急性肝功能衰竭。

（二）临床表现

1. 急性重症肝炎

这一型肝炎病情发展很快，可在极短的时间内出现深度黄疸，肝脏迅速缩小，迅速发生肝昏迷及各种出血现象，也可出现浮肿、腹水、尿少或无尿，具有如下特点：

（1）病情发展迅速而又凶猛，迅速发生深度黄疸，甚至在黄疸并不很重的情况下，患者已经死亡。

（2）肝脏迅速缩小，并且患者口中呼出一种特殊的腥臭味，称之为"肝臭"。

（3）迅速出现各种精神症状，如精神萎靡、嗜睡、躁动不安、尖声喊叫、精神错乱，或出现抽搐的表现，最后完全进入昏迷状态，且发出很响的鼾声。

（4）有明显的出血现象，如牙出血、鼻出血、皮下出血等，在皮肤受压部位和注射部位常见大片的紫斑，或呕吐咖啡色的液体，或解柏油样大便（这是由于红细胞被胃酸破坏的结果）。当出血较快、血量较多时，也可呕吐鲜血或便鲜血。

（5）患者常有明显的胃肠胀气，常有腹水。尿量逐渐减少，迅速形成尿少或无尿，血液中蛋白质的各种代谢产物（包括氨等有毒的物质）增加。

急性重症肝炎是肝炎中最严重的一种类型，病死率很高。多数患者在起病后 2～3 周内死亡，也有个别患者在 10 天内死亡。所幸的是急性重症肝炎的发病率很低。

2. 亚急性重症肝炎

它的基本特点与急性重症肝炎相似，但病情发展相对来讲比较缓慢。患者发病后，常表现为极度的疲乏，明显的腹胀、厌食、恶心、呕吐、黄疸加深，逐渐发展为深度黄疸，持续不退，继之出现腹水及出血现象，最后发生昏迷。肾脏功能衰竭也很常见，表现为尿量进行性减少，终至无尿，血液中的蛋白代谢产物明显增加。

整个病程比急性重症肝炎的病程长，常达 4 周至数月。有部分患者最后发展为坏死性肝硬化。

（三）诊断

1. 临床诊断

根据《重大疾病保险的疾病定义使用规范》，急性或亚急性重症肝炎经血清学或病毒学检查证实，并须满足下列全部条件：

（1）重度黄疸或黄疸迅速加重。

（2）肝性脑病。

（3）B 超或其他影像学检查显示肝脏体积急速萎缩。

(4)肝功能指标进行性恶化。

2. 实验室检查

(1)血清总胆红素。重症肝炎测定血清总胆红素可了解黄疸的程度、性质和演变过程，是反应肝细胞损害程度和判断预后的最好指标之一。正常人血清总胆红素浓度为 3.4 ~ 17.1 μmol/L。急性重症肝炎由于病程短、病情进展迅速，相当一部分患者在胆红素尚未表现明显增高时，已出现严重的临床表现。重症黄疸一般是指血清总胆红素水平超过正常值上限的 10 倍，即血清总胆红素均超过 171 μmol/L。

(2)谷丙转氨酶。谷丙转氨酶在肝细胞质内合成，当肝细胞出现坏死时，谷丙转氨酶即从细胞内逸出而进入血液，使血谷丙转氨酶浓度增高。因此，谷丙转氨酶是肝细胞损伤极为敏感的指标之一。当肝细胞被大量破坏时，血谷丙转氨酶浓度迅速增加，当肝功能出现衰竭时，血谷丙转氨酶浓度反而会逐渐下降，直至正常甚至偏低，但血清总胆红素浓度却不断升高，形成重症肝炎特有的"胆－酶分离"现象。这些现象可以作为肝功能指标进行性恶化的表现。

(3)血清蛋白。肝脏是蛋白质代谢的重要器官。各型重症肝炎病程延长至 3 ~ 4 周，血清白蛋白可降低；肝硬化转为慢性重型肝炎者，白蛋白与球蛋白之比即"白球比(A/G)"多数倒置。急性或亚急性重症肝炎，球蛋白均增高。随病情好转，急性和亚急性重症肝炎患者的球蛋白可恢复正常。但慢性重症肝炎者始终增高而不下降，与前两型肝炎有一定的鉴别价值。

(4)血氨浓度。肝性脑病患者，常常有血氨(NH_3)增高，随着肝性脑病好转，血氨降低。增高的血氨可通过影响脑内的能量代谢和促进假神经递质的合成而致肝性脑病的发生。血氨增高的机制最常见的是氨不能在肝脏中转化为尿素等，使得血中游离 NH_3 转变为分子氨，从而通过血脑屏障，导致中枢神经系统症状加重。

(四)治疗

急性亚急性重症肝炎的治疗原则是对抗肝细胞坏死，对抗肝性脑病，改善内毒素血症。一般都应该住院进行救治，避免拖延时间及忽视治疗。

(五)理赔分析

1. 急性或亚急性重症肝炎病因理赔问题

引起急性或亚急性重症肝炎的原因包括病毒因素、免疫因素和其他因素。《重大疾病保险的疾病定义使用规范》限定了引起急性或亚急性重症肝炎的原因为肝炎病毒的感染。

理赔提示：

在理赔过程中，理赔人员可以通过查阅被保险人血液 HAV、HBV、HCV 等病毒学检测结果，判断被保险人是否感染肝炎病毒。

2. 肝性脑病的判断

肝性脑病亦称肝昏迷或肝脑综合征，是由于严重肝病引起的、以代谢紊乱为基础、中枢神经系统功能失调的综合征，其主要临床表现为意识障碍、行为失常和昏迷。根据意识障碍的程度、神经系统体征和脑电图的改变，可将肝性脑病的临床过程分为四期：分别是前驱期、昏迷前期、昏睡期和昏迷期。

肝性脑病的诊断依据下列异常而建立：①有严重肝病和(或)广泛门体侧支循环形成的基础；②出现精神紊乱、昏睡或昏迷，可出现扑翼样震颤；③有肝性脑病的诱因；④反映肝功能的生化指标明显异常及(或)血氨增高；⑤脑电图异常。

理赔提示：

在四条给付条件中除了"肝性脑病"可以经临床明确诊断之外，其余指标均指向了一个变化的过程，不会明示在病历或医学诊断证明书上。因此在缺乏统一的客观标准时，凭借理赔人员的分析判断难免会与客户的理解发生分歧，尤其是部分患者可能由于医院的原因无法提供系统的检查报告以明确是否符合上述全部条件。同时考虑到"肝性脑病"为该病严重的情形，程度深的"肝性脑病"预后差，死亡率高。因此建议在尽可能搜集了被保险人的全部相关医疗资料后，在已明确诊断"急性或亚急性重症肝炎"和"肝性脑病"的前提下，如实验室检查结果及影像学结果与其诊断和病情无明显矛盾的情况时可以予以赔付。理赔人员在调查过程中，应重点审阅肝炎病毒学检测结果、肝性脑病的诊断及意识障碍的描述及（或）血氨测定结果、B超结果、肝功能测定结果以综合判断是否符合赔付标准。

七、肝功能衰竭失代偿期

肝脏是人体内具有多种生理功能的器官，它既是物质代谢的中心，又是重要的分泌、排泄、生物转化和屏障器官。肝脏的多种复杂功能，主要由肝实质细胞来完成。

凡各种致肝损伤因素使肝细胞发生严重损害，使其代谢、分泌、合成等功能发生严重障碍，出现一系列代谢紊乱及相应的临床综合征（包括全身状态的恶化、腹水、肝性口臭、肝性昏迷和肝肾综合征等）此种情况称之为肝功能不全。

肝功能衰竭是肝功能不全的晚期阶段，临床的主要表现为肝性脑病与肝肾综合征（功能性肾功能衰竭），救治十分棘手。当发展到Ⅳ度肝性昏迷时，90%的患者都将死亡。临床上主要分为两种类型：急性肝功能衰竭和慢性肝功能衰竭。

（一）概念

1. 急性肝功能衰竭

急性暴发性肝功能衰竭，肝细胞呈现大块坏死，病程在8周以内，死亡率达70%～90%，患者多死于胃肠道出血、感染性休克、肺炎、肺水肿、肺功能衰竭。

药物中毒占急性暴发性肝功能衰竭病因的15%，其中以化学药物中毒最为多见，如：麻醉药当中的氯仿；镇静药及抗癫痫药中的氯丙嗪、苯巴比妥、苯妥英钠；抗结核药中的异烟肼、利福平；解热镇痛药中的扑热息痛、水杨酸类药物；抗菌药中的四环素、磺胺等。其他原因见于毒蕈中毒、急性肝豆状核变性（威尔逊氏症）等。

2. 慢性肝功能衰竭

慢性肝功能衰竭，为慢性活动性肝病，病程漫长，呈进行性发展，预后也不良。慢性肝衰竭晚期也可出现急骤进展的急性肝衰竭，有人称之为慢性急性发作性肝衰竭。主要归因于各种类型的肝硬变，特别是坏死后性和原发性胆汁性肝硬变较为常见。

3. 失代偿

要了解失代偿，首先了解代偿的概念。在生理或病理条件下，当动物机体出现暂时或严重失调状态时，动物机体会通过加强器官机能、改变代谢或形态结构维持机体的稳定，消除症状、发挥正常功能，这一过程称之为"代偿"。它是动物机体在进化过程中获得的一种重要保护性反应。

但是代偿存在范围及程度上的极限，当超过机体的代偿能力时，代偿机制失效，导致疾病症状出现或加剧，阻碍个体向着消除症状、发挥正常功能的方向努力。这就称为"失代偿"。

（二）临床表现

1. 急性肝功能衰竭

急性肝功能衰竭的患者原来无慢性肝病，主要表现是黄疸迅速加深，进行性神志改变直至昏迷，并可有出血倾向。一般情况变差，全身疲乏无力、精神萎靡、表情淡漠、嗜睡或烦躁不安；如发生昏迷，可出现一种酷似烂苹果夹杂粪臭和血腥的气味，称之为"肝臭"。

特别严重的病例可在黄疸未出现之前就有神志改变，很快陷入昏迷状态。肝性昏迷时，血氨浓度可以升高也可在正常范围。

肝性脑病是急性肝功能衰竭的重要诊断依据之一，也是患者死亡最常见的原因之一。肝功能衰竭时尚可并发急性肾功能衰竭，称为肝肾综合征。临床表现为少尿或无尿、氮质血症和尿毒症症状。

2. 慢性肝功能衰竭

慢性肝功能衰竭往往继发于某种慢性肝病，临床表现上呈慢性改变过程，与急性肝功能衰竭相比，没有特别明显的差异。

（三）诊断

1. 急性肝功能衰竭

根据临床诊断标准，急性肝功能衰竭须满足下列全部条件：

（1）原来无慢性肝病的患者于起病后 8 周内进入肝昏迷，病理改变是肝细胞大量坏死、空泡变性。

（2）特别严重的病例可在黄疸未出现之前即有神志改变，患者很快进入昏迷。

（3）临床特点是黄疸迅速加深，进行性神志改变，并有出血、烦闷、肾功能衰竭，凝血酶原时间显著延长等。

（4）化验血清胆红素大于 $34\mu mol/L$，肝功能试验的酶检查结果比正常值增加一倍以上。

（5）肝性昏迷时，血氨浓度可以升高或正常。

2. 慢性肝功能衰竭失代偿期

根据《重大疾病保险的疾病定义使用规范》，慢性肝功能衰竭失代偿期是指因慢性肝脏疾病导致肝功能衰竭，须满足下列全部条件：

（1）持续性黄疸。

（2）腹水。

（3）肝性脑病。

（4）充血性脾肿大伴脾功能亢进或食管胃底静脉曲张。

（四）治疗

目前肝功能衰竭的内科治疗尚缺乏特效药物和手段。原则上强调早期诊断、早期治疗，针对不同病因采取相应的综合治疗措施，并积极防治各种并发症。包括一般治疗和针对病因与发病机制的治疗。

目前部分医院采用人工肝支持治疗，暂时替代衰竭肝脏的部分功能，为肝细胞再生及肝功能恢复创造条件或等待机会进行肝移植。肝移植是治疗慢性肝功能衰竭失代偿最有效的治疗手段。

(五)理赔分析

1.急性肝功能不全与慢性肝功能不全的理赔问题

急性肝功能不全与慢性肝功能不全均有肝功能不全的表现,但根据《重大疾病保险的疾病定义使用规范》,此条款只对慢性肝功能不全进行赔付。虽然两者在临床表现上有共同之处,但从发病特点以及病因两方面可以将其进行区分,详细对比见表5-2。

表5-2 急性肝功能不全与慢性肝功能不全对比

分 类	急性肝功能不全	慢性肝功能不全
发病特点	1.发病急,病情重 2.12~24小时后出现黄疸 3.2~4天即从嗜睡转为昏迷 4.伴有出血倾向,故又称暴发性肝功能衰竭	1.病程较长,病情进展缓慢 2.病情多在某些诱因作用下迅速加剧,重者昏迷
常见病因	1.药物性肝炎 2.肝组织缺血 3.其他原因见于毒蕈中毒、急性肝豆状核变性等	肝硬化失代偿期和部分肝癌晚期

2.肝性脑病的判断

详见本章本节急性或亚急性重症肝炎理赔分析。

3.因酗酒或药物滥用导致的肝功能衰竭属于除外责任

广义的"药物滥用"是指不合理应用药物,狭义(限定意义)的药物滥用与我们平时所说的"滥用抗生素""滥用激素"等滥用药物中的"滥用"概念截然不同,指的是与医疗、预防和保健目的无关的反复大量使用有依赖性特性(或称依赖潜能)的药物。用药者采用自身给药的方式,导致精神依赖性和生理依赖性,造成精神紊乱和出现一系列异常行为。

药物滥用及由此造成的药物依赖对个人、家庭和社会危害深重。它可以使药物滥用者身心健康遭受摧残、中毒死亡、身体免疫力降低、引发各种感染。最常见到的药物滥用范围包括:麻醉药品(阿片类、可卡因类等)、精神药品(镇静催眠药、咖啡因等)。

理赔提示:

酗酒、药物滥用等原因都可以引起肝功能衰竭。理赔人员除了认真核对肝功能衰竭的赔付标准之外,还应该仔细审核导致其发病的原因。根据《重大疾病保险的疾病定义使用规范》,只有因慢性肝脏疾病导致肝功能衰竭才能获得赔付。

八、深度昏迷

(一)概念

昏迷在医学上是指由于各种原因使高级神经受到严重的抑制而表现出的高度意识障碍,即持续性意识完全丧失,也是脑功能衰竭的主要表现之一。

(二)临床表现

根据觉醒状态、意识内容及躯体运动丧失的病程演变和脑功能受损的程度与广度的不同,临床上通常将昏迷分为4个程度。

1.浅昏迷

患者临床表现为睁眼反应消失或偶呈半闭合状态,语言丧失,但强烈的疼痛刺激可见反应存在。患者有痛苦表情或呻吟。

2. 中度昏迷

患者的睁眼、语言和自发性运动均已丧失，对外界各种刺激均无反应，对强烈的疼痛刺激或可出现防御反射。

3. 深昏迷

患者全身肌肉松弛，强烈的疼痛刺激也不能引出逃避反应及去皮质强直。眼球固定，瞳孔显著扩大，呼吸不规则。

4. 脑死亡

患者表现为无反应性深度昏迷，自主呼吸停止，瞳孔扩大固定，脑干反射消失，并伴有体温、血压下降。脑电沉默，脑血管造影不显影等。此时即使心跳仍在维持，但全脑功能永不恢复，一定时间内心跳也终将停止。

(三)诊断

为了较准确的评价意识障碍的程度，国际通常用格拉斯哥昏迷评定(Glasgow coma scale)量表。最高得分15分，最低为3分。分数越低病情越重。通常情况8分或以上恢复机会较大，7分以下预后较差，3~5分并伴有脑干反射消失的患者有潜在死亡危险。《重大疾病保险的疾病定义使用规范》中规定，深度昏迷按照Glasgow昏迷分级结果为5分或5分以下。

(四)治疗

急性意识障碍属急诊范畴，需要密切观察和紧急处理，但往往不能立即明确病因并进行有效治疗。应在获得某些特殊检查的结果前(可能需要数小时或数天)，将患者收重症监护室，密切监护心率、血压、体温和氧饱和度。

对于深度昏迷的患者，因严重脑损害而无法维持呼吸时，应使用呼吸机建立人工通气。

(五)理赔分析

1. 深度昏迷标准的理赔问题

Glasgow昏迷计分法是以睁眼(觉醒水平)、言语(意识内容)和运动反应(病损平面)三项指标的15项检查结果来判断患者昏迷和意识障碍的程度，见表5-3。

表5-3 格拉斯哥昏迷分级(Glasgow coma scale)

项目		评分	项目		评分
睁眼反应	自动睁眼	4	运动反应	能按吩咐动作	6
	呼之睁眼	3		对刺痛能定位	5
	疼痛引起睁眼	2		对刺痛能躲避	4
	不睁眼	1		刺痛肢体过屈反应	3
语言反应	回答正确	5		刺痛肢体过伸反应	2
	回答错误	4		不能运动(无反应)	1
	言语错乱	3			
	言语难辨	2			
	不能言语	1			

《重大疾病保险的疾病定义使用规范》中规定，深度昏迷按照 Glasgow 昏迷分级结果为 5 分或 5 分以下，且已经持续使用呼吸机及其他生命维持系统 96 小时以上。

2. 导致深度昏迷病因的理赔问题

意外伤害、疾病等各种原因均可导致深度昏迷的发生，但不是所有的原因都能获得重大疾病保险的赔付。根据《重大疾病保险的疾病定义使用规范》，因酗酒或药物滥用导致的深度昏迷不在保障范围内。（酗酒或药物滥用详见本章本节慢性肝功能衰竭失代偿理赔分析）

九、运动神经元病

（一）概念

运动神经元病是一组病因未明的选择性侵犯脊髓前角细胞、脑干后组运动神经元、皮质锥体细胞及锥体束的慢性进行性疾病。

1994 年世界神经病学联盟制定了一个详细的分类方法，根据肌无力、肌萎缩、肌肉纤颤和锥体束损害等症状的不同组合分为 4 型：肌萎缩侧索硬化、脊肌萎缩症、原发性侧索硬化和进行性延髓麻痹。肌萎缩侧索硬化是最常见类型。根据《重大疾病保险的疾病定义使用规范》，运动神经元病也是按照这样的分类进行规范的。

病因和发病机制不清，5% ~ 10% 的患者有家族史，称为家族性运动神经元疾病。近年来，在运动神经元疾病患者中发现了过氧化物歧化酶的基因异常，并认为可能是该组疾病的发病原因。

（二）临床表现

运动神经元病会选择性的损害人类的运动神经元细胞，对其他的细胞几乎没有损害。因此，会出现上、下运动神经元瘫痪的情况，但大脑的思维、小脑、感觉系统、植物神经等功能均正常，不会受到任何损害。

临床特征为上、下运动神经元瘫痪共存，而不累及感觉系统植物神经、小脑功能和括约肌功能。

（三）诊断

1. 实验室诊断项目

（1）神经电生理检查。据报道，胸锁乳突肌肌电图的异常对诊断该病具有显著的意义，阳性率可以高达 94%。

（2）神经肌肉活检。目前，神经肌肉活检很少作为运动神经元诊断的依据，主要用于鉴别诊断。肌萎缩侧索硬化病理诊断标准是：运动皮质的大锥体细胞消失，脊髓前角和脑干的运动神经元脱失并出现异常的细胞病理改变，皮质脊髓束变性和脱髓鞘改变。

（3）神经影像学检查。神经影像学检查包括 CT、MRI（核磁共振）和 PET（正电子发射断层扫描）。

（4）其他辅助检查。其他辅助检查包括血生化、磷酸肌酸激酶等。

2. 临床诊断依据

根据中年以后隐袭起病，慢性进行性病程，以肌无力、肌萎缩和肌束震颤，伴腱反射亢进、病理特征等上、下运动神经元同时受累为主要表现，无感觉障碍，有典型神经源性改变肌电图，通常可临床诊断。诊断肌萎缩侧索硬化依据：

（1）临床表现、肌电图或神经病理学检查有下运动神经元损害的证据。

（2）临床检查有上运动神经元损害的依据。

（3）症状或体征在一个部位内进行性扩展或扩展到其他部位。

同时排除以下两点：

（1）有能解释上运动神经元和（或）下运动神经元损害的其他疾病的电生理依据。

（2）有能解释临床体征和电生理特点的其他疾病的神经影像学依据。

（四）治疗

目前对神经系统变性疾病尚无有效的办法能阻止疾病的进展，只能在某种程度上减缓疾病的发展，暂时缓解和减轻症状的对症治疗。

（五）理赔分析

颈椎病性脊髓病是常见的临床疾病，易与运动神经元病混淆。该病系由颈椎骨质、椎间盘或关节退行性改变，造成相应部位脊髓受压，伴或不伴神经根受压的一种脊髓病变。

理赔提示：

临床上有大量的运动神经元病的患者被误诊为颈椎病而进行了手术治疗，也有将颈椎病（颈椎病性脊髓病）误诊为运动神经元病的。因此，理赔人员掌握一定的两者相互鉴别的知识很有必要。鉴别点在于：①颈椎病性脊髓病无舌肌萎缩和束颤，下颌反射不活跃，无球麻痹；②胸锁乳突肌肌电图正常，可与运动神经元病相鉴别。

十、阿尔茨海默病

阿尔茨海默病（AD）是老年人常见的神经系统变性疾病，是形成痴呆最常见的病因之一。临床特征为隐袭起病、进行性智能衰退，多伴有人格改变。一般症状持续进展，病程通常为5～10年。

（一）概念

根据《重大疾病保险的疾病定义使用规范》，阿尔茨海默病是指因大脑进行性、不可逆性改变导致智能严重衰退或丧失，临床表现为明显的认知能力障碍、行为异常和社交能力减退，其日常生活必须持续受到他人监护。

本病最早由爱罗斯·阿尔茨海墨（Alois Alzheimer）于1906年描述，其发病率随年龄增高而增长，65岁以上发病率约为5%，85岁以上为20%或更高，女性多于男性。

阿尔茨海默病通常为散发，约5%的患者有明确的家族史。如果家族中有先期患者，一级亲属的女性较男性具有更高的发病风险。通常女性患者病程较男性患者长。

病因至今仍不清楚，目前有多种学说，一般认为与遗传和环境因素有关。另有报道，近年来应用分子遗传学和连锁分析方法发现本病是一种家族性遗传性疾病。

（二）临床表现

阿尔茨海默病起病隐匿，主要表现为持续进行性的智能衰退而无法缓解。

1. 记忆障碍

此病典型的首发征象是记忆障碍，早期以近记忆力受损为主，表现为对刚发生的事、刚说过的话不能记忆，忘记熟悉的人名，经常失落物品，遗忘已许诺的事情等，而对年代久远的事记忆相对清楚。后期也可伴有远记忆力障碍，但与近记忆力损害相比程度较轻。

2. 认知障碍

特征性认知障碍随着病情进展逐渐出现，表现为掌握新知识、熟练运用及社交能力下降，并随时间的推移而加重。严重时出现定向力障碍，先出现时间定向障碍再出现空间定向障碍，此时患者经常迷路，甚至在自己非常熟悉的环境中（如自己家中）也不能顺利到达想去的地点。

3. 精神症状及行为异常

处于疾病早期的患者，有较严重抑郁倾向。随后患者开始出现人格障碍和精神症状，如妄想症、幻觉和错觉、因找不到自己放置的物品而怀疑被他人偷窃；或因强烈的嫉妒心而怀疑配偶不贞等，从而出现行为的异常化。

4. 其他症状

患者还会出现失语、失认、计算不能，患者通常不能继续原有工作，更有甚者并发癫痫。

（三）诊断

1. 实验室诊断项目

（1）神经影像学检查。神经系统影像学检查对阿尔茨海默病诊断有重要作用，特别有助于排除痴呆症的其他原因。CT、MRI（核磁共振）和 PET（正电子发射断层扫描）等影像学检查，可以发现脑萎缩征象。如侧脑室、三脑室增大，且可不成比例的增大，脑沟增宽、加深，后期患者额、颞叶萎缩尤为明显。

（2）神经心理学测验。可发现认知功能损害，常用量表有简易精神状况检查量表（MMSE）、长谷川痴呆量表（HDS）、韦氏成人智力量表（WAIS－RC）、临床痴呆评定量表（CDR）。

（3）脑电图检查。常见弥漫性慢波，且脑电图减慢的程度和痴呆的严重程度具有相关性。

2. 临床诊断依据

一般依据是隐袭性起病，进行性智能衰退，记忆障碍、认知障碍与精神症状明显，神经功能缺失症状轻微和典型影像学改变。

《中国精神疾病分类方案与诊断标准》第三版（CCMD－3，2001）描述症状标准为：

（1）符合器质性精神障碍的诊断标准。

（2）全面性智能性损害。

（3）无突然的卒中样发作，疾病早期无局灶性神经系统损害的体征。

（4）无临床或特殊检查提示智能损害是由其他躯体或脑的疾病所致。

（5）下列特征可支持诊断但非必备条件：①高级皮层功能受损，可有失语、失认和失用；②淡漠、缺乏主动性活动，或易激惹和社交行为失控；③晚期重症病例可能出现帕金森症状和癫痫发作；④躯体、神经系统，可实验室检查证明有脑萎缩。

（6）神经病理学检查有助于确诊。

严重标准——日常生活和社会功能明显受损。

病程标准——起病缓慢，病情发展虽可暂停，但难以逆转。

排除标准——排除脑血管病等其他脑器质性病变所致智能损害、抑郁症等精神障碍所致的假性痴呆、精神发育迟滞，或老年人良性健忘症。

（四）治疗

目前无特效治疗方法，药物方面主要是支持、对症治疗，生活方面尽量的照顾和护理极为重要，在综合治疗的基础上针对主要病因进行重点治疗，采取综合性治疗策略。患者一般能存活 2～5 年，最后因全身功能减退而死亡。

（五）理赔分析

阿尔茨海默病的临床表现为明显的认知能力障碍、行为异常和社交能力减退，其日常生活必须持续受到他人监护，引起这种现象的根本原因是大脑进行性、不可逆性改变。在理赔工作中应该注意的是，其他原因所导致的与阿尔兹海默病出现相同症状的情况要严加区分，不能混淆概念。

例如，客户因滥用药物、酗酒、吸毒等不良生活习惯而导致的需要由他人扶助的痴呆状态。此种痴呆状态就不属于阿尔兹海默病。

此外，精神分裂症或其他精神类疾病患者虽然也表现为"认知能力障碍、行为异常和社交能力减退，其日常生活必须持续受到他人监护"，但与阿尔茨海默病有着本质的区别。阿尔茨海默病属于神经系统变性疾病，精神分裂症属于精神类疾病；神经系统疾病是由于神经系统的器质性改变而造成，而精神疾病属于心理发展之疾病，是一种功能性疾病，一般无器质性损害。

理赔提示：

对于此病的诊断除精神专科医师确诊之外，理赔人员还需要调查被保险人的生活习惯，同时必须要有相关影像学的支持。影像学的特点是：脑断层扫描或核磁共振检查确认有广泛的脑皮质萎缩。广泛的脑皮质萎缩分布在脑皮质的多个区域，融合成片而不是孤立存在的病灶。

十一、严重帕金森病

帕金森病是发生在中年以上常见的神经系统退行性疾病。主要病理改变在黑质和纹状体通路，因多巴胺生成减少导致静止性震颤、肌张力增高、运动迟缓。

（一）概念

帕金森病又称震颤麻痹，由英国医生詹姆斯·帕金森（James Parkinson）首先描述，是一种中枢神经系统的退行性疾病，以黑色多巴胺能神经元变性缺失和路易小体形成为病理特征。65 岁以上的老年人群患病率为 2%。目前，我国的帕金森病患者人数已超过 200 万。

迄今为止，帕金森病的病因仍不清楚。目前的研究倾向于年龄老化、遗传易感性和环境毒素的接触等综合因素。

（二）临床表现

多见于 50 岁以后发病，男性稍多于女性。起病缓慢，逐渐进展。初始症状以震颤最多（60% ~70%），依次为步行障碍（12%）、肌强直（10%）和运动迟缓（10%）。

1. 震颤

常为首发症状，多由一侧上肢的远端（手指）逐渐波及同侧下肢再至对侧上肢及下肢，呈"N"字形进展，典型的表现是手指节律性震颤呈"搓丸样动作"。初期为静止性震颤，晚期可变为经常性情绪激动。

2. 肌强直（肌张力增高）

肢体伸、屈肌张力均增高，呈"铅管样"（关节被动运动时始终保持阻力增高）或"齿轮状"强直（肌强直与伴随的震颤叠加检查时可感觉在均匀阻力中出现断续停顿），随后呈"折刀样强直"（被动运动随后会迅速减弱如同打开水果刀的折刀样感觉），面肌受累则缺乏表情呈"面具状脸"。

3.运动障碍

常因肢体及手部肌肉强直而难以完成精细动作,严重时起坐困难,躺下时不能翻身、穿鞋系带、扣纽扣困难、生活不能自理、步态障碍。早期表现为行走时下肢拖步,上肢不随动。随着病情的进展,步伐逐渐变小、变慢、起步艰难,一旦迈步以极小步伐前冲,越走越快,不能即时停步或转弯称"慌张步态"。

4.其他症状

反复叩击眉弓上缘产生持续眨眼反应、眼睑阵挛(闭合的眼睑轻度震颤)和眼睑痉挛(眼睑不自主闭合),讲话缓慢、音量低、流涎,严重时吞咽困难、脂颜多汗、顽固性便秘、直立性高血压等。

(三)诊断

1.实验室诊断项目

帕金森病的实验诊断项目为:

(1)血液、脑脊液常规化验均无异常,CT、MRI检查无特征性改变。

(2)生化检查,腰穿CSF(脑脊液)、尿中检查多巴胺代谢产物可见高香草酸降低。

(3)影像学检查,正电子发射断层扫描(PET)或单光子发射断层扫描(SPECT)、放射性核素检测,可显示脑内多巴胺转运载体(DAT)功能显著降低,对帕金森病早期诊断、鉴别诊断及检测病情进展有一定价值。

2.临床诊断依据

帕金森病的诊断标准为:

(1)中老年发病。

(2)四项主要特征(静止性震颤、肌强直、运动迟缓、姿势步态异常)中至少具备两项,前两项至少具备其中之一,症状不对称。

(3)左旋多巴治疗有效。

(4)患者无眼外肌麻痹、小脑体征、直立性低血压、椎体系损害和肌萎缩等。

(四)治疗

目前,在帕金森的各种治疗方法中仍以药物治疗最为有效。左旋多巴是治疗帕金森病的最有效和首选药物,已成为治疗本病的"金标准"。

帕金森病的药物治疗都是对症治疗,多数药物在应用初期都有较大的不良反应,最常见的就是消化道的症状,如恶心、呕吐等。

(五)理赔分析

1.严重帕金森病赔付条件的理赔问题

依据《重大疾病保险的疾病定义使用规范》,除了帕金森病的疾病诊断以外,"药物治疗无法控制病情"是其获得赔付需要满足的条件之一。因此,要求理赔人员掌握"药物治疗无法控制病情"的含义,从而做出判断。

目前,左旋多巴是治疗帕金森病的最有效和首选药物。对于该药,人体的反应分为五个阶段。第一阶段:"蜜月期",疗效稳定而持久;第二阶段:中午药效减退;第三阶段:睡眠受到影响,有"晨僵"现象,可能有脚的痉挛或肌张力的异常,通常在症状严重的一侧;第四阶段:可预测的"剂末现象"出现;第五阶段:频繁发生的药效减退,出现"开关现象",并伴有明显的"异动症"。

2.帕金森综合征与帕金森病的理赔问题

《重大疾病保险的疾病定义使用规范》中明确规定"继发性帕金森综合征"不在保障范围内。

帕金森综合征(或称为继发性帕金森综合征)名字上与帕金森病非常相像,但是完全不同。帕金森综合征有明确的病因可寻,如药物、中毒、感染等:

(1)药物。有无吩噻嗪类(异丙嗪商品名非那根)、丁酰苯类(氟哌啶醇和氟哌利多)、利血平、锂剂、α-甲基多巴、灭吐灵、氟桂利嗪等用药史。

(2)中毒。以一氧化碳(一氧化碳急性中毒者苏醒后可发生强直及震颤)和锰中毒(多有长期接触史)较为常见,其他则还包括甲醇、汞、氰化物等。

(3)脑炎后。甲型脑炎是比较重要的原因,但是此病目前极少见,其他病毒性脑炎(如乙型脑炎)可以有帕金森综合征的表现,但症状轻微且短暂。

(4)外伤。频繁遭受脑震荡患者中较多见。

(5)血管性。多见于有中风病史、多发性腔隙性脑梗死病史患者,但是这类型患者与帕金森病最大的区别在于震颤不明显。

另外,多系统萎缩(MSA)、进行性核上性麻痹(PSP)、皮质基底节变性(CBGD)统称为帕金森叠加综合征,虽然有"帕金森"几个字,但是同样不属于帕金森病。

理赔提示:

理赔人员在理赔过程中,不要一看到"帕金森"就认为是"帕金森病",需要与主治医生进行沟通、详细了解疾病的确切诊断,避免含糊。同时,理赔人员还需要调查出险人的既往病史、用药史等,以排除帕金森综合征(或称为继发性帕金森综合征)的情况。

十二、瘫痪

(一)概念

在医学上,瘫痪是随意运动功能的减低或丧失,是神经系统常见的症状,瘫痪是上、下运动神经元、锥体束及周围神经病变所致。

在《重大疾病保险的疾病定义使用规范》中明确规定,瘫痪是指因疾病或意外伤害导致两肢或两肢以上肢体机能永久完全丧失。肢体机能永久完全丧失,指疾病确诊180天后或意外伤害发生180天后,每肢三大关节中的两大关节仍然完全僵硬,或不能随意识活动。

两者在概念上有比较大的差距,《重大疾病保险的疾病定义使用规范》对于瘫痪的理赔标准是较为严格的。不仅仅在导致瘫痪的原因上有所限制,还包括数目的限制、部位的限制、程度上的限制以及时间上的限制。

(二)临床表现

瘫痪的临床表现取决于损害的部位和结构,同一结构的损害不论其病因如何,所引起的瘫痪临床表现基本上是一样的。肢体瘫痪根据不同类型分为上运动神经元瘫痪(中枢性瘫痪)、下运动神经元瘫痪(周围性瘫痪)、肌肉疾病导致的瘫痪(重症肌无力)、单瘫(单一肢体肌肉瘫痪)、偏瘫(同一侧上下肢体肌肉瘫痪)、截瘫(双侧下肢肌肉瘫痪)、四肢瘫(四肢肌肉瘫痪)等。

(三)诊断

通过CT、MRI定位检查证实存在颅脑、脊髓疾病或严重的外伤史,且损伤部位与上述病征与体征相符。另外，配合腱反射情况及神经电生理检查、肌力测定可确诊。

（四）治疗

按病因诊断针对导致随意运动障碍的原发病进行治疗。

（五）理赔分析

1. 双侧髋关节置换术后是否属于条款规定的瘫痪责任

髋关节置换术或全髋关节置换术是用人造髋关节置换所有或部分髋关节以重建关节运动功能的一种修复手术。

因疾病或意外伤害导致的双侧股骨头坏死的被保险人，若不采取积极治疗，髋关节机能将会丧失。而髋关节在参与人体下肢行走时至关重要，该关节机能的丧失最终会导致被保险人瘫痪在床，但进行双侧髋关节置换后，下肢功能能够得到较大程度的恢复，从而达不到理赔标准。对于此类情况，应根据被保险人在进行置换手术前的髋关节功能丧失程度的具体情况来决定，对于按照医生要求进行的髋关节置换术叫以按照瘫痪责任统一给予给付处理。

十三、重型再生障碍性贫血

（一）概念

再生障碍性贫血简称再障，是多种病因引起的骨髓造血功能衰竭及造血微环境损伤所导致的以全血细胞减少为主要特征的一种综合病征。常见病因有药物、化学毒物、电离辐射、病毒感染、骨髓增生异常等。

根据患者的病情、血象、骨髓象及预后，可以分为重型再生障碍性贫血（SAA）和非重型再生障碍性贫血（NSAA）。

据国内 21 个省市自治区的调查年发病率为 0.74/10 万人口，明显低于白血病的发病率；慢性再障发病率为 0.60/10 万人口，急性再障为 0.14/10 万人口；各年龄组均可发病但以青壮年多见；男性发病率略高于女性。

迄今为止，该病的病因仍不清楚，可能与下列因素有关：

1. 病毒感染

病毒性肝炎和再障的关系已较肯定，称为病毒性肝炎相关性再障。发生率不到 1.0%，占再障患者的 3.2%，引起再障的肝炎类型至今尚未肯定。约 80% 由非甲、非乙型肝炎引起，可能为丙型肝炎，其余由乙型肝炎引起。

2. 化学毒物

苯及其衍生物和再障的关系已为许多实验研究所肯定。慢性苯中毒时，苯主要固定于骨髓，可作用于造血干细胞并抑制其 DNA 和 RNA 的合成。

3. 药物

药物是最常见的发病因素，药物当中氯霉素又是最常见的，还包括磺胺类药物及杀虫剂。此病的发生与这些药物的剂量关系不大，与个人敏感有关。

4. 电离辐射

X 线、γ 线或中子可穿过或进入细胞直接损害造血干细胞和骨髓微环境，长期超允许量放射线照射（如放射源事故）可致再障。

（二）临床表现

1. 重型再生障碍性贫血

起病急，进展迅速，病情重，常以出血和感染、发热为首起及主要表现：

（1）贫血。苍白、乏力、头昏等症状进行性加重。

（2）出血。60%以上有内脏出血，主要表现为消化道出血、血尿、眼底出血（常伴有视力障碍）和颅内出血、皮肤黏膜出血，出血广泛而严重且不易控制。

（3）感染。以呼吸道感染最为严重，其次是消化道、泌尿生殖道及皮肤、黏膜的感染。

2. 非重型再生障碍性贫血

起病不急，进展缓慢，病情相对较轻，贫血、感染和出血的程度较重型轻，也较容易控制。

（三）诊断

1. 重型再生障碍性贫血

根据《重大疾病保险的疾病定义使用规范》，重型再生障碍型贫血诊断依据为：

（1）发病急、贫血进行性加重，严重感染和出血。

（2）骨髓穿刺检查或骨髓活检结果支持诊断。

（3）外周血象须具备以下三项条件：① 中性粒细胞绝对值 $\leq 0.5 \times 10^9/L$；② 网织红细胞 $<1\%$（网织红细胞绝对值 $<15 \times 10^9/L$）；③ 血小板绝对值 $\leq 20 \times 10^9/L$。

2. 非重型再生障碍性贫血

达不到重型再生障碍性贫血诊断标准的再生障碍性贫血。

（四）治疗

1. 骨髓移植

骨髓移植是治疗干细胞缺陷引起再障的最佳方法，且能达到根治的目的。一旦确诊为严重型或极严重型再障，年龄小于20岁，有配型相符供者在有条件的医院应首选异基因骨髓移植。移植后长期无病存活率可达 60%~80%，但移植须尽早进行。

2. 免疫抑制剂

免疫抑制剂适用于年龄大于40岁或无合适供髓者的严重型再障。最常用的是抗胸腺球蛋白（ATG）和抗淋巴细胞球蛋白（ALG）。

3. 雄激素

雄激素为治疗慢性再障的首选药物。

（五）理赔分析

1. 再生障碍性贫血分类

国内曾将再生障碍性贫血分为急性型和慢性型两种。急性型起病急、进展迅速；慢性型起病缓慢，多以贫血为主要表现，病程较长，缓解、发作可反复交替，迁延多年不愈。

1986年以后，我国将急性再生障碍性贫血改称为重型再生障碍性贫血－Ⅰ型；将慢性进展成为急性型的也称为重型障碍性贫血－Ⅱ型。

2. 再生障碍性贫血诊断标准的审核

首先，再生障碍性贫血分为重型再生障碍性贫血和非重型再生障碍性贫血，只有重型的才达到重大疾病理赔的标准。其次，有些疾病与重型再障的临床表现甚至是相关检查都非常类似，例如急性造血功能停滞、急性白血病等。骨髓检查结果可以作为鉴别他们的关键点。

急性造血功能停滞骨髓检查结果：尾部可见巨大原始红细胞。急性白血病骨髓检查结果：可发现原始粒、单、或原始淋巴细胞明显增多。再生障碍性贫血骨髓检查结果：多部位增生减低，造血细胞减少，非造血细胞比例增高，骨髓活检显示造血组织均匀减少。

理赔提示：

理赔人员在进行审核时，除了医生的诊断之外，还应该注意病历中关于临床表现的记录、实验室检查结果，特别是骨髓穿刺检查或骨髓活检结果。

十四、严重原发性肺动脉高压

肺动脉高压是一种临床常见病症，病因复杂，可由多种心、肺或肺血管疾病引起。肺动脉高压时因肺循环阻力增加，右心负荷增大，最终导致右心衰竭，从而引起一系列临床表现。

（一）概念

根据《重大疾病保险的疾病定义使用规范》，原发性肺动脉高压是指不明原因的肺动脉压力持续性增高，进行性发展而导致的慢性疾病，已经造成永久不可逆性的体力活动能力受限，达到美国纽约心脏病学会心功能状态分级 IV 级，且静息状态下肺动脉平均压超过30 mmHg。

世界卫生组织"肺动脉高压"会议将原发性肺动脉高压改称为"特发性肺动脉高压"。目前，我国尚无发病率的确切统计资料，原发性肺动脉高压可以发生于任何年龄，多见于育龄期妇女，平均患病年龄为 36 岁。

原发性肺动脉高压病因迄今不明，其发病与遗传因素、自身免疫及肺血管收缩等因素有关。

（二）临床表现

早期通常无症状，仅在剧烈活动时感到不适；随着肺动脉压力的逐渐升高，可逐渐出现呼吸困难、胸痛、头晕、咯血等全身症状。

（三）诊断

1. 临床症状

患者可有气急、心悸、胸痛、咯血、晕厥等，严重时有紫绀，晚期出现右心衰竭。

2. 实验室诊断

X 线示肺动脉段凸出，肺门血管影增粗，肺野纹理细小，右心室增大，右心房亦可增大。

心电图和超声心动图示右心室肥大，可有右心房肥大。

右心导管检查示肺动脉压显著增高，右心室收缩压增高，肺总阻力增高而肺楔嵌压正常。

（四）治疗

原发性肺动脉高压病较为少见，甚至是罕见。对于此病，国内外均没有特别有效的方法，少数大医院尝试肺移植治疗，但手术风险大，费用高，且供体来源受限。美国国立卫生研究院近年报道：患者从确诊到死亡，平均生存时间仅为 2.8 年。

（五）理赔分析

《重大疾病保险的疾病定义使用规范》中，继发性肺动脉高压是属于保险责任范围之外的。因此，理赔人员应该了解肺动脉高压是原发性还是继发性的问题。

1. 继发性肺动脉高压常见于继发性疾病

（1）心脏疾病（如各种先天性心脏病、心脏瓣膜病等）。

（2）阻塞性气道疾病（如慢性气管炎、肺气肿等）。

（3）肺实质疾病（如肺水肿、呼吸窘迫综合征等）。

（4）肺血管疾病（如肺毛细血管瘤、硬皮病、红斑狼疮、血栓栓塞等）。

（5）其他疾病（如 HIV 感染等）。

2. 针对继发问题进行排除和确定的检查方法

（1）血液检查。血液检查包括肝功能试验和 HIV 抗体检测及血清学检测，目的是为了排除肝硬化、HIV 感染和隐匿的结缔组织病。

（2）放射性核素肺通气/灌注扫描。放射性核素肺通气/灌注扫描是排除慢性栓塞性肺动脉高压的重要手段。

（3）胸部 X 线检查。胸部 X 线检查可以反映相关肺部基础疾病情况。

（4）心电图检查。心电图检查不能直接反映肺动脉压升高，只能提示右心室增大或肥厚。

（5）右心导管术。右心导管术是能够准确测定肺血管血流动力学状态的唯一方法。

（6）超声心电图。超声心电图是筛查肺动脉高压最重要的无创性检查方法，超声心电图拟诊的推荐标准为肺动脉收缩压≥40 mmHg。

第三节　手术术式理赔中的医学知识

本章节所叙述的手术包括重大器官移植术或造血干细胞移植术、冠状动脉搭桥术等在《重大疾病保险的疾病定义使用规范》中明确提到的手术种类以及临床最经常用到的手术种类，与其密切相关的险种则是重大疾病保险。

中国保险行业协会与中国医师协会共同制定《重大疾病保险的疾病定义使用规范》并于 2007 年 8 月 1 日正式实施。在此定义规范中，除列明相关重大疾病之外还包括手术的名称，对进行手术的部位、采用何种手术方法、除外责任做出了明确的规定。理赔人员通过本章节的学习，依据《重大疾病保险的疾病定义使用规范》以及相关合同条款，对被保险人所采取的手术部位、手术方法等情况做出是否符合赔付标准的判断，从而得出是否赔付的结论。

一、重大器官移植术或造血干细胞移植术

将一个个体的细胞、组织或器官用手术或其他方法，移植到其自己体内或另一个体的某一部位，统称移植术。最早的移植就包括皮肤和角膜移植。20 世纪以来，骨、肌、血管、淋巴管以及和各种器官移植都陆续展开。

（一）概述

1. 细胞移植

细胞移植是指将某种具有功能的活细胞输注到受体的血管、体腔或组织器官内的技术，主要适用于补充受体内该种细胞数量的缺少或功能的降低。在这当中，应用最多的是骨髓与造血干细胞移植，可以用来治疗各种类型的白血病、重症地中海贫血、重型再生障碍性贫血以及遗传性联合免疫缺陷症。

造血干血细胞移植是指在患者造血或者免疫功能极度低下的情况下，移植自体或者同种

异体的干细胞，从而达到重建造血或者免疫功能的一种方法。包括骨髓移植、脐带血移植、外周血造血干细胞移植。

此外，还有肝细胞的移植治疗重症肝昏迷、胰岛细胞移植治疗Ⅰ型糖尿病等。

2. 组织移植

组织移植是指某种组织（如皮肤、肌腱、软骨、骨、血管等）或整体联合几种组织（如皮肌瓣等）的移植术。一般最常用的是活体自体移植，例如皮肤自体移植修补烧（烫）伤创面、皮肤自体移植治疗白癜风等。

因此，在实际的理赔中应该注意用细胞移植替代组织移植的情况。

3. 器官移植

器官移植是指某一种器官的移植术。包括：肝脏、心脏、肺脏、肾脏、脾脏、胰腺、小肠、大肠等。

4. 移植分类

根据供体、受体是否为同一个体分为自体移植和异体移植。

（1）自体移植。用自体组织给自身移植，如自体脐带血造血干细胞移植、自体肾移植、自体肝移植等，因抗原相同，不出现排斥反应。

（2）异体移植。同种异体移植是指将个体的肢体或器官用手术的方法移植到另一个体，供、受者属于同一种属的不同个体，因此也称为同种异体移植。由于异体移植有排斥问题，因此，必须在术后长时间应用免疫抑制药物等特殊治疗才能获得成功。

（二）理赔分析

1. 细胞移植、组织移植和器官移植的理赔问题

（1）细胞移植。细胞移植包括了造血干细胞移植以及其他细胞的移植，但是根据《重大疾病保险的疾病定义使用规范》，能获得重大疾病保险赔付的只有因造血功能损害（重型再生障碍性贫血等）或造血系统恶性肿瘤（各种类型的白血病等），已经实施了造血干细胞（包括骨髓造血干细胞、外周血造血干细胞和脐血造血干细胞）的异体移植手术。

（2）组织移植。不管怎样的组织移植，都是不能获得重大疾病保险金赔付的。

（3）器官移植。器官移植包括了肝脏、心脏、肺脏、肾脏、脾脏、胰腺、小肠、大肠等，但根据《重大疾病保险的疾病定义使用规范》，能获得重大疾病保险赔付的只有因相应器官功能衰竭而实施的肝脏、心脏、肺脏、肾脏的异体移植手术。

2. 自体移植与异体移植的理赔问题

根据《重大疾病保险的疾病定义使用规范》，能获得重大疾病保险赔付的只有异体移植手术。因此，在理赔过程中，应该把握自体与异体的概念，从而审核所进行的移植是自体还是异体。针对部分保险公司早期没有明确注明必须为治疗造血系统疾病且行异体移植的，本着有利于被保险人的原则，应予以赔付。

二、冠状动脉搭桥术（或称冠状动脉旁路移植术）

（一）概述

冠心病的治疗可以分为内科药物治疗、介入治疗和外科治疗三类。

冠心病外科治疗主要是应用冠状动脉旁路移植手术，也称之为冠状动脉搭桥术，为缺血心肌重建血运通道，改善心肌的供血和供氧，缓解和消除心绞痛的症状，改善心肌功能，延长寿命。

冠状动脉旁路移植手术采取的是自体大隐静脉，将静脉与冠状动脉的分支与升主动脉侧端吻合，以增加心肌血液供应量，或采用近年来较为多见的胸廓内动脉与狭窄远端的冠状动脉分支端吻合。

近年来提倡使用胸廓内动脉、胃网膜右动脉、桡动脉作为冠状动脉旁路手术的移植物，其通畅率大大高于自体大隐静脉，明显提高手术的远期效果。近年来，不用体外循环在心脏跳动下进行冠状动脉旁路移植术取得较大进展，加快了患者的恢复，缩短了住院时间。术后，90%以上的患者症状消失或减轻，心功能改善，可以恢复工作，延长寿命。

(二)理赔分析

在《重大疾病保险的疾病定义使用规范》中明确指出，要获得重大疾病保险关于此项的赔付必须为治疗严重的冠心病，实际实施的开胸进行的冠状动脉血管旁路移植的手术，对手术的方式给予了强调和规定。因此，仅仅依据急性心肌梗死、心绞痛等疾病诊断证明书或者其他术前检查报告不足以获得此项内容的理赔给付。

内科经皮冠状动脉腔内成形术(PTCA)、冠状动脉内支架术(Stend)等介入手术都属于除外责任。目前，市场上也有部分保险公司的重大疾病产品将冠状动脉支架植入术等非开胸的介入手术列为"轻症"疾病，给付重大疾病基本保额的10%或者20%。

三、主动脉手术

(一)概述

根据《重大疾病保险的疾病定义使用规范》，主动脉手术是指为治疗主动脉疾病，实际实施了开胸或开腹进行的切除、置换、修补病损主动脉血管的手术。主动脉指胸主动脉和腹主动脉，不包括胸主动脉和腹主动脉的分支血管。

(二)理赔分析

(1)主动脉包括胸主动脉和腹主动脉，主动脉瓣是左心室与主动脉相连接处的瓣膜结构，属于心脏内的结构，并非属于主动脉血管瓣膜。因此，从手术部位的角度考虑主动脉瓣置换术不属于主动脉手术的给付范畴。

(2)胸主动脉和腹主动脉的分支血管属于除外责任。主动脉的分支血管包括颈动脉、锁骨下动脉、肾动脉以及主动脉以远的延续段，例如髂动脉、股动脉。

(3)进行心脏、心包、心脏瓣膜及其他心血管手术时，会需要阻断、切开主动脉引流血液，建立体外循环，或者切开主动脉探查主动脉瓣。虽然这些情形都是在主动脉这一结构上实施的手术，但究其原因均不属于为治疗主动脉疾病。因此，不符合该条款的赔付标准。

(4)马凡氏综合征为一种遗传性结缔组织疾病，为常染色体显性遗传，患病特征为四肢、手指、脚趾细长不匀称，身高明显超出常人，伴有心血管系统异常，特别是合并心脏瓣膜异常和主动脉瘤。手术治疗时，往往需要主动脉瓣手术和升主动脉手术同期进行。由于马凡氏综合征属于遗传性疾病，对于将先天性、遗传性疾病作为除外责任的重大疾病保险，应在销售时明确说明，不属于给付范畴。对于部分保险公司早期开发的，没有将先天性、遗传性疾病作为除外责任的重大疾病保险的产品，应给付赔付。

案例5-4：主动脉瓣手术与主动脉手术

[案例描述]

2012年9月，李某为自己投保某重大疾病保险。2016年3月10日，李某因活动后胸闷，在医院门诊行心脏彩超检查，显示"主动脉瓣关闭不全"。随后，李某住院治疗，并进行了主动脉瓣置换手术。李某认为主动脉瓣手术是为治疗主动脉疾病而实际实施的主动脉手术，因此申请重大疾病保险金的支付。

[案例分析]

根据《重大疾病保险的疾病定义使用规范》，主动脉手术的赔付标准是指为治疗主动脉疾病，实际实施了开胸或开腹进行的切除、置换、修补病损主动脉血管的手术。

主动脉瓣是左心室与主动脉连接之间的瓣膜结构，属于心脏的结构，不属于主动脉系统。因此，主动脉瓣手术不符合《重大疾病保险的疾病定义使用规范》中关于主动脉手术的赔付标准，保险公司拒绝赔付。

从此案中我们可以得知，不能简单凭借疾病名称或手术名称与理赔标准中疾病名称、手术名称大致相似，从而认定保险责任，而应该依据相关人体解剖结构知识、医学知识进行认定。

四、心脏瓣膜手术

（一）概述

1. 心脏瓣膜疾病

心脏瓣膜疾病是指由于炎症、黏液样变性、先天性畸形、缺血性坏死、退行性改变、创伤等原因引起的单个或多个瓣膜结构的功能或结构异常，导致瓣膜口狭窄和（或）关闭不全。瓣膜结构包括瓣叶、瓣环、腱索或乳突肌。

正常人的心脏共有四个主要的心脏瓣膜，分别是二尖瓣、三尖瓣、主动脉瓣及肺动脉瓣。它们张开时让血液流过，关闭时则防止血液倒流，令血液正常地循环全身。

心脏瓣膜疾病一般就是指心脏瓣膜的开合问题，如张开的幅度不够即"心脏瓣膜狭窄"，关闭时不能完全封闭通道，仍留有空隙即"心脏瓣膜关闭不全"。

因此，常见心脏瓣膜疾病包括二尖瓣狭窄、二尖瓣关闭不全、三尖瓣狭窄、三尖瓣关闭不全、主动脉瓣狭窄、主动脉瓣关闭不全、肺动脉瓣狭窄、肺动脉瓣关闭不全。如果一个以上的瓣膜同时受累则为"多瓣膜疾病"。

2. 心脏瓣膜手术

根据《重大疾病保险的疾病定义使用规范》，心脏瓣膜手术是指为治疗心脏瓣膜疾病，实际实施了开胸进行的心脏瓣膜置换或修复的手术。

手术可分为以下三类：

（1）人工瓣膜置换术。人工瓣膜置换术是用人工心瓣膜替换有问题的心脏瓣膜。现在的人工心瓣由两类物料造成，分别是猪心瓣及金属心瓣。

（2）瓣膜修复术。瓣膜修复术是心瓣修复手术，矫正心瓣过窄或关闭不全的问题。

（3）经皮球囊瓣膜成形术。经皮球囊瓣膜成形术只需在患者的其中一处血管（如大腿）开一个小口，把球囊导管由该处一直伸延到心脏内，用生理盐水和造影剂各半的混合液体充盈球囊，从而分离瓣膜交界处粘连融合，从而扩大瓣膜口。

（二）理赔分析

1. 心脏瓣膜置换或修复手术的理赔问题

实际实施了开胸进行的心脏瓣膜置换或修复的手术，因此，介入手术治疗方法（如经皮球囊瓣膜成形术）属于除外责任。

2. 先天性心脏瓣膜疾病的理赔问题

《重大疾病保险的疾病定义使用规范》中，心脏瓣膜手术是指为治疗心脏瓣膜疾病，实际实施了开胸进行的心脏瓣膜置换或修复的手术。而心脏瓣膜疾病按照成因可以分为先天性和后天性。在此条款规定中，并没有明确说明是先天还是后天的问题。

但是，根据《重大疾病保险的疾病定义使用规范》，重大疾病保险的除外责任中明确规定遗传性疾病，先天性畸形、变形或染色体异常属于除外责任。

因此，问题的关键在于先天性心脏瓣膜疾病是否属于先天性畸形或是先天性变形。根据心脏瓣膜疾病的定义，包含了先天性畸形引起的单个或多个瓣膜结构的功能或结构异常。因此，先天性心脏瓣膜疾病属于先天性畸形的一种，也正是由于先天性的原因导致瓣膜缺如或狭窄或关闭不全。

第四节　常见疾病理赔中的医学知识

本章节中所叙述的疾病包括椎间盘突出、消化性溃疡、原发性高血压等常见病、多发病，有别于重大疾病，与其关联较为密切的险种包括意外伤害保险和医疗保险。

意外伤害保险承保的责任是由于意外伤害所致被保险人身体的损伤或生命的结束，有些疾病的发生或有些疾病并发症的发生在外表上貌似意外所带来的伤害，但其最直接、最根本的原因是自身疾病。理赔人员通过对本章节的学习，可以对这些意外事故做出科学、合理、准确的判断。

医疗保险是指被保险人因疾病或意外伤害支出的药费、检查费、手术费和床位费等费用由保险人承担给付责任的保险。在商业医疗保险的理赔工作中，先天性疾病或遗传性疾病所导致的相关医疗费用往往属于除外责任。虽然有些疾病的发生是在出生很久以后，但其病因仍然属于先天性或遗传性。理赔人员通过本章节的学习，对导致被保险人住院的疾病病因做出是否属于先天性或遗传性疾病、是否属于除外责任的判断。

一、椎间盘突出症

（一）概念

1. 椎间盘

椎间盘位于人体脊柱两锥体之间，是由软骨板、纤维环、髓核组成的一个密封体。上下软骨板与纤维环一起将髓核密封起来，髓核处于纤维环的包围中，含有水分，形似滚珠。椎间盘正是通过髓核起到调节压力、缓冲外力的生理作用。

纤维环由胶原纤维束的纤维软骨构成，位于髓核的四周。纤维环的纤维束相互斜行交叉重叠，使纤维环成为坚实的组织，能承受较大的弯曲和扭转负荷。

因此，根据椎间盘的组成可以看出，"髓核、纤维环"均属于椎间盘内的结构。"髓核和纤维环"切除可以等同于"椎间盘"切除，两者是同一手术的不同描述。

2. 椎间盘突出症

青春期后，人体各种组织即出现退行性变，其中椎间盘的变化发生较早。主要变化是髓核脱水，脱水后椎间盘失去其正常的弹性和张力，在此基础上由于较重的外伤或多次反复的不明显损伤，造成纤维环软弱或破裂，髓核即由该处突出，压迫神经根而产生神经根受损伤征象。

椎间盘突出症的发生取决于两个因素。外在的因素是由于外伤、劳损等，内在的因素是由于纤维环的破裂和髓核突出产生的刺激和压迫。

3. 椎间盘突出的主要发病因素

（1）椎间盘退行性改变。导致其退行性改变的主要原因是长期、慢性、积累性劳损，常见于 30 岁以上人群。退变的椎间盘纤维变性，弹性减低、变薄、髓核脱水、张力降低，在此基础上，当遇到一定的外力或椎间盘压力突然增高时，即可使纤维环破裂，髓核突出。

（2）外伤。约有 1/3 的患者有不同程度的外伤史。常见的外伤形式有：①弯腰搬重物时腰部超负荷负重；②在腰肌尚未充分准备的情况下搬动或举动重物；③各种形式的腰扭伤；④长时间弯腰后突然直腰；⑤臀部着地摔倒等。这些外伤均可使椎间盘在瞬间髓核受压，张力超过纤维环的应力，造成纤维破裂，髓核从破裂处突出。

（3）椎间盘内压力突然升高。患者并无明显外伤史，只是在剧烈咳嗽、打喷嚏、大便秘结、用力屏气时引起的。还有的患者由于寒冷或潮湿可引起小血管收缩、腰肌反射性痉挛，使椎间盘的压力增加，而致纤维环破裂。

（二）临床表现

1. 颈椎病

颈椎病的临床症状较为复杂。主要症状是头、颈、肩、背、手臂酸痛，颈脖僵硬，活动受限。颈肩酸痛可放射至头枕部和上肢，有的伴有头晕，房屋旋转，重者伴有恶心呕吐，卧床不起，少数可有眩晕，猝倒。

颈椎病的临床症状与病变部位、组织受累程度与个体差异有一定关系。

2. 腰椎间盘突出症

腰椎间盘突出症主要是下腰痛和坐骨神经痛，发病前常有腰部扭伤史，腰部劳累史或腰部受寒史。

因行走、站立、久坐等活动后疼痛加重，卧床休息后可暂时缓解。

（三）诊断

1. 颈椎病

依据患者颈肩痛及向上肢的放射性疼痛或麻木，或者因转动或侧弯头部至某一位置而诱发眩晕的临床表现，再结合颈椎 X 线、CT、MRI 等检查不难诊断。

2. 腰椎间盘突出症

（1）腰痛伴有一侧放射性坐骨神经痛，症状时轻时重。

（2）下腰棘突旁压痛伴有放射痛。

（3）脊柱姿态改变和不对称性运动受限。

（4）直腿抬高试验和加强试验阳性。

（5）患侧下腰部腰 5 或骶 1 根性感觉、肌力和反射异常。

（6）X 线、CT、MRI 等检查有助于确定病变间隙、突出方向、突出物大小、神经受压情况及主要引起症状的部位等。

（四）治疗

1. 颈椎病

颈椎病的治疗方法有很多，一般均采用非手术治疗，症状严重者，应戴颈托，甚至应用家用颈椎牵引带做牵引，以减轻症状。对于长期非手术治疗无效且有严重症状者，可以采取手术治疗。

2. 腰椎间盘突出症

腰椎间盘突出症绝大多数患者采用非手术治疗有效，仅有 15% 左右的患者需采取手术治疗。

（五）理赔分析

腰椎间盘突出症发病的原因是腰椎间盘的退行性改变与外力共同作用的结果，常发生于突然的负重或闪腰、姿势不当（如腰部处于屈曲位时，突然来一个外加的旋转动作，则易诱发髓核突出）、腹压增高、受寒与受湿之后。因此，发病时无明显外伤史，属积累性损伤。

在日常生活当中，此病的发生往往继发于某种轻微外伤之后。因有外力因素的介入，故经常导致被保险人主张腰椎间盘突出症就是意外。

根据近因原则，引起椎间盘突出症最主要、最直接的因素应为自身组织的退行性变，外力只是起到一个诱因的作用。

对于腰椎间盘突出症是否属于意外责任，理赔人员要根据引起此次事故的事件是否满足外来的、突发的、非本意的、非疾病的四个方面的条件来进行判断。此类案件在进行理赔时，重点在于理赔调查环节，要注意详细了解案件发生过程的细节（是否受到强大而突然的外力作用），有无明显的脊柱附近的皮肤、肌肉外伤，被保险人日常工作情况，从事重体力活动的能力等。如果被保险人确实受到强大而突然的外力作用，且理赔调查未发现既往腰腿疼病史或肢体麻木病史，此时应予赔付。而其他情况引发的椎间盘突出症理赔人员应根据腰椎间盘突出症的定义，以及保险公司条款对于意外伤害的解释与客户进行充分的沟通后做出合适的理赔决定。

案例 5 - 5：腰椎间盘突出症理赔案

［案例描述］

2006 年 9 月，王某为自己投保了某保险公司意外伤害保险，附加意外伤害住院医疗保险。王某在以往的生活中并没有腰部疼痛的症状和不适。2007 年 2 月，王某在家打扫卫生时不慎摔倒在地，腰部疼痛不止，走路不能直立，速就诊于医院。医院以"①腰椎间盘突出症；②第 4、5 腰椎退行性改变"收住院治疗。王某以意外伤害引发住院医疗申请意外伤害住院医疗保险金。

[案例分析]

从腰椎间盘突出症的病因及形成原因来看，临床上大多数腰椎间盘突出属于一种退行性病变，并非一朝一夕的事情。往往被保险人已经存在椎间盘退行性改变，但由于没有明显的诱发因素或症状轻微没有引起被保险人的注意，一旦存在外在性的诱发因素，疾病发生。从而让被保险人认为腰椎间盘突出是由于意外伤害造成。

实际上，打扫卫生时摔倒属于导致其住院的诱因，而导致其住院的直接原因则是腰椎间盘突出症及腰椎退行性改变。根据保险近因原则，是不能获得意外伤害住院医疗费用赔付的。

但有一点需要说明的是，在暴力较强、未能引起骨折脱位的情况下，也有可能使髓核突出，造成"椎间盘突出症"。此种情况下所形成的椎间盘突出的直接原因是外力作用，因此，这种"椎间盘突出症"则属于意外伤害住院医疗费用赔付范围。此种外伤引起的椎间盘突出最大的特点是由于垂直外力猛烈作用于腰部，致使髓核向另外一侧突出，且没有"退行性改变"的诊断。

因此，腰椎间盘突出症是否属于意外伤害，关键要看其受伤时情况的描述以及是否存在退行性改变。

二、脊柱畸形

（一）概念

人类脊柱在胚胎期发育较快，全部结构在数周内完成。脊柱形成后即有其形态和稳定性。

有很多原因都可以发生脊柱的畸形，常见的是"原发性脊柱侧弯"或"特发性脊柱侧弯"。此病是学龄期儿童与成年前期的骨科常见疾病，发病的年龄往往是在孩子很小的时候，如1~2岁，5~6岁，当然也有11~12岁时才发生脊柱弯曲变形的。

再有一类是胎儿在母亲体内发育异常造成了脊柱发育畸形，这种畸形就是我们常说的"先天性脊柱侧弯"。

最后一类就是由于神经肌肉异常造成脊柱椎旁肌平衡失常，从而导致脊柱的弯曲，例如脑瘫、小儿麻痹后遗症、脊柱创伤后、脊柱烧伤后等因素都可以造成脊柱变形。

因此，从以上情况分析，小儿的脊柱畸形有可能是先天性的，也有可能是疾病原因造成的。在理赔过程中，理赔人员应该详细了解其病史及发育情况。

（二）临床表现

前期为脊柱畸形的代偿期，此期没有特征性的临床表现，可称为无症状期或轻度不适期。后期为失代偿期，出现脊柱畸形并进行性加重，脊柱沟明显偏曲，脊柱活动度差，从而表现出脊柱侧凸（刀背样畸形、半椎体畸形）或脊柱后凸（晨起后腰背部僵硬感、呼吸困难感及髋部疼痛，双侧髋关节压痛及活动受限）。

（三）诊断

根据其临床表现并结合身高的测量、侧凸畸形的程度、全身发育情况、X线检查、脊髓造影或 MRI 检查不难诊断。

（四）治疗

1. 脊柱侧凸的治疗

（1）轻型病例即 Cobb 角小于 20°者（Cobb 角：在上端椎的椎体上缘画一横线，同样在下端椎椎体的下缘画一横线，对此两横线各做一垂直线，该二垂直线的交角就是 Cobb 角。对于较大的侧弯，上述两横线的直接交角亦等同于 Cobb 角。）以纠正学习及工作姿势为主，辅以体疗。

（2）Cobb 角在 20°～40°者以非手术疗法为主，包括支架矫形、石膏背心固定及体疗等。

（3）Cobb 角在 40°～50°者可先采取非手术疗法，并密切观察，如非手术疗法无效或畸形发展较快，则行手术治疗。

（4）Cobb 角超过 50°者以手术矫正为主，可酌情选用病变节段脊柱融合术及器械手术。半椎体畸形者应考虑切除半椎体后行脊柱融合术。矫正严重畸形时术中应注意脊髓监护。

2. 脊柱后凸的治疗

（1）早期以非手术疗法为主，包括病因治疗、矫正不良体位，支架保护、体疗、腰背肌锻炼及应用消炎止痛药物等。

（2）对后凸畸形严重且原发病史已静止者，可行脊柱截骨及内固定术。

（五）理赔分析

对于多数患者而言，脊柱畸形有漫长的病变过程，一般情况下，既往史中会有一定的描述。理赔人员在理赔过程中，应争取通过理赔调查工作寻找其投保之前的诊疗记录，看是否属于其他疾病的后遗症状。如有证据表明其属于某种疾病的后遗症状，则依据事实以投保前未治愈疾病为由做出理赔拒付决定。

如果没有病史支持的脊柱畸形，要注意区分具体情况：如果是对先天性疾病免责的保险合同，则应该给予拒赔的处理，如果保险合同没有包含先天性疾病免责的条款，则应该给予赔付。

三、食管胃底静脉曲张

（一）概念

食管胃底静脉曲张是指远端食管黏膜下层的静脉扩张，这是门静脉高压（门静脉系统的压力增高）的特征，如图 5－1 所示。

门脉高压症的直接后果是门静脉与体循环之间的侧支循环的建立与开放。在门－体侧支循环中最具临床意义的是食管胃底静脉曲张，而导致门脉高压症最常见最主要的原因则是肝硬化。

食管胃底曲张的静脉当受到以下因素影响时，容易发生破裂出血：①门脉压的升高；②胸腔负压增大；③胃内酸性反流物侵蚀食管黏膜；④粗硬食

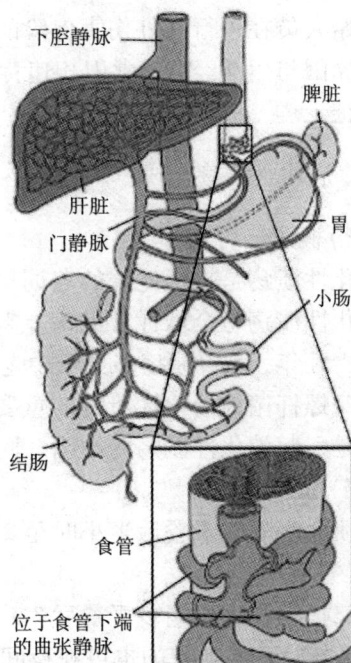

图 5－1　食管胃底静脉及曲张

物或饮酒所致损伤。一旦破裂出血，很容易导致死亡。因此，食管胃底静脉曲张破裂出血也成为肝硬化患者最常见的并发症和致死原因。

（二）临床表现

食管胃底曲张的静脉未破裂前没有特征性的临床表现，或仅有上腹饱胀感。一旦破裂则会出现大量的呕血。出血量多，来势凶猛，可呈喷射状，一次可达 1000 多毫升。呕血之前可有上腹饱胀感，恶心加重及呃逆等先兆症状。

（三）诊断

中华医学会消化病学分会发表的《肝硬化食管胃静脉曲张出血防治指南》，肝硬化患者在被诊断之后，就建议立即行胃镜检查评估食管和胃静脉曲张的程度。如果食管静脉曲张处于中、重度，尤其是有红色征出现，则表示此处的血管壁已经变薄，近期有可能出血。

（四）治疗

一旦曲张的食管胃底静脉出现破裂，则会出现大出血的情况。此种情况十分危险，抢救不及时则会导致患者死亡。三腔二囊管压迫破裂口是救治食管胃底静脉曲张大出血的措施之一。

（五）理赔分析

粗硬食物或压力突然增大能诱发大出血的发生，而这些诱因外表上像意外伤害，但实际是由于食管胃底静脉曲张破裂所致。例如鱼刺卡喉，用力咳嗽，导致膈肌用力，腹部压力增高，胃底静脉破裂大出血死亡。从表面上看，这起案件很容易误认为鱼刺意外卡喉所致，但实际上，鱼刺卡喉不可能引起来势凶猛、呈喷射状的呕血。

理赔提示

理赔人员在进行意外伤害保险的调查时，一定要注意分析、区别诱因与近因。当所发生事故的原因与生活经验、常识相违背时，理赔人员应着手调查其既往病史以及被保险人之前的就医记录。

四、消化性溃疡

（一）概念

消化性溃疡是一个笼统的名词，经常见到的此类疾病包括胃溃疡和十二指肠溃疡。

消化性溃疡是全球性常见病。本病可发生于任何年龄，但中年最为常见。十二指肠溃疡多见于青壮年，而胃溃疡多见于中老年。男性患病比女性较多。

幽门螺杆菌为消化性溃疡的重要病因，非甾体类消炎药物、胃酸/胃蛋白酶对黏膜自身消化也是引起消化性溃疡的原因。同时吸烟、遗传、急性应激也是原因之一。

（二）临床表现

胃溃疡疼痛多于餐后半小时至 2 小时出现，持续 1~2 小时，在下次进餐前疼痛已消失，即所谓"餐后痛"。

十二指肠溃疡疼痛多于餐后 3~4 小时出现，持续至下次进餐，进食后疼痛可减轻或缓解，故叫"空腹痛"，有的也可在夜间出现疼痛，又叫"夜间痛"。

（三）诊断

慢性病程、周期性发作的节律性上腹疼痛，且上腹痛可为进食或抗酸药所缓解的临床表现是诊断消化性溃疡的重要临床线索，但是确诊还得有赖于胃镜检查或 X 线钡餐检查发现龛影。

（四）治疗

治疗消化性溃疡的药物可分为抑制胃酸分泌的药物和保护胃黏膜的药物两大类，主要起缓解症状和促进溃疡愈合的作用，常与根除幽门螺杆菌治疗配合使用。

手术治疗：手术指征为经过严格内科治疗不愈的顽固性溃疡，胃溃疡疑似恶变者或有严重并发症内科治疗不能奏效者。

（五）理赔分析

消化性溃疡包括胃溃疡和十二指肠溃疡，两者之间在发病原因上差不多，但是无直接证据表明患有"胃溃疡"的患者一定会患上"十二指肠溃疡"。例如投保人在几年前曾经因为"十二指肠溃疡"住院治疗，但他在投保时没有如实告知保险公司，后来又因为胃溃疡住院。这种情况，一般不能算没有如实履行告知义务。

五、原发性高血压病

（一）概念

原发性高血压是以血压升高为主要临床表现伴或不伴有多种心血管危险因素的综合征，通常简称为高血压。

高血压是多种心、脑血管疾病的重要病因和危险因素，影响重要脏器，如心、脑、肾的结构与功能，最终导致这些器官的功能衰竭，迄今仍是心血管疾病死亡的主要原因之一。

流行病学调查显示，我国高血压患病率和流行存在地区、城乡和民族差别：北方高于南方，华北和东北属于高发区；沿海高于内地；城市高于农村；高原少数民族地区患病率高。男、女性高血压患病率差别不大，青年期男性略高于女性，中年后女性稍高于男性。

原发性高血压的病因为多因素，可分为遗传和环境因素两个方面。高血压是遗传易感性疾病。

1.遗传因素

高血压具有明显的家族聚集性。父母均有高血压，子女的发病概率高达46%，约60%高血压患者可询问到有高血压家族史。

2.环境因素

饮食不同地区人群血压水平和高血压患病率与钠盐平均摄入量显著相关，摄盐越多，血压水平和患病率越高。脑力劳动者特别是从事精神紧张度高的职业者、长期生活在噪声环境中的人群高血压发病率增高。

（二）临床表现

早期高血压患者可表现头痛、头晕、耳鸣、心悸、眼花、注意力不集中、记忆力减退、手脚麻木、疲乏无力、易烦躁等症状，这些症状多为高级神经功能失调所致，其轻重与血压增高程度不一致。

后期血压常持续在较高水平，并伴有脑、心、肾等靶器官受损的表现。如高血压引起脑损害后，可出现短暂性脑血管痉挛，使头痛头晕加重，一过性失明，半侧肢体活动失灵等，持续数分钟或数小时可以恢复，也可发生脑出血。对心脏的损害先是心脏扩大，后发生左心衰竭，可出现胸闷、气急、咳嗽等症状。当肾脏受损害后，可见夜间尿量增多或小便次数增加，严重时发生肾功能衰竭，可有尿少、无尿、食欲不振、恶心等症状。

（三）诊断

在未使用抗高血压药物的情况下，收缩压大于等于 140 mmHg，舒张压大于等于 90 mmHg；既往有高血压史，目前正在使用抗高血压药物，现血压虽未达到上述水平，亦应诊断为高血压。

（四）治疗

改善患者生活方式应作为治疗任何类型高血压患者的基础。部分轻型高血压患者改善生活方式后，可减少甚至免于降压药物治疗；病情较重的患者改善生活方式后也可提高降压药物的治疗效果，减少用药剂量或用药种类。对不同危险等级的高血压患者应采用不同的治疗原则。

1. 低危患者

以改善生活方式为主，如 6 个月后无效，再给药物治疗。

2. 中危患者

首先积极改善生活方式，同时观察患者的血压及其他危险因素数周，进一步了解情况，然后决定是否开始药物治疗。

3. 高危患者

必须立即给予药物治疗。

4. 极高危患者

必须立即开始对高血压及并存的危险因素和临床情况进行强化治疗。

（五）理赔分析

遗传性高血压的特点为：①父母均有高血压；②原发性高血压具有母系遗传特点，线粒体 DNA 突变可能是原发性高血压的罪魁祸首。在第六届长城国际老年心脏病学论坛上，首次公布针对中国人群最新的研究成果。在对 2000 名原发性高血压患者进行线粒体 DNA 测序分析后，发现线粒体 DNA 有意义的突变点。在遗传表现上，不仅血压升高发生率体现遗传性，并且在血压升高的程度、并发症的发生以及其他有关方面都存在一定的遗传性。如肥胖等。

理赔提示：

理赔人员应特别注意父母均有高血压、发病年龄较轻的高血压被保险人为遗传性高血压的可能。

六、系统性红斑狼疮

（一）概念

系统性红斑狼疮（SLE）是一种累及多系统、多器官的自身免疫性疾病，其主要临床表现除皮疹外，尚有肝、心、肾等器官损害，且常伴有发热、关节痛等全身症状。

系统性红斑狼疮可急性、暴发性起病，亦可慢性、隐匿性起病，并伴有反复发作和缓解。

系统性红斑狼疮以女性多见，尤其是 20～40 岁的育龄女性。其发病与遗传（流行病学及家族系调查资料表明 SLE 患者第 1 代亲属中患 SLE 者是其他情况患者的 8 倍）、环境因素（如阳光紫外线的照射等）、雌激素（由于此病与雌激素有密切关系因此女性患者的数量明显高于男性患者）等因素有关。

世界卫生组织（WHO）将狼疮性肾炎分为五种类型：

Ⅰ型（微小病变型）——镜下阴性，尿液正常。

Ⅱ型（系膜病变形）——中度蛋白尿，偶有尿沉渣改变。

Ⅲ型（局灶及节段增生型）——蛋白尿，尿沉渣改变。

Ⅳ型（弥漫增生型）——急性肾炎伴有尿沉渣改变及/或肾病综合征。

Ⅴ型（膜型）——肾病综合征或重度蛋白尿。

在一些保险责任包含"红斑狼疮"的保险产品中，"红斑狼疮"仅限于累及肾脏（经肾脏活检确认的或临床确诊的，并符合下列 WHO 诊断标准定义Ⅲ型至Ⅴ型狼疮性肾炎）的系统性红斑狼疮。其他类型的红斑狼疮，如盘状狼疮，仅累及血液及关节等其他系统的系统性红斑狼疮不在保障范围内。

（二）临床表现

1. 全身症状

起病可急可缓，多数早期表现为非特异性的全身症状，90%患者在病程中出现各种热型的发热，尤以低热常见。

2. 局部症状

（1）关节痛和关节炎。关节痛和关节炎是系统性红斑狼疮最常见的首发症状之一。约90%以上患者有关节肿痛，且往往是就诊的首发症状。最易受累的是指间关节、膝、腕关节。关节肿痛多呈对称性，约半数患者有晨僵。X 线检查常无明显改变，仅少数患者有关节畸形。

（2）肌肉。肌肉酸痛、无力是常见症状。5% ~ 10%出现肌炎。

（3）皮肤和黏膜。约80%患者在病程中出现皮疹，包括最为典型的蝶形红斑，以及其他的红斑，如盘状红斑、指端缺血等。

3. 对内脏器官的损害

（1）肾脏。约50%患者有肾脏疾病临床表现。

（2）心脏。约10%的患者会出现心肌损害，严重者可发生心力衰竭导致死亡。

（3）肺脏。肺和胸膜受累约50%，其中约10%患狼疮性肺炎，胸膜炎和胸腔积液较常见。

（4）血液系统。几乎全部患者在某一阶段发生一项或几项血液系统异常，依次有贫血、白细胞减少、血小板减少、血中抗凝物质异常引起出血现象等，贫血的发生率约80%，多为正细胞正色素或轻度低色素性贫血。

（三）诊断

1. 实验室诊断

（1）血、尿常规的异常代表血液系统和肾脏受损，血沉增快表示疾病控制尚不满意。

（2）患者血清中可以查到多种自身抗体，它们的临床意义是 SLE 诊断的标记、疾病活动性的指标及可能出现的临床亚型。常见而且有用的自身抗体依次为抗核抗体谱、抗磷脂抗体和抗组织细胞抗体。抗核抗体谱包括：抗核抗体（ANA）、抗双链 DNA（dsDNA）抗体、抗 ENA（可提取抗原）抗体。

（3）补体检测。目前常用的有总补体（CH_{50}）、C_3、C_4 的检测。补体低下尤其是 C_3 低下常提示有 SLE 活动。

（4）肾组织病理检查。对狼疮性肾炎的诊断、治疗和预后估计均有价值，尤其对指导狼疮性肾炎治疗有重要意义。

2. 临床诊断

系统性红斑狼疮的诊断通常是根据美国风湿病学会的分类标准进行的，须出现以下标准中的 4 项：颊部红斑；盘状红斑；光过敏；口腔溃疡；关节炎；浆膜炎（心包炎或胸膜炎）；肾脏病变；血液异常（溶血性贫血、白细胞减少、血小板减少性紫斑）；神经系统异常（不明原因的抽搐或精神异常）；免疫功能异常（狼疮细胞阳性或抗双链脱氧核糖核酸抗体阳性或梅毒血清反应假阳性或抗 Sm 抗体阳性）；抗核抗体滴度升高。

（四）治疗

系统性红斑狼疮是一个有多脏器受累的自身免疫性疾病，大多数患者起病缓慢，但也有急性发病者。SLE 的临床表现因人而异千差万别，从只有疲劳、发热、关节痛到严重的肾病和中枢神经受累均可出现。病因不明，尚无病因疗法，目前主要治疗药物为糖皮质激素和免疫抑制剂。

（五）理赔分析

1. 系统性红斑狼疮与盘状红斑狼疮的鉴别理赔问题

由于盘状红斑狼疮和系统性红斑狼疮的皮肤损害可以完全相同，因此，在实际工作中应该特别注意两者的鉴别理赔问题。由于系统性红斑狼疮会对肾脏等脏器造成损害，而盘状红斑狼疮仅仅累及血液、关节，因此，紧紧抓住这一点展开鉴别工作相对容易掌握，通过实验室检查观察内脏器官功能，如心功能（表现为心绞痛和心电图 ST－T 改变，甚至出现急性心肌梗死）、肾功能。特别是关注尿液及肾功能的变化。

其他的鉴别方法还包括参考各自的临床表现、诊断标准以及皮损部位的组织活检结果。

2. 系统性红斑狼疮肾脏损害的理赔问题

临床上病变累积肾脏的系统性红斑狼疮的诊断不是依靠组织活检，而是以持续阳性的蛋白尿及镜下血尿（特别是镜下万花筒样尿液改变）以及肾功能的改变为标准。只有在患者需要选择某些治疗方案，而临床上又无法鉴别其他肾病才有必要活检，常规肾活检并不妥当。

因此，把肾活检作为病变累积肾脏的系统性红斑狼疮的理赔必要条件欠妥。可以考虑将系统性红斑狼疮理赔条件修改为凡符合以下两个条件之一者，即①肾活检确诊为病变累积肾脏的系统性红斑狼疮；②有慢性病变的临床证据：即肾损害 ≥3 个月，包括血、尿检查异常，或影像学检查异常，或肾小球滤过率（GFR）<60 mL/min 的情况 ≥3 个月。

七、糖尿病

（一）概念

糖尿病是一组代谢性疾病，其特征是由于胰岛素缺乏或胰岛素抵抗或二者同时存在而导致的慢性高血糖症。

糖尿病是常见病、多发病，其患病率正随着人们生活水平的提高、人口老化、生活方式改变而迅速增加，呈逐渐增长的流行趋势。估计我国现有糖尿病患者超过四千万，居世界第二。2 型糖尿病的发病正趋向低龄化，儿童中发病率逐渐升高。

糖尿病根据其不同的病因可以分为 1 型糖尿病、2 型糖尿病、妊娠糖尿病及其他类型糖尿病。他们各自的发病特点如下：

1. 1 型糖尿病特点

此病多发生在青少年，起病急，症状明显。当胰岛素严重缺乏或病情进展较快时，患者可以出现糖尿病酮症酸中毒，从而危及生命。

1 型糖尿病绝大多数属于自身免疫性疾病，遗传因素与环境因素共同参与了其发病的过程。1 型糖尿病的病因中，遗传因素的重要性为 50%。某些外界因素作用于有遗传易感性的个体，发生自身免疫反应，引起选择性的破坏胰岛 β 细胞，使得体内胰岛素分泌不足进行性加重，导致糖尿病的发生。

2. 2 型糖尿病特点

此病可以发生在任何年龄，但多在 40 岁以后起病，发病缓慢，症状相对较轻，半数以上无任何症状，不少患者是因为慢性并发症或在体检时发现，很少发生糖尿病酮症酸中毒。

2 型糖尿病有一定的遗传倾向，遗传因素的重要性达 90% 以上。在遗传因素的基础上出现肥胖，特别是中央性肥胖，是导致 2 型糖尿病发病的重要原因。

3. 妊娠糖尿病特点

妊娠过程中初次发现的任何程度的糖耐量异常均可认为是妊娠糖尿病。妊娠糖尿病的妇女分娩后血糖可恢复正常，但若干年后发生 2 型糖尿病的危险性增加。

筛查时间一般选择在妊娠 24～28 周之间。对妊娠糖尿病患者应在产后 6 周或更长一段时间重新进行糖耐量试验，大部分患者血糖可能恢复正常，但其在若干年后发生糖尿病的机会可明显增加。

(二)临床表现

糖尿病总的临床表现为"三多一少"，即多饮、多食、多尿、体重减少，可以伴有皮肤瘙痒尤其是外阴瘙痒，并可导致眼、肾、神经、心脏、血管等组织器官的慢性进行性病变、功能减退及衰竭。

(三)诊断

糖尿病诊断应该包括三方面内容：是否有糖尿病；是哪种类型糖尿病；有无糖尿病并发症。

1. 是否有糖尿病

(1)糖尿病。有典型的糖尿病症状(多尿、多饮和不能解释的体重下降)者，任意血糖≥11.1 mmol/L 或空腹血糖(FPG)≥7.0 mmol/L，即可确诊为糖尿病。

(2)正常。空腹血糖(FPG)<6.11 mmol/L，并且餐后 2 小时血糖(2HPG)<7.77 mmol/L，即为正常。

(3)糖耐量异常。餐后 2 小时血糖(2HPG)>7.77 mmol/L，但<11.1 mmol/L 时为糖耐量受损(IGT)；空腹血糖(FPG)≥6.11 mmol/L，但<6.99 mmol/L 时为空腹血糖受损(IFG)。

2. 糖尿病的类型

(1)1 型糖尿病。一般 18 岁前起病，发病较急，糖尿病症状明显，需要胰岛素治疗才能控制病情。患者常出现酮症，尿酮体阳性，血胰岛素、C 肽水平低，甚至测不出，体内胰岛 β 细胞抗体常持续阳性。

(2)2 型糖尿病。一般成年以后起病，由多基因遗传和环境因素(主要为运动不足和能量相对过剩)共同促发，家族史、不良生活方式、肥胖(尤其是中央型肥胖)、血脂异常、老年和糖耐量异常是其危险因素。

（3）妊娠期糖尿病。妊娠期间发生或首次发现的糖尿病。

3.有无并发症

糖尿病急性并发症主要包括：糖尿病酮症酸中毒、糖尿病高渗性昏迷、乳酸酸中毒、低血糖昏迷。糖尿病慢性并发症包括大血管病变（如冠心病，高血压等）、糖尿病肾病、糖尿病视网膜病变、糖尿病神经病变、糖尿病足等。

（四）治疗

1型糖尿病主要依靠胰岛素的注射治疗。2型糖尿病的治疗主要包括维持标准体重、注意饮食、防止过度肥胖、口服降糖药或注射胰岛素。

（五）理赔分析

1.先天性糖尿病与遗传性糖尿病的理赔问题

1型糖尿病不能完全算先天性糖尿病或遗传性糖尿病，只是在遗传因素与环境因素共同作用下发生，具有遗传易感性。遗传易感性并不能代表遗传病或先天性疾病。

2.糖尿病截肢能否算意外伤害的理赔问题

糖尿病患者容易发生皮肤化脓性感染，并且可以反复发生，更有甚者可以引起败血症或脓毒血症。因此，对于糖尿病患者而言，皮肤细小的破损有可能导致非常严重的后果。例如足部因为意外被利器所伤，虽然伤情不重，但导致截肢的后果。这种情况就不属于意外导致的截肢。

理赔提示：

在理赔过程中，面对伤情不重但是后果非常严重的被保险人出险情况，理赔人员应该审查其是否存在自身基础性疾病的情况。

八、先天性疾病与遗传性疾病

（一）概念

先天性疾病指人一出生时就具有的疾病（病症或体征）。这些疾病是指因人的遗传物质（包括染色体以及位于其中的基因）发生了对人体有害的改变而引起的，或因母亲怀孕期间受到内外环境的作用，使胎儿局部体细胞发育不正常，导致婴儿出生时，有关器官、系统在形态或功能上呈现异常。

遗传性疾病指生殖细胞或受精卵的遗传物质（染色体和基因）发生突变或畸变所引起的疾病，通常具有由亲代传至后代的垂直传递的特征。

由于先天性疾病、遗传性疾病是在投保之前就存在的风险，不具有可保性。因此，先天性疾病、遗传性疾病一般而言都属于保险条款的除外责任。

大多数遗传性疾病是先天性疾病，但必须明确，先天性疾病不等于遗传性疾病，有些先天性疾病并不是由于遗传物质改变所引起，而是在胎儿发育过程中环境因素所造成的。如母亲在妊娠的早期（怀孕的前三个月）感染了风疹病毒，不仅会使胎儿引起先天性心脏病，还会使胎儿引起先天性白内障。这些疾病虽然是先天性的疾病但并非遗传性疾病。

（二）临床表现

根据医学统计，每年出生的新生儿中，有2%～3%患先天性疾病，这是造成婴幼儿长期卧病、残障，甚至夭折的主要原因之一。其成因包括：染色体异常、单基因遗传病、多基因遗传病、致畸胎因素等。

1. 染色体异常

染色体异常占所有先天性疾病的两成左右，其中最常见的是"唐氏综合征"。

2. 单基因遗传病

单基因疾病是由于人类所拥有大约 65000 个基因中的一个发生了变异，导致基因的产物（如蛋白质、内分泌激素、特殊传导物质等）产量不足或发生缺陷，以致该基因所指挥的特殊功能无法发挥作用，而造成疾病。常见的有软骨发育不全症、地中海贫血、蚕豆病等。

3. 多基因遗传病

多基因遗传病是位在多个染色体上不同基因共同作用所产生的疾病，有明显遗传倾向。常见的而又唇颚裂、先天性心脏病、神经管缺陷等。

（三）诊断

对于先天性疾病除了出生以后对于婴幼儿临床表现的诊断之外，产前的诊断尤为重要。例如孕妇血或尿检查、羊水分析、DNA 重组、DNA 扩增酶联聚合反应（PCR）等。

（四）治疗

不同的先天性疾病有不同的治疗时期，如先天性心脏病中的动脉导管未闭，一般在 2~6 岁时手术；房间隔缺损，一般在 2~3 岁以后手术最为适宜；室间隔缺损，若症状明显，则在 1~3 岁进行手术为最佳。

（五）理赔分析

1. "一出生就有的疾病"并不完全就是先天性疾病或遗传性疾病

虽然先天性疾病是指人一出生时就具有的疾病（病症或体征），虽然遗传性疾病大多数在出生时就出现临床表现，但是，"一出生就有的疾病"并不完全就是先天性疾病或遗传性疾病。

例如脑瘫，刚出生婴儿的脑性瘫痪可发生于出生前、出生时，也可发生于出生后，一般不能治愈。在理赔实务中，首先要明确引起脑瘫的原因，如果是在出生时和出生后的各种原因引起的脑瘫，尽管给人的感觉是"一出生就有的疾病"，但与"先天性疾病"病因不符，不应按先天性疾病处理。

2. "出生很久以后出现的病症"有可能仍然是先天性疾病或遗传性疾病

有些先天性疾病的患者出生时因为病变较小，所以一直到成年才表现出来，但是这种外在的延迟并不能否定疾病本身所具有的先天性和与生俱来在结构上的缺损这两个特点。同样，某些遗传性疾病也要到成年以后的某个特定的年龄段才发病，例如享廷顿病（又称遗传性舞蹈病）常于 30~45 岁时才缓慢起病。这种外在的延迟也并不能否定疾病本身所具有的遗传物质（染色体和基因）发生突变或畸变的事实。因此，虽然被保险人已经成年，但是其所患的疾病仍属于先天性疾病或遗传性疾病的范畴。

例如：父母为其刚出生不久的小孩投保了某公司医疗类险种，2 岁以后，该名小孩因运动出现心悸、胸闷症状，经医院诊断为"房间隔缺损"收入住院。入院后行手术治疗。虽然此病的发生已经到了 2 岁，不是一出生就表现出来的疾病，但仍然属于先天性疾病。

常见的先天性心脏病包括：房间隔缺损、室间隔缺损、动脉导管未闭、肺动脉瓣狭窄、法洛四联症以及完全性大动脉转位等。

对于先天性疾病以及遗传性疾病的判断，疾病发生的时间只是参考因素之一，其本质还是"先天性和与生俱来在结构上的缺损"以及"遗传物质（染色体和基因）发生突变或畸变"。

我们在判断疾病病种是否属于先天性畸形、变形或染色体异常时，依照世界卫生组织

《疾病和有关健康问题的国际统计分类》(ICD-10)确定,以 ICD-10 的分类为准。如果 ICD-10 中没有列明的,而其他书籍中归入到先天性畸形、变形或染色体异常的情况,不能以此作为免责条款内容而拒付。

九、肝豆状核变性

(一)概念

肝豆状核变性又称威尔逊氏(Wilson)病,是一种常染色体隐性遗传的铜代谢障碍性疾病。发病率约为 1:30000,我国南方沿海地区的发病数相对较内地多。

肝脏是进行铜代谢的主要器官。人体内总铜量(约 100 mg)的 8% 贮存于肝内,其浓度居各脏器之首,其次为脑、心、肾等组织。异常情况发生时,铜自胆汁中排出锐减,但由于患者肠道吸收铜功能正常,因此大量蓄积在体内重要脏器组织影响细胞正常功能。

(二)临床表现

临床上以肝硬化、眼角膜 K-F 环和锥体外系症状及体征三大表现为特征,多在 7~12 岁间出现症状。

患儿肝脏内铜的贮积在婴儿期即已开始,但很少在 6 岁以前出现临床症状,且其发病年龄和临床症状变异较大。

首先是从出生后开始的无症状期,在此期间,患儿除有轻度尿铜增高外一切正常,甚少被发现。

从 6~8 岁以后,随着肝细胞中铜沉积量的增加,患儿开始出现肝脏受损症状,可呈慢性或急性发病。肝脏损害可以表现为:肝硬化、慢性活动性肝炎、急性或亚急性肝炎和爆发性肝炎等,更有甚者一开始就表现为肝硬化。

至 10 岁以后,常出现神经系统的症状,表现为腱反射亢进、病理反射等。眼睛角膜早期可正常,晚期出现 K-F 环。(K-F 环即在角膜边缘出现的棕灰、棕绿或棕黄的色素环。)

(三)诊断

肝豆状核变性可以从以下方面进行诊断:

(1)肝脏和神经系统症状、体征。

(2)眼角膜 K-F 环出现。

(3)血清铜蓝蛋白(CP)<200 mg/L,血清铜氧化酶吸光度<0.17 单位。

(4)24 h 尿铜排泄量可达 100~1000 μg。

(四)治疗

本病可以治疗,但无法根治,出现终身治疗的情况。治疗的目的是防止或减少铜在组织内的蓄积。目前大多数医院最常采用低铜高蛋白饮食、药剂驱铜、对症治疗及手术治疗。

因为本病不是肝脏本身出问题,而是染色体异常所致,是一种基因病。因此肝移植也不一定能彻底治疗此病。但是肝功能严重丧失或肝硬化严重可以考虑肝移植延长其生命。

(五)理赔分析

先天性疾病的定义是指被保险人一出生就具有的疾病(病症或体征)。这些疾病是指因人的遗传物质(包括染色体以及位于其中的基因)发生了对人体有害的改变而引起的,或因母亲怀孕期间受到内外环境中某些物理、化学和生物等因素的作用,使胎儿局部体细胞发育不正常,导致婴儿出生时有关器官、系统在形态或功能上呈现异常。

患儿肝脏内铜的贮积在婴儿期即已开始，但很少在 6 岁以前出现临床症状，且其发病年龄和临床症状变异较大。因此，不符合一出生就具有的疾病，而认为不是先天性疾病。但根据肝豆状核变性的概念，肝豆状核变性是一种遗传性铜代谢障碍所致的肝硬化和以基底节为主的脑部变性疾病。

基于以上概念，肝豆状核变性属于先天性疾病。理赔人员在处理赔案时应做好客户的解释工作。

十、腹股沟疝

（一）概念

1. 疝

疝即人体组织或器官的一部分离开了原来的位置，通过人体间隙、缺损或薄弱部位进入另一部位，在皮下形成明显的突出。较为多见的包括：脐疝、腹股沟直疝、腹股沟斜疝、手术复发疝、股疝等。

2. 腹股沟斜疝

疝囊经过腹壁下动脉外侧的腹股沟管深环（内环）突出，向内、向下、向前斜行经过腹股沟管，在穿出腹股沟管浅环（皮下环），并可进入阴囊，称为腹股沟斜疝。腹股沟斜疝较为多见，发病率占全部腹外疝的 75%～90%，多发生于男性。

3. 腹股沟直疝

疝囊经腹壁下动脉内侧的直疝三角区直接由后向前突出，不经过内环，也不进入阴囊，称为腹股沟直疝。

（二）临床表现

1. 腹股沟斜疝

腹股沟斜疝的基本临床表现为腹股沟区突出的肿块。当站立或负重时出现，平卧休息或用手推送，肿块可回纳腹腔，肿块质软，呈带蒂"梨形"，可达阴囊或大阴唇，此种情况见于易复性斜疝；如果疝块不能完全回纳则见于难复性斜疝。

2. 腹股沟直疝

腹股沟直疝多见于中、老年体弱者，其主要临床表现是当患者直立时，疝块即在耻骨结节外上方突出，呈半球状隆起，平卧后疝块自行消失，不需用手复位。

（三）诊断

1. 腹股沟斜疝

腹股沟斜疝多见于儿童及青壮年，经腹股沟管突出，可进入阴囊，疝块呈椭圆或梨形，上部呈蒂柄状，精索在疝囊后方，疝囊颈在腹壁下动脉外侧。

2. 腹股沟直疝

腹股沟直疝多见于老年男性，其发病率较斜疝低，约占腹股沟疝的 5%。有直疝三角突出，不进入阴囊，疝块呈半球形，基底较宽，精索在疝囊前外方，疝囊颈在腹壁下动脉内侧。

（四）治疗

腹股沟疝如不及时处理，疝块可逐渐增大，终将加重腹壁的损坏而影响劳动能力，斜疝还有发生嵌顿或绞窄从而威胁生命的可能。因此，对于腹股沟疝而言，最有效的治疗方法是手术修补。

(五)理赔分析

1. 腹股沟斜疝的理赔问题

鞘状突在婴儿出生后不久，除阴囊部分成为睾丸固有鞘膜外，其余部分即自行萎缩闭锁而遗留纤维索带。如鞘突不闭锁，就可形成先天性斜疝，而未闭的鞘状突就成为先天性斜疝的疝囊。尽管在医学上，有先天性和后天性之分，但后天性斜疝的形成也是由于腹横筋膜不同程度的薄弱或缺损造成，腹横肌和腹内斜肌发育不全对发病起着重要的作用。因此，腹股沟斜疝在先天性疾病属于除外责任的险种中，都应予以拒赔。

2. 腹股沟直疝的理赔问题

腹股沟直疝绝大多数属后天性，主要是因老年人肌肉萎缩退化，使腹股沟管的间隙变得宽大，同时腹内各肌肉组织支持保护作用也减弱，当遇到慢性咳嗽、便秘或排尿困难而致腹内压增高时，在反复遭受腹内压力的冲击下，造成腹内脏器逐渐向前推动而突出，形成直疝。因此，腹股沟直疝不属于先天性疾病。

十一、副乳

(一)概念

所谓副乳，就是正常乳房组织以外出现的另外一对或多对乳腺组织，又称为多乳房症、迷走乳腺、额外乳腺等。

(二)临床表现

副乳可发生在单侧或双侧，常见的部位在腋窝，亦可见于胸壁、腹部等处，易被误认为皮下结节、淋巴结或肿瘤。

副乳常见有 3 种情况：有乳腺组织，无乳头；既有乳头，无乳腺组织；既有乳头，又有乳腺组织。

凡具有腺体组织的副乳，与正常乳房一样，受各种性激素的影响，呈周期性变化，月经前肿胀，有胀痛感，哺乳时还会分泌出少量乳汁来。停止哺乳后，副乳会缩小，乳汁分泌亦会消失。

(三)诊断

可以根据以下临床表现进行诊断：

(1)腋窝附近或正常乳房周围出现的局部隆起或皮下肿物。

(2)肿物有酸胀感，特别是月经前明显者。

(3)触诊时用手指可捏起，质较软，边界不清，触之内有腺叶感韧性组织。

(4)用手指捏起后在绷紧的皮肤下可见有类似脂肪分叶状。

(5)肿块近红外扫描有乳腺灰度影像。

(四)治疗

对于副乳的治疗，可以采取多种治疗方法，例如按摩、内服药物、外敷药物及手术治疗等。

(五)理赔分析

人体在处于胚胎早期的时候，从腋部至腹股沟并列着两排乳腺胚芽，呈多个突起。当胚胎发育到第九周，这些乳腺大多开始退化，仅留下胸前的一对。然而，有的人会发生其他乳腺继续发育增大的情况，就形成了副乳。这种副乳就属于先天性副乳，在 ICD－10 中属于

"先天性畸形、变形和染色体异常"类别，代码为 Q83.1，应属于公司医疗险条款除外责任。

先天性副乳所具有的特点是：常有明显的家族遗传史，发生率为 1%～3%；发病人群多见于处在青春期妊娠期和哺乳期的女性，因为这一时期雌激素的增加促进了副乳的生长；胀痛感随月经呈周期性变化。

另外一种副乳称为"假性副乳"，其发病率较高，临床上多数为"假性副乳"。此种类型副乳的形成是由于肥胖或穿衣不当造成，其发生发展需要一个比较漫长的过程。长期穿着不当的内衣或是太过紧身的外衣，都会造成对胸部的压迫，例如削尖的紧身上衣，穿着太小、包覆性不佳的内衣，就很容易会把原来属于胸部的脂肪组织往外推挤，形成副乳。这种副乳就属于后天性副乳。

后天性副乳所具有的特点是：无家族史；症状不随月经周期变化而变化；有不正确穿着内衣习惯。例如经常为了追求时髦而使用无肩带、半罩式内衣、过小型号内衣等。

理赔提示：

副乳既有先天形成也有后天形成，因此，理赔人员要掌握被保险人的主诉、检查报告、家族遗传史、生活穿衣习惯等，并与客户进行沟通说明，以做出是否理赔的处理。

十二、猝死

(一)概念

猝死，是指貌似健康者，因内在疾病发作或恶化而发生的急骤死亡。猝死的发生所具有的特点如下：

(1)可发生于任何年龄，但有两个高峰期，出生后至 6 个月龄及 30～50 岁。

(2)死亡急促，从症状的发生或恶化到死亡之间的时间短暂，24 小时内，甚至 1 小时内。

(3)多发生于夜间凌晨零点到凌晨五点之间。

(4)男性显著多于女性。

(5)成人猝死以心血管系统疾病占首位；新生儿和婴幼儿猝死则以呼吸系统疾病为主。

从猝死的定义可以看出，猝死的本质是疾病死亡，属于非暴力性死亡(自然死亡)的范围。由于猝死的发生往往急骤、突然，因此很多人都认为猝死属于意外，故在人身保险理赔纠纷案件中较为常见。

(二)临床表现

1. 死亡急速

猝死者从疾病发作或恶化到死亡之间的时间短暂，对这一时间的长短尚无统一认识。我国依照 WHO 建议定为 24 小时以内。实际上，有不少猝死经过时间很短，大多数发生在症状发作后 1～2 小时之内。

2. 意料之外

猝死的发生是死者亲属、邻居、同事甚至经治医生都未预料到的。死者生前看起来似乎健康，甚至年轻体壮，或者虽有一些疾病但症状显著轻微，或呈慢性病程，没有料到会很快发生死亡，因而常被人认为是意外，这是猝死的最主要特征。

3. 死因必为潜在的内在的疾病或机能障碍

猝死的本质是疾病死亡，即自然性疾病或机能障碍，但在疾病发作过程中，常常受到某些诱因的诱发或促进，尤其是在受到精神刺激或轻微外伤后发生猝死时，常被被保险人亲属误认为是"意外伤害致死"。

（三）理赔分析

猝死是指貌似健康或者疾病症状不明显的人，由于潜在的器质性或非器质性疾病突然发作，所引起的急性且令人感到意外的死亡。因此，从猝死的定义来看，猝死属于疾病所致。

在理赔实际操作中，理赔人员要细致耐心地向客户做好解释说明工作。在包含意外险死亡责任的保险理赔中，猝死非常容易产生争议，争议的焦点往往是死亡的原因。临床医生一般只在"医学死亡证明"上写明"猝死"。

受益人在讲述事故经过时，常常提及被保险人摔了一下，突然死亡，那么真正的死因是疾病还是意外，是先摔后晕，还是先晕后摔，只能通过尸体检验来明确，否则无法得出准确的结论。

然而，实际情况经常是客户延迟报案未能及时尸检或因各种原因不同意尸检，导致双方举证困难。《保险法》和《最高人民法院关于适用〈中华人民共和国保险法〉若干问题的解释（二）》关于举证责任的规定均有利于受益人。这就要求理赔人员必须保持高度的职业敏感性，一旦客户及时报案或案件条件允许，可以第一时间向受益人提出尸检要求。若客户拒绝尸检，应让其填写《放弃尸检及相关鉴定声明书》或其他类似的书面拒绝材料，并注明和向其说明自行承担因此而产生的不利后果。

案例 5–6：猝死拒赔案

［案例描述］

2007 年 6 月，张某为自己投保某意外伤害保险。2007 年 10 月，张某不慎因地面湿滑而摔倒。摔倒后不省人事，被送至医院急救。经抢救无效于次日零时死亡，死亡诊断为"猝死"。其家人以意外摔倒导致死亡提出意外身故赔偿。

［案例分析］

保险公司经过尸体解剖发现，意外摔倒导致其大脑脑血管动脉瘤破裂死亡。因此，摔倒是其死亡的诱因，脑血管动脉瘤破裂是其死亡的直接原因。根据近因原则，保险公司做出拒赔的决定。

十三、骨髓增生异常综合征

（一）概念

骨髓增生异常综合征（MDS）是由于造血干细胞增殖分化异常所致的造血功能障碍，此病起源于造血干细胞，病态造血，高风险向急性白血病转化为特征。任何年龄均可发病，但约80%患者大于 60 岁。

（二）临床表现

根据患者外周血、骨髓中原始细胞比例，将此病分为 5 个亚型：难治性贫血（RA）、环行铁粒幼细胞性难治性贫血（RAS）、难治性贫血伴原始细胞增多（RAEB）、难治性贫血伴原始细胞增多转变型(RAEB - t)、慢性粒 - 单核细胞性白血病(CMML)。

骨髓增生异常综合征初发症状缺乏特异性,部分患者可无明显自觉症状。大多数患者有头昏、乏力、上腹不适和骨关节痛。

多数以贫血起病,成为患者就诊的首发症状,持续数月至数年。约20% ~60%患者存在与血小板减低相关的出血倾向,表现为皮肤瘀点、牙龈出血、鼻衄等。约半数患者在病程中有感染、发热。在未转化为急性白血病的病例中,感染和(或)出血是主要死亡原因。

(三)诊断

1986年全国关于MDS的讨论会提出下列诊断标准:

(1)骨髓至少两系呈病态造血。

(2)外周血1系、2系或全血细胞减少,偶可有白细胞增高,可见有核红细胞或巨大红细胞或其他病态造血现象。

(3)除外其他引起病态造血的疾病,如再生障碍性贫血、阵发性睡眠型血红蛋白尿、慢性粒细胞性白血病、巨幼细胞性贫血等。

(四)治疗

目前,骨髓增生异常综合征尚无满意的治疗方法,一般采用支持治疗、促造血治疗、诱导分化治疗、生物反应调节剂治疗等。对于危险程度较高情况,可以采用联合化疗方案和造血干细胞移植进行治疗。

(五)理赔分析

骨髓增生异常综合征与白血病虽不属于同一疾病,但是临床表现、高风险情况的治疗与危害大体一致,而且最终可能发展为白血病。所以,理赔操作中对该病的把握要注意适当灵活,不应简单拒付。

根据MDS国际预后积分系统(IPSS),依据患者血细胞减少的数量、骨髓中原始细胞比例及染色体核型可以分为:低危险组(0分)、中危险组 -1(Int -1,0.5 ~1分)、中危险组 -2(Int -2,1.5 ~2分)、高危险组(≥2.5分)。积分系统见表5 -4。

表5 -4 MDS国际预后积分系统(IPSS)

预后变量	标　　准	积　　分
骨髓原始细胞	<5%	0
	5% ~10%	0.5
	11% ~20%	1.5
	21% ~30%	2.0
血细胞减少*	没有或1系	0
	2系或3系	0.5
染色体核型	好	0
	中度	0.5
	差[复杂(≥3个异常)或7号染色体异常]	1.0

注:* 血细胞减少是指:中性粒细胞 $<1.5 \times 10^9/L$,血红蛋白 <100 g/L,血小板 $<100 \times 10^9/L$。

当骨髓增生异常综合征经过评分达到中危险组 -2 和高危险组，可以考虑按照白血病进行赔付，其他情况则可以考虑拒绝赔付，依据如下：

(1)中危险组 -2(Int -2，1.5 ~ 2 分)和高危险组(≥2.5 分)在治疗方面主要采取联合化疗方案以及造血干细胞移植。

(2)世界卫生组织认为骨髓原始细胞达 20% 即为急性白血病，根据评分 1.5 分，属于中危险组 -2(1.5 ~ 2 分)。

第五节　人身伤害理赔中的医学知识

本章节中所叙述的伤害包括骨折、颅脑损伤、胸部损伤、腹部损伤等常见、多发的人身伤害，与其关联较为密切的险种包括意外伤害保险和意外伤害医疗保险。

意外伤害保险是以意外事故发生导致被保险人的身体伤残或生命结束为保险标的的保险，意外伤害医疗保险是以意外事故发生导致的医疗费用支出为保险标的的保险，两者共同之处在于都必须是意外事故发生所导致的。意外的发生必须具备非本意、外来和偶然三个要素。在理赔工作中，有些事故的发生外表上貌似意外，但其最直接、最根本的原因是自身疾病。理赔人员通过本章节的学习，对人身伤害最直接、最根本的原因做出判断，从而得出是否赔付的决定，并与被保险人及其家属做好解释、沟通工作。

一、骨折

(一)概念

1. 定义

骨折是指由于外伤或病理等原因致使骨质部分或完全断裂的一种疾病。

2. 骨折的分类

(1)依据骨折处皮肤、黏膜是否完整或是否与外界相通可分为：开放性骨折、闭合性骨折。

(2)依据骨的完整性或连续性全部中断或部分中断可分为：完全性骨折、不完全性骨折。横形、斜形、螺旋形及粉碎性骨折均属完全性骨折；颅骨、肩胛骨及长骨的裂缝骨折，儿童的青枝骨折等均属不完全性骨折。

(3)依据骨折前骨组织是否正常可分为：外伤性骨折、病理性骨折。

(4)依据骨折后的时间可以分为：新鲜骨折、陈旧性骨折。新鲜骨折是指新发生的骨折和尚未充分纤维连接，还可能进行复位，2 ~ 3 周以内的骨折。陈旧性骨折是指伤后三周以上的骨折，三周的时限并非恒定，例如儿童肘部骨折，超过 10 天就很难整复。

(二)临床表现

骨折的临床表现可以分为全身表现和局部表现。

1. 全身表现

大多数骨折一般只引起局部症状，严重的骨折和多发性骨折可导致全身反应。

(1)休克多见于多发性骨折、股骨骨折、骨盆骨折、脊柱骨折和严重的开放性骨折。患者常因广泛的软组织损伤、大量出血、剧烈疼痛或并发内脏损伤等引起休克。

(2)一般骨折后体温正常，只有在严重损伤如股骨骨折、骨盆骨折有大量内出血，血肿吸收时，体温略有升高，通常不超过38℃。

2. 局部表现

（1）畸形。长骨骨折，骨折段移位后，受伤体部的形状改变，并可出现特有畸形，如Colles骨折（桡骨远端，距关节面2.5 cm以内的骨折）的"餐叉"畸形。

（2）假关节现象。反常活动在肢体非关节部位，骨折后出现不正常的活动。

（3）骨擦音或骨擦感。骨折端接触及互相摩擦时，可听到骨擦音或摸到骨擦感。

以上三种体征只要发现其中之一，即可确诊。

（三）诊断

根据骨折典型的临床表现及特点，并结合局部X线、CT等影像学检查不难确诊。

（四）治疗

骨折的治疗主要包括复位、固定、药物治疗和功能锻炼。

复位是将移位的骨折断端恢复正常或接近正常的解剖关系，重建骨骼的支架作用。固定是治疗骨折的一种重要手段，复位后，固定起到主导作用和决定性作用。

（五）理赔分析

病理性骨折在医学的定义中是指骨质的病变，破坏了骨骼原有的正常结构，从而失去其坚固性，在正常活动或轻微外力作用下发生骨折。

最常见的原因包括：①骨的原发或转移肿瘤；②骨质疏松；③骨发育障碍；④骨感染；⑤内分泌紊乱。

病理性骨折不同于一般的外伤性骨折，其特点是在发生骨折以前，骨本身即已存在着影响其结构坚固性的内在因素，这些内在因素使骨结构变得薄弱，在不足以引起正常骨骼发生骨折的轻微外力作用下，即可造成骨折。

病理性骨折与外伤性骨折的区别在于：病理性骨折的突出特点是所受外力较轻微，局部体征不如外伤性骨折明显，有时伤前有其他疾病。

理赔人员应详细了解病史，如受伤时情况；受伤前是否有疼痛存在；是否存在肢体畸形；同一部位或其他部位是否发生过骨折；有无长期服用激素或进行放射治疗；家族中有无类似易于骨折的患者等。另外，体格和实验室检查病理性骨折可以具有与外伤性骨折相同的局部体征，如肿胀、畸形、局部压痛、肢体功能受限及骨折部的异常活动。但由于引起病理性骨折的突出特点是所受外力较轻微，有时局部体征不如外伤性骨折明显。

一旦怀疑为病理性骨折，则应进行全面的全身检查、局部检查、X线检查、活体组织病理检查，以发现某些病理性骨折的特殊体征。

对于因骨骼本身肿瘤或者有转移肿瘤、骨发育障碍等引发的病理性骨折不能作为意外处理。对于由其他内分泌疾病或年龄因素等引发的骨质疏松等导致的骨折，因为具体因果关系难以举证，故在实践中可以根据事故性质按照意外处理。

二、颅脑损伤

（一）概念

颅脑由头皮、颅骨、脑以及神经、血管组成。

颅脑损伤多见于交通、工矿等事故，自然灾害、爆炸、火器伤、坠落、跌倒以及各种锐器、钝器对头部的伤害，是人身伤害中最常见的损伤之一。颅脑损伤的严重程度取决于诸多因素，如外界暴力的大小、作用方向、次数、致伤物的性状等。

颅脑损伤包括：头皮损伤、颅骨损伤、硬脑膜外血肿、硬脑膜下血肿、蛛网膜下隙出血、脑损伤。

（二）临床表现

颅脑损伤常见的临床表现为：

1. 头痛

头痛是颅脑损伤的最常见症状，但其疼痛程度并不代表颅脑损伤的严重程度。

2. 意识障碍

颅脑损伤的常见症状是大脑皮质和皮质下网状结构功能受抑制的表现。意识障碍程度常反映颅脑损伤的严重程度，临床上以格拉斯哥评分法计算表示。

3. 呕吐

颅脑损伤的呕吐常不伴有恶心，呈喷射状呕吐。

4. 头晕与眩晕

5. 失语

当语言相关的中枢受损时，表现为运动性失语、感觉性失语、命名性失语等。

6. 瘫痪

大脑皮质或锥体束损伤所致，为上运动神经元瘫痪，临床表现为"硬瘫"，即受累肌群肌张力增高，肌力不同程度下降，肌肉萎缩不明显。

（三）诊断

颅脑损伤的诊断除了典型的临床表现外，结合神经系统检查、X线检查、CT扫描、MRI、脑电图检查、脑血管造影等，对其损伤的诊断及有无疾病基础很有意义。

（四）治疗

颅脑损伤依据其受伤的程度不同，采取的治疗方法也完全不同。主要分为手术治疗和非手术治疗两大类。

（五）理赔分析

在脑损伤的众多类型中，外伤性与非外伤性的问题特别出现在蛛网膜下隙出血这一类型中。

蛛网膜下隙出血按其发生原因可分为外伤性和非外伤性两类。两者的鉴别诊断是理赔工作中的重要任务，在鉴别时应全面调查案情，收集病史和临床症状，综合分析。

非外伤性蛛网膜下隙出血又称自发性蛛网膜下隙出血，较外伤性蛛网膜下隙出血多见。自发性蛛网膜下隙出血的原因最多见于先天性颅内动脉瘤，脑血管畸形和脑动脉硬化次之。

单纯的外伤性蛛网膜下隙出血和自发性蛛网膜下隙出血均较易诊断，复杂的是在疑有脑血管病变的基础上，头部或非头部外伤后引发的蛛网膜下隙出血。

头部外伤与原有血管病变的关系可能有：轻微的外伤可使已濒于破裂的血管破裂出血，外伤只是最后的促进因素而不是主要的因素。或者，血管有某些病理改变，但并非即将破裂，在巨大暴力作用后发生了破裂出血，则外伤仍应是主要的因素。这两者的鉴别十分困难，必须仔细检查，综合分析。另外，有时外伤发生在脑底动脉瘤破裂后的早期，系因伤者出现烦躁、行为失常而造成的。

理赔提示：

理赔人员在判断外伤性与非外伤性脑损伤两者关系时，首先，应明确有无头部外伤及外伤的程度；其次，建议做头部 MRI 等检查，了解有无颅内血管异常等病变基础；最后，进行全面分析，综合判断。

三、胸部损伤

（一）概念

胸部分为胸腔和胸腔内容物两部分，胸椎、12 对肋骨和肋软骨借软骨、韧带和关节连接成扁圆锥形胸廓，构成胸腔的骨性基础。

胸部面积较大，受伤的机会也较多。因此，在人身伤害案件中，胸部损伤很常见且钝器伤较锐器伤多见。暴力性的挤压、撞击、穿透等均可造成胸廓的变形、骨折并伤及内部器官。

胸部损伤包括：肋骨骨折、心肺损伤、血管损伤、胸部压迫窒息等。严重的胸部损伤可直接导致呼吸、循环功能障碍，从而危及生命。

（二）临床表现

胸部损伤的主要症状是胸痛，常位于受伤处，并有压痛，呼吸时加剧，尤以肋骨骨折者为甚，其次是呼吸困难。

局部体征按损伤性质和伤情轻重而有所不同，可有胸壁挫裂伤、胸廓畸形、反常呼吸运动、皮下气肿、局部压痛、骨摩擦音和气管、心脏移位征象。

（三）诊断

胸部损伤的诊断除了典型的临床表现外，结合 X 线检查、CT 扫描、心电图等，对其损伤的诊断很有意义。

（四）治疗

胸部损伤依据其受伤的程度、不同受伤的胸腔内器官，采取的治疗方法也完全不同。主要分为手术治疗和非手术治疗两大类。

（五）理赔分析

在胸部损伤的众多类型中，纯粹外伤性胸部损伤与外伤诱发胸部损伤的理赔问题特别出现在肋骨骨折损伤中。

因此要求理赔人员详细了解病史，如受伤时情况；受伤前是否有相关疾病的存在；特别是关注病理性骨折的情况。如老年人肋骨骨质疏松，脆性较大，容易发生骨折；已有恶性肿瘤转移灶的肋骨也容易发生病理性骨折。

四、腹部损伤

（一）概念

人的腹部是胸部和骨盆之间的躯干部分，骨盆入口和膈肌之间的空腔称为腹腔。腹部是大部分消化道所在部位，如下食管、胃、十二指肠等，其他重要的实质器官有肝（附胆囊）、肾（左右双侧）、胰、脾和膀胱。

腹部占体表面积较大，遭受暴力的机会也较多。引起腹部损伤的暴力有钝器、锐器和火器，形成的损伤有闭合性损伤、开放性损伤。由于腹腔内有众多器官，当腹部损伤时，可伤及内部器官而导致严重后果。

腹部损伤包括：腹部软组织损伤、胃肠损伤、肝损伤、脾损伤、胰腺损伤。

（二）临床表现

由于致伤原因及病情不同，腹部损伤后的临床表现可有很大的差异，从无明显症状体征到出现重度休克甚至处于濒死状态。一般单纯的腹壁损伤的症状和体征较轻，可表现为受伤部位疼痛，局限性腹壁肿胀、压痛，或有时可见皮下瘀斑。内脏如为挫伤，可有腹痛或无明显临床表现。最严重的是腹腔内出血和腹膜炎。肝脏、脾脏、胰腺、肾脏等实质性器官或大血管损伤的主要临床表现为腹腔内出血或者是腹膜后出血，会出现面色苍白、脉率加快甚至休克。腹痛呈持续性，一般并不很剧烈，腹膜刺激征也并不严重。

胃肠道、胆道、膀胱等空腔脏器破裂主要表现为弥漫性腹膜炎。除了胃肠道恶心、呕吐、便血、呕血及稍后出现的全身性感染的表现外，最为突出的是腹部有腹膜刺激征，其程度因空腔器官内容物不同而异。通常是胃液、胆汁、胰液刺激最强，肠液次之，血液最轻。

（三）诊断

腹部损伤的诊断除了典型的临床表现外，结合 X 线检查、CT 扫描、B 超等，对其损伤的诊断很有意义。

（四）治疗

腹部损伤依据其受伤的程度、不同受伤的胸腔内器官，采取的治疗方法也完全不同。主要分为手术治疗和非手术治疗两大类。

（五）理赔分析

在腹部损伤的众多类型中，纯粹外伤性腹部损伤与外伤诱发腹部损伤的理赔问题特别出现在肝、脾破裂的损伤中。

因此要求理赔人员详细了解病史，如受伤时情况；受伤前是否有相关疾病的存在；特别是关注肝脏、脾脏的相关疾病。由于肝、脾的基础病变，导致肝、脾肿大，质地变脆，在外力的作用下非常容易破裂。

如肝硬化的患者可以导致胃底食管静脉的曲张，在受到一定外力作用的情况下会引起曲张的食管胃底静脉破裂，从而导致大出血的发生，最终导致死亡。或者是其他疾病导致脾脏肿大，当受到一定外力作用下脾脏破裂大出血等。

理赔提示：

理赔人员一旦怀疑腹部脏器损伤是在相应基础疾病情况下外力所致，则应进行全面的全身检查、局部检查、腹部 B 超、CT 检查，以期发现基础疾病的存在。

五、烧/烫伤

（一）概念

烧伤是指热力，包括热液（水、汤、油等）、蒸气、高温气体、火焰、炽热金属液体或固体（如钢水、钢锭）等所引起的组织损害，主要指皮肤和/或黏膜，严重者也可伤及皮下或/和黏膜下组织，如肌肉、骨、关节甚至内脏。烫伤是由热液、蒸气等所引起的组织损伤，是热力烧伤的一种。

（二）烧伤程度的判断

根据烧伤损伤组织的深浅、局部临床表现及临床特点，分为Ⅰ度烧伤、浅Ⅱ度烧伤、深Ⅱ度烧伤、Ⅲ度烧伤。具体程度的判断见表 5-5。

表5-5　烧伤程度的判断

程　度		损伤组织	局部临床表现	临床特点
Ⅰ度		表皮	皮肤红肿，有热、痛感，无水疱，干燥	红斑性烧伤
Ⅱ度	浅Ⅱ度	真皮浅层	剧痛，表皮有大而薄的水疱，疱底有组织充血和明显水肿	水泡性烧伤
	深Ⅱ度	真皮深层	痛，水疱较小，表皮和真皮层大部分凝固和坏死，色泽苍白，上有红出血点	水泡性烧伤
Ⅲ度		全层皮肤或皮下组织、肌肉、骨骼	不痛，皮肤全层坏死，干燥如皮革样，不起水疱，蜡白或者焦黄，炭化，知觉丧失	焦痂性烧伤

（三）烧伤面积的判断

烧伤的面积估算：采用两种方法相结合的方式估算烧伤面积。

手掌法：用于中、小烧伤面积估算，被检者五指并拢，一掌面相当其自身体表面积的1%。

九分法：用于大面积估算，见表5-6。

表5-6　中国新九分法

部　位		占成人体表%	占儿童体表%
头颈	发部	3	9
	面部	3	9+(12-年龄)
	颈部	3	
双上肢	双上肢	7	9×2
	双前臂	6	9×2
	双手	5	
躯干	躯干前	13	9×3
	躯干后	13	9×3
	会阴	1	
双下肢	双臀	5*	9×5+1
	双大腿	21	9×5+1-(12-年龄)
	双小腿	13	
	双足	7*	

注：* 成年女性的臀部和双足各占6%。

（四）烧伤预后情况

不同的烧伤程度，不同的组织损伤程度其预后以及对人体所造成的伤害不尽相同，详细预后情况见表5-7。

表 5 - 7 烧伤预后情况

程度		损伤组织	预后情况
Ⅰ度		表皮	3～5 日可好转痊愈，脱屑而不留瘢痕
Ⅱ度	浅Ⅱ度	真皮浅层	2 周可愈，愈后不留瘢痕，短期内可有色素沉着，皮肤功能良好
	深Ⅱ度	真皮深层	若无感染等并发症，3～4 周可愈。留有瘢痕，但基本保存了皮肤功能
Ⅲ度		全层皮肤或皮下组织、肌肉、骨骼	愈合非常缓慢，须等焦痂脱落，形成瘢痕，不仅丧失皮肤功能，而且常造成畸形。有的创面甚至难以自愈

（五）理赔分析

（1）根据《重大疾病保险的疾病定义使用规范》，严重Ⅲ度烧伤是指烧伤程度为Ⅲ度，且Ⅲ度烧伤的面积达到全身体表面积的 20% 或 20% 以上。体表面积根据《中国新九分法》计算。

因此，只有烧伤程度为Ⅲ度，且Ⅲ度烧伤的面积达到全身体表面积的 20% 或 20% 以上的情况才能获得赔付。因此，理赔人员在参考医生所做出的程度及面积的诊断报告时，还应该依据相关知识进行判断。当出现程度及面积判断差别较大且达不到赔付标准时，理赔人员可以提出异议并重新鉴定。

（2）烧烫伤的治疗费用较高，且患者使用的很多药物都属于自费药物，不在条款保障范围之内。对于一些严重的烧烫伤患者，常会疤痕愈合或畸形愈合，影响美观甚至是相应部位的机能障碍。理赔审核时，应注意区分是治疗性整形还是美容性整形。如为治疗或改善肢体机能障碍而进行的整形，有其必要性和合理性；如为出于美容的目的而进行的，多为条款的除外责任。

第六章　人身保险理赔中的法律知识

学习指引：

- 了解法律知识对理赔工作的意义；
- 了解保险法律体系；
- 掌握人身保险理赔应当遵循的法律原则；
- 掌握人身保险合同的订立、生效、基本内容及履行等基本知识；
- 掌握人身保险理赔中常见法律问题。

　　在人身保险理赔实务中，理赔人员需要根据法律规定和合同约定，对被保险人发生的保险事故进行责任认定和处理，法律知识对于保险理赔具有指导和规范的作用。本章主要从法律对理赔的意义，保险法律体系开篇，详细介绍人身保险合同的基本知识及人身保险理赔中常见的法律问题。

第一节　理赔与法律概论

一、法律与保险理赔

（一）法律对保险理赔的重要意义

　　保险理赔是保险公司控制风险的第一道关口，而保险理赔是保险公司经营的"出口关"，是保险公司控制风险的最后环节。从保险公司角度来讲，保险理赔既是对理赔风险控制的检验，也是对保险业务整个环节风险控制的监督，对保险公司的风险防范起着至关重要的作用。从客户角度来讲，保险理赔是保险公司履行保险责任的具体体现，关系到客户的切身利益，客户从保险理赔中亲身体验保险的意义，感受保险公司的服务质量。

　　保险理赔必须以事实为依据，根据法律法规，正确地按照保险合同的约定，进行有理有据的核定与理算，因此，法律对保险理赔具有重要意义。

　　1.法律对于保险理赔起到原则性的指导作用

　　保险理赔属于民商事法律活动，应当遵循一般的民商事活动准则，遵守公序良俗，民商事活动中的一般原则，比如，诚实守信原则、订立合同自愿原则等，都适用于保险理赔中。同时，鉴于保险自身的特点，保险理赔还需要遵循保险的基本原则，比如保险利益原则、近因原则等。这些在我国《民法总则》《保险法》上都有规定和体现。

2. 法律对于保险理赔中的具体问题起到规范和指引作用

在保险理赔工作中，要想正确的把握保险合同的效力，清晰的界定保险责任，妥当的处理保险金的给付，都需要以相关的法律知识为依据和指导。具体表现在：

第一，在进行保险合同效力的判断时，必须考虑法律上关于合同订立的相关规定，比如人身保险合同要求在合同订立时投保人对被保险人具有保险利益、保险代理人的表现代理行为的效力、保险人的明确说明义务、投保人的如实告知义务等等，这需要理赔人员掌握我国《民法总则》《保险法》《合同法》《婚姻法》等法律规定。

第二，在界定保险责任时，需要理赔人员根据证明资料和调查情况，依据法律法规，正确的适用保险条款。理赔人员应当实事求是、客观公平的判定保险责任，而不能总是站在保险公司的利益角度，只有客观公平，才能既不错赔、滥赔，又不会惜赔、拒赔；既有效保护公司的利益，又杜绝保险欺诈行为，防范道德风险。因此，在界定保险责任这一环节中，需要理赔人员能熟悉理赔相关的法律法规。

第三，在确定保险责任后，应当确定正确的保险金权益人，妥善安全地完成保险金的给付，避免发生纠纷。在人身保险中，一般来讲被保险人是生存保险金的权益人，指定受益人是身故保险金的权益人。如果被保险人为无民事行为能力人或限制民事行为能力人，或者没有身故受益人等情况，保险金将作为遗产处理的，需要理赔人员掌握《民法总则》《继承法》《婚姻法》等相关法律规定，确定正确的保险金权益人并给付保险金，兑现保险合同承诺。

总之，法律对保险理赔的宗旨、原则及具体问题都起到了重要的规范和指导作用，对于保险公司防范保险理赔中的风险具有重要作用。

(二)保险理赔对于保险法律的完善起到积极的促进作用

法律具有社会性，它生于人类社会的发展，为人类发展服务。保险首先是商人的实践及其习惯，保险法只不过是将保险经营中的一系列习惯做法予以法典化。因此，法律在指导和规范保险理赔工作的同时，也受到保险理赔的影响。保险业在我国属于舶来品，我国保险业发展时间尚短，我国《保险法》同国外立法相比仍略简单，概括性、原则性的规定较多，缺乏更为具体的操作性规范，近年来保险业内出现了许多新情况、新问题，保险理赔纠纷逐年增长，这些新问题与纠纷需要相应的法律调整和解决，保险业内也积极探索并实践解决这些问题，化解这些纠纷，这些都为我国保险法律的完善起到了积极的促进作用。

二、保险法律体系

(一)保险法概论

保险法是调整保险关系的法律规范的总称。保险关系是指基于保险合同而在各方当事人之间产生的权利义务关系和国家对保险业监督管理过程中所产生的各种社会关系。保险法是在保险业发展中，在不断解决保险问题、调整保险关系的过程中形成的。

保险法分为广义和狭义两种。广义的保险法是以保险关系为调整对象的一切法律规范的总称，包括保险业法、社会保险法、保险合同法、保险特别法。狭义的保险法指以保险合同形成的商事保险关系为调整对象的法律规范的总称，包括保险合同法和保险特别法。

保险法的编制体例，有的国家采取单行法规的形式，如英国、美国、德国、瑞士等；有的国家把保险法列入商法典中，如法国、比利时、西班牙、日本等；也有作为民法组成部分的，如匈牙利等国。

从法律形态上看，保险法可以分为形式意义上的保险法与实质意义上的保险法。形式意义上的保险法，仅指以"保险法"命名的法典式法律，即《中华人民共和国保险法》。实质意义上的保险法，则指一切调整保险关系及保险业的组织、活动的法律规范。它包括作为保险普通法的保险法、保险特别法及其他一切有权机关发布的有关保险的行政法规、司法解释、规章等规范性文件。

（二）我国保险法律体系

我国保险法律体系由保险法、保险特别法、保险法司法解释及其他法规规章组成。

1. 保险法

在保险法律领域，保险法是最基本的法律。我国保险法在编制体例上系采用单行法规的形式，且采用"保险合同法"与"保险业法"合一的立法模式，既调整保险人与被保险人之间的保险合同关系，也调整保险市场主体与保险监管机构之间的监管关系。

1995 年 6 月 30 日《中华人民共和国保险法》（以下简称《保险法》）颁布，同年 10 月 1 日起正式实施，这是中华人民共和国成立以来第一部保险基本法。保险法颁布至今，经历了三次修正，一次修订。2002 年 10 月，针对我国加入世贸组织承诺对保险业的要求，全国人大常委会对《保险法》进行了第一次修正，修正内容重点在"保险业法"部分，修正后的《保险法》自 2003 年 1 月 1 日起正式实施。2009 年全国人大常委会对《保险法》进行了一次大范围的修订，修改所涉的内容、修改的幅度远远大于 2002 年，不仅着重修改了 2002 年修正时未涉及的"保险合同法"部分，而且对"保险业法"部分也作了重大修改。此次修改突出了对被保险人利益的保护，突出了保险业的监管和防范，拓宽了保险业的服务领域，在原《保险法》基础上增加条文 49 条，删除了原《保险法》条文 20 条，修改条文 123 条，保持不变的仅为 15 条，修订后的新《保险法》于 2009 年 10 月 1 日正式实施。2014 年全国人大常委会对《保险法》进行了第二次修正，这次仅修正了"保险业法"中的两条。2015 年全国人大常委会对《保险法》进行了第三次修正，修正内容集中在"保险业法"部分，其中影响最深最广的是取消保险销售从业人员、保险代理人、保险经纪人等从业人员的资格核准等行政审批事项，即取消了保险代理人资格考试。

现行保险法共计 8 章 187 条，分别为总则、保险合同、保险公司、保险经营规则、保险代理人和保险经纪人、保险业监督管理、法律责任、附则，内容涵盖保险合同、保险经营和保险监管全过程，包括保险合同、保险经营主体、保险产品管理、保险资金运用、保险从业人员管理、保险经营规则、偿付能力监管和依法行政等诸方面。

2. 司法解释

司法解释是法律解释的一种，主要是指最高人民法院和最高人民检察院依据法律的规定所享有的、对于在审判和检察工作中就具体适用法律问题所做的一般性、规范性的解释，目的在于解决法律冲突、填补立法空白，通过解释使法律更适应社会发展的需要，以促进社会秩序稳定，维护公平正义。

保险法自 2009 年修订实施后，截至 2017 年 8 月，最高人民法院针对《保险法》发布了三个司法解释。2009 年 9 月最高人民法院发布《最高人民法院关于适用〈中华人民共和国保险法〉若干问题的解释(一)》(法释〔2009〕12 号),于 10 月 1 日起施行该司法解释主要解决新旧《保险法》衔接及适用的问题。2013 年 6 月最高人民法院发布《最高人民法院关于适用〈中华人民共和国保险法〉若干问题的解释(二)》(法释〔2013〕14 号),于 2013 年 6 月 8 日起施行。该司法解释主要解决保险合同一般规定部分适用中存在的问题,如明确说明义务与如实告知义务的认定、免责事项的范围、保险金请求权的转让、作为被保险人遗产的保险金给付、受益人与被保险人同时死亡的推定以及故意犯罪如何认定等问题。2015 年 11 月最高人民法院发布了《最高人民法院关于适用〈中华人民共和国保险法〉若干问题的解释(三)》(法释〔2015〕21 号),于 2015 年 12 月 1 日起施行。该司法解释着重解决保险法保险合同章节,人身保险部分在适用中存在的争议,如体检与如实告知义务、保险合同恢复效力,受益人的指定与变更,医疗保险格式条款等。

最高人民法院的司法解释填补了《保险法》的空白,使《保险法》法条明确化,对《保险法》中未涉及的一些实际问题和纠纷起到规范和指导作用。

3. 保险特别法

保险特别法是规范某一种或一类险种的保险关系的法律规范。目前我国最典型的保险特别法是《中华人民共和国海商法》中第十二章中关于海上保险合同的规定。另外,2006 年 7 月 1 日施行的《机动车交通事故强制保险条例》,专门针对机动车交通事故强制保险的投保、赔偿和监管进行了规定。

4. 其他保险法规、规章

其他保险管理和监督的法律法规也是保险法体系的一部分,包括国务院及中国保险监督管理委员会等国家机关颁布实施的规范保险业经营的规定和规章等,如中国保险监督管理委员会 2006 年颁布的《健康保险管理办法》。

三、保险理赔相关法律

(一)民法总则

民法是社会生活的百科全书,是社会主义市场经济的基本法,是指导民商事活动的基本法律规则。《中华人民共和国民法总则》于 2017 年 3 月经十二届全国人大五次会议表决通过,于 2017 年 10 月 1 日施行。《民法总则》是我国民法典的开篇之作,确立了民事法律关系的各项基本规则,对整个民事法律体系起到统领作用。其中,无民事行为能力人年龄标准由十岁下调为八岁、确立了胎儿的继承权和利益保护、普通诉讼时效由两年延长为三年、监护制度等变化与规定都将影响保险理赔实务规则。

另外,为贯彻《民法总则》的精神和原则,包括《保险法》在内的各民商事法律规范可能随之修订,其各项规定将逐一落实到社会经济活动的各个领域。

(二)合同法

保险合同本质上属于一种特殊的合同,其具有作为契约行为的共同性和作为保险行为的特殊性,因此保险合同在需要遵循合同法的一般性规定,也需要遵循保险法的特殊性规定。特别是在保险法没有相关规定的情况下,保险合同的一些问题和纠纷需要从《合同法》中寻找解决方案。

(三)婚姻法、继承法、收养法等亲属法

保险理赔往往涉及继承、婚姻、收养等多种法律关系,这些需要遵循婚姻法、继承法、收

养法等法律法规。

（四）民事诉讼法

保险理赔中需要受益人提交相关的证据资料，对于证据资料的判断应当适用于民事诉讼法关于证据规则的要求，另外，理赔可能会引发争议导致诉讼或仲裁，因此理赔人员也应当了解民事诉讼法的相关规定。

第二节　人身保险理赔遵循的法律原则

保险法理论一般认为，最大诚信原则、保险利益原则、近因原则和损失补偿原则共同构成保险合同法的四大基本原则，这四大原则也是人身保险理赔所应当遵循的法律原则。

一、最大诚信原则

诚信原则在民法中被喻为帝王规则，在保险中上升为最大诚信原则。最大诚信原则最早起源于海上保险，在早期的海上保险中，投保人投保时作为保险标的的船舶或者货物经常已在海上或在其他港口，货物的真实情况如何，在当时的条件下完全依赖于投保人的告知；保险人根据投保人的告知决定是否承保及估算保险风险、确定保险费率。因此投保人或被保险人告知的真实性对保险人来说有重大的影响，诚信原则对保险合同当事人的要求较一般的民事合同要求就更高、更具体，即要遵守最大诚信原则。英国《1906 年海上保险法》中第一次明确了最大诚信原则作为海上保险的基本原则，该法第十七条规定："海上保险是建立在最大诚信原则基础上的契约，如果任何一方不遵守最大诚信原则，他方可以宣告契约无效。"

我国《保险法》第五条规定："保险活动当事人行使权利、履行义务应当遵循诚实信用原则。"保险合同被称为"最大诚信合同"，最大诚信指双方在签订和履行保险合同时必须以最大的诚意履行自己的义务，互不欺骗和隐瞒，恪守合同认定与承诺。最大诚信原则贯穿于保险法的全部内容，统帅着保险立法，指导着保险司法，是保险合同当事人和关系人必须遵守的基本行为准则。

（一）最大诚信原则为保险及保险法核心原则的原因

1. 保险合同是射幸合同，保险事故的发生具有不确定性

所谓射幸合同，是指合同的给付义务具有不确定性，合同利益的获取取决于偶然事件的发生。在射幸合同中，合同的给付是基于偶然事件的发生及结果，当事人可能获得巨额利益也可能一无所获。保险合同属于典型的射幸合同，在保险合同中，保险人基于对保险标的的客观判断而决定是否承保及如何收取保险费，只有当合同约定的风险事故发生时，作为保险合同一方的保险人才需要根据保险合同约定承担给付保险金的责任；如果风险不发生，则无须支付保险金。但是，风险事故的发生与否是不确定的，正是保险合同的这种射幸性，决定了保险人需要全面的了解保险标的的情况。

2. 保险合同当事人之间具有明显的信息不对称性

不对称信息是指缔约一方当事人知道另一方所不知道的信息，尤其是他方所无法获知或者难于验证的信息。一方面，危险所依附的标的与投保人和被保险人密切相关，或由投保人或被保险人所掌握，只有他们才拥有能够做出高风险或低风险判断的具体信息；而保险人则相反，基于技术条件或认知能力，他们可能必须花费巨大成本才能够获得或者根本无法获得这些进行具体危险评估的信息。另一方面，保险具有较高的专业性和技术性，其中保险条款中包含保险专业术语、医学和法学专业用语等，保险费率的厘定需要专业精算人员，这些都是普通消费者难以准确地理解和计算的。因此，如果没有对投保人和保险人最大诚信的要求，保险人以及投保人或者被保险人因受利益的驱动而可能发生的道德风险和逆选择将大大增加，从而危及保险行业的正常发展。

3. 保险实现社会互助功能的必然要求

保险的本质是建立在互信基础上的风险共担和损失分摊，保险的功能之一便是经济保障，正是这一功能使保险在国民经济中占有十分重要的作用，被誉为社会的稳定器。保险经营是基于大数法则，保险运作的原理就是各个投保人通过向保险人缴纳一定的保险费从而形成一定的保险基金，由保险人来承担被保险人可能出现的风险。投保人越多，收取的保险费越多，保险基金越大，保险经营越安全，保险分摊也就越合理。这些要求保险人遵守最大诚信原则，以吸引更多的投保人投保，要求投保人遵守最大诚信原则，不能隐瞒保险标的的关键信息，否则损害其他投保人的利益，违背保险互助的目的。

综上所述，保险行业是以诚信为本的行业，诚信是保险业的基础；保险合同及行业特点决定了保险要遵循最大诚信原则。

（二）最大诚信原则的具体体现

最大诚信原则的内容主要通过保险合同双方的诚信义务来体现，在《保险法》中具体体现在如下几个方面。

1. 保险人的说明义务

保险人的说明义务，指保险人在订立保险合同时，依法应当承担的向投保人说明保险合同条款的义务。我国《保险法》第十七条规定："订立保险合同，采用保险人提供的格式条款的，保险人向投保人提供的投保单应当附格式条款，保险人应当向投保人说明合同的内容。对保险合同中免除保险人责任的条款，保险人在订立合同时应当在投保单、保险单或者其他保险凭证上做出足以引起投保人注意的提示，并对该条款的内容以书面或者口头形式向投保人做出明确说明；未作提示或者明确说明的，该条款不产生效力。"

保险人的说明义务具有以下特点：①法定性，该义务是法律规定的保险人在订立合同时必须履行的义务，不允许当事人通过合同条款或协议等形式予以免除和限制。②先合同性，该义务是法律规定的合同订立前的义务，是先合同义务，投保人投保保险前需要详细的了解保险合同的重要内容，特别是保险条款，因此在订立合同前保险人需要向投保人明确说明合同条款的内容。③主动性，该义务是保险人的主动性义务，不以投保人询问为前提，这与如实告知义务截然不同。

依据《保险法》及相关司法解释，保险人说明义务的履行应注意以下几点：

第一，说明义务的主体是保险人，实务中一般是保险公司及保险公司的销售人员；说明义务的对象是投保人。

第二，说明义务的范围为保险人提供的格式条款及免除保险人责任的条款。我国《合同法》第三十九条第二款规定，格式条款是当事人为了重复使用而预先拟定，并在订立合同时未与对方协商的条款。保险条款属于典型的格式条款，一般都由保险人在保险产品设计时拟订并重复使用。关于免除保险责任的条款，《最高人民法院关于适用〈中华人民共和国保险法〉若干问题的解释(二)》第九条第一款规定，保险人提供的格式合同文本中的责任免除条款、免赔额、免赔率、比例赔付或者给付等免除或者减轻保险人责任的条款，可以认定为保险法第十七条第二款规定的"免除保险人责任的条款"。

第三，说明义务具有两个层次，即对于格式条款的一般说明义务和对于免除保险人责任条款的提示和明确说明义务。对于格式条款的一般说明义务，侧重于要求保险人应当对格式条款的内容向投保人作全面的说明，使投保人了解格式条款的主要内容。对于免除保险人责任条款的提示和明确说明义务，侧重于投保人应当对于免责事项做出引起投保人注意的提示和详尽的说明，使投保人充分了解免责事项，否则将影响免责事项的有效性。

关于提示的程度，《最高人民法院关于适用〈中华人民共和国保险法〉若干问题的解释（二）》第十一条规定，保险合同订立时，保险人在投保单或者保险单等其他保险凭证上，对保险合同中免除保险人责任的条款，以足以引起投保人注意的文字、字体、符号或者其他明显标志做出提示的，人民法院应当认定其履行了保险法第十七条第二款规定的提示义务，因此保险条款中的免除保险人责任的条款可以采用加黑、放大或者使用不同字体、做出特别标记等形式达到引起投保人注意的程度。

第四，说明义务的形式可以是书面形式也可以是口头形式。

第五，违反说明义务的法律后果，我国保险法在保险人违反说明义务的构成上采用了客观说，即主观上不要求存在过错，只要保险人未提示或明确说明的就构成违反，则该条款不产生效力。

2. 投保人的如实告知义务

与保险人的说明义务相对应，投保人在订立保险合同时负有如实告知的义务。因为订立保险合同，保险人需要对保险标的的风险进行被评估，进而确定是否承保及收取多少保险费，保险人的风险评估以投保人的真实陈述为基础。

如实告知义务指投保人在签订保险合同时，保险人可以就保险标的或被保险人的有关情况提出询问，投保人应当全面、真实、客观地告知，不得隐瞒或者故意不回答，也不得编造虚假情况用来欺骗保险人。

投保人的如实告知义务具有以下特点：①告知义务是法定义务。如实告知义务不是投保人和保险人意思表示一致而产生的义务，它是保险法直接规定的义务，是投保人和被保险人在订立保险合同时必须履行的先合同义务，是保险合同双方不能通过合同约定排除的法定义务。②告知义务是先合同义务。如实告知义的履行期间为合同订立时或合同订立前，可见如实告知义务的履行是在保险合同订立之前，属于合同前义务。③我国《保险法》采用询问告知主义，告知义务是对询问事项的告知，对于未询问的事项可以不告知。

依据《保险法》及相关司法解释，投保人如实告知义务的履行应注意以下几点：

第一，告知的主体是投保人，我国《保险法》第十六条第一款规定，订立保险合同，保险人就保险标的或者被保险人的有关情况提出询问的，投保人应当如实告知。这一条明确规定了投保人的如实告知义务，投保人是当然的主体。至于被保险人是否具有如实告知义务，我国保险法没有明文规定，但是在人身保险中当投保人与被保险人不是同一人时，投保人对被保险人的健康状况很难清楚地了解，若被保险人不负有如实告知的义务，必将大量地增加合同风险，因此保险人一般在保险条款中约定了被保险人也需要履行如实告知义务。

第二，投保人如实告知的范围以保险人的询问事项为限。在保险发展的过程中，告知义务的范围经历了从无限告知向有限告知的转变。在保险业诞生之初，基于海上保险的特殊性，保险立法多采用无限告知义务，认为告知义务是"一种主动性义务，即自愿向对方充分而准确地告知有关保险标的所有重要事实，无论被问到与否"，也就是说，投保人应当将所有与评估保险标的危险性有关的事项告知保险人，而不管保险人是否对其进行过询问，只要投保人不告知某一重要事实，即使他并不知道，也要承担不告知的责任。这种对投保人严格的告知义务，在之后的保险业发展中逐渐显露出弊端，为有利于保险业发展，有限告知出现了。有限告知主义，也称"询问回答主义"，即投保人仅就保险人所询问的事项据实告知，至于询问之外的事项，即便重要，投保人也不负有告知义务。询问回答方式最早见于1908年瑞士《保险契约法》。人身保险实务中普遍使用的投保单上的询问表便是询问告知主义的产物。

第三，投保人如实告知义务的时间是"订立合同时"，即投保前保险人对投保人进行询问时。

第四，违反如实告知义务的构成。我国《保险法》第十六条第二款规定，投保人故意或者因重大过失未履行前款规定的如实告知义务，足以影响保险人决定是否同意承保或者提高保险费率的，保险人有权解除合同。可见，违反如实告知义务的构成要件包括：①投保人违反如实告知义务的主观要件，故意或重大过失。故意指投保人明知某项与风险评估相关的重要事项而故意不告知或如实告知。重大过失指投保人本人应当知道某项与风险评估相关的重要事项，但因个人疏忽而没有告知或没有如实告知。②未告知的事项与风险评估结果之间具有因果关系。投保人未如实告知的事项关系到保险人对保险标的的风险评估结果，即关系到是否同意承保或提高保险费率。

第五，违反如实告知义务的法律后果。我国《保险法》第十六条规定，投保人故意或者因重大过失未履行前款规定的如实告知义务，足以影响保险人决定是否同意承保或者提高保险费率的，保险人有权解除合同。前款规定的合同解除权，自保险人知道有解除事由之日起，超过三十日不行使而消灭。自合同成立之日起超过两年的，保险人不得解除合同；发生保险事故的，保险人应当承担赔偿或者给付保险金的责任。可见，违反如实告知义务的法律后果，首先是保险人具有了合同解除权，但保险人的合同解除权具有两个时间方面的限制：一是保险人知道有解除事由之日起三十日内；二是保险合同成立之日起两年内。违反如实告知义务的法律的第二个后果是拒绝理赔及保险费的返还，我国《保险法》第十六条规定，投保人故意不履行如实告知义务的，保险人对于合同解除前发生的保险事故，不承担赔偿或者给付保险金的责任，并且不退还保险费。

投保人因重大过失未履行如实告知义务，对保险事故的发生有严重影响的，保险人对于合同解除前发生的保险事故，不承担赔偿或者给付保险金的责任，但应当退还保险费。拒绝理赔在主观要件不同时的客观要件也不同，主观是故意时，不要求未如实告知事项与保险事故之间存在因果关系；而主观要件是重大过失未如实告知时，客观上要求未如实告知事项与保险事故之间存在因果关系，且在重大过失的情况下，拒赔后应当退还保险费，也就是说，在重大过失的情况下，如果未如实告知的事项与保险事故之间不存在因果关系，则保险人对于保险合同解除前发生的保险事故仍然承担给付保险金的责任。

例如，投保人之前患有乳腺癌，并经手术切除乳腺，10年未复发，自认为身体健康，在投保某保险公司的终身寿险时未将10年前患有乳腺癌的情况告知保险公司，投保一年后乳腺癌复发，从投保人的主观故意看，投保人未想到其未告知的事项会影响承保及费率，故判断投保人未如实告知属于重大过失，如果投保人因乳腺癌身故，则其未告知的事项与保险事故之间具有因果关系，保险公司可以解除合同，不承担保险责任，但需要退还已交保险费。如果投保人系发生车祸身故，则其未告知的事项与保险事故之间不具有因果关系，保险公司可以解除合同，但仍应当给付保险金。

3. 弃权与禁止反言

弃权是指保险合同一方当事人放弃自己在合同中可以主张的某项权利。弃权可以分为明示弃权和默示弃权，其中明示弃权可以采用书面或者口头形式。如获得保险人授权的代理人告诉投保人或受益人将放弃某项权利，该情形就属于明示弃权，例如保险公司的授权代理人通过电话告诉被保险人，保险事故发生后无须报案，则保险人不得再以被保险人未及时报案为由拒绝给付保险金；默示的弃权是指当事人虽未明确表示放弃某项权利的意图，但从其言语或行为中可以明确推断其放弃了该项权利，例如保险公司在获知投保人存在未如实告知的情况后，没有在三十天内解除合同，则视为保险公司放弃了合同解除权。

禁止反言是指保险合同一方已经放弃了保险合同的某项权利后，将来不得再向他方主张这种权利。禁止反言的基本功能是要防止欺诈行为，以维护公平、公正。

在保险实践中，弃权和禁止反言主要是约束保险人的，这些规定要求保险人对其行为及其代理人在授权范围的行为负责，以防止对投保人或被保险人的利益造成侵害，维护投保人和被保险人的权益。我国《保险法》第十六条规定，保险人在合同订立时已经知道投保人未如实告知的情况的，保险人不得解除合同；发生保险事故的，保险人应当承担赔偿或者给付保险金的责任，该条就隐含了弃权与禁止反言的意思。

4. 保证义务

保证指投保人或被保险人对保险人做出的一种作为或不作为，或某种状态存在或不存在的担保。保证是保险合同的基础，投保人或被保险人违反保证，保险人有权解除合同。保证分为明示保证和默示保证。明示保证是指在保险合同中记载的保证事项，需要投保人或被保险人明确做出承诺。例如，在团险保单中约定，投保人保证被保险人全部是从事某种职业的员工。默示保证是指投保人或被保险人对于某一特定事项虽未明确表示担保其真实性，但该事项的真实存在是保险人决定承保的依据，并成为保险合同的内容之一。我国保险法对保证没有作明文规定，但是在保险实务中有承诺保证的做法。

二、保险利益原则

（一）保险利益的定义和要件

保险利益，也称为可保利益，指投保人对其投保的保险标的所具有的法律上承认的利益。保险利益是保险合同得以成立的必要条件，是保险合同的客体。投保人对保险标的不具有保险利益，保险合同无效。

人身保险合同保险利益的要件：第一，必须是法律上承认的利益，即合法的利益；第二，必须是具有一定人身依附关系的利益；第三，必须是可以确定的利益，即该利益是事实上或客观上存在的利益。

（二）确定保险利益原则的意义

法律规定保险利益原则的意义在于：第一，遏制赌博行为的发生，从根本上防止将保险作为赌博工具以及防止故意诱发保险事故而牟利的企图。第二，防止道德风险，投保人或被保险人对于保险标的不具有保险利益而投保的，很容易发生为图谋保险金而故意制造保险事故的情况。

（三）保险利益的时间点

我国《保险法》第十二条规定，人身保险的投保人在保险合同订立时，对被保险人应当具有保险利益。可见，在人身保险中，投保人在订立保险合同时对保险标的必须具有保险利益，保险合同生效后就不再要求投保人对被保险人有保险利益。实践中，人身保险合同的保险期间一般都较长，如果以投保人在保险合同生效后没有保险利益为由否定保险合同的效力，不利于保护被保险人和受益人的权益。从人身保险的特点来看，只要投保人在投保时对被保险人具有保险利益就可以防止道德风险，因此没有必要要求在整个保险期间内投保人对被保险人都具有保险利益。

（四）人身保险保险利益的法律规定

我国《保险法》第三十一条规定："投保人对下列人员具有保险利益：

（一）本人；

（二）配偶、子女、父母；

（三）前项以外与投保人有抚养、赡养或者扶养关系的家庭其他成员、近亲属；

（四）与投保人有劳动关系的劳动者。

除前款规定外，被保险人同意投保人为其订立合同的，视为投保人对被保险人具有保险利益。"

（五）违反保险利益原则的法律后果

我国《保险法》第三十一条规定，订立合同时，投保人对被保险人不具有保险利益的，合同无效。

三、损失补偿原则

损失补偿原则指当被保险人因保险事故而遭受损失时，其从保险人处所能获得的赔偿只能以实际损失为限。此原则强调保险赔付只能填补被保险人的损失，不能成为被保险人获利的工具。损失补偿原则体现了保险经济补偿的宗旨，其目的是对补偿额度进行限制，防止相关利益人不当得利，从而防范道德风险，维护社会稳定。损失补偿原则在保险法律中具体体现为代位求偿制度和重复保险制度。

因为财产保险的保险标的为财产或经济利益，涉及被保险人的经济损失，而人身保险中保险标的为人的生命或身体，人的生命和身体是无价的，故损失补偿原则一般适用于财产保险，不适用于人身保险，我国《保险法》也是如此规定。实践中，健康保险中的费用补偿型医疗保险也属于人身保险的范畴，关于费用补偿型医疗保险是否适用于损失补偿原则引发了一些纠纷，也一直是学界争论的焦点问题。对此，笔者认为虽然费用补偿性医疗保险的保险标的是人的身体，但其目的是对于被保险人所支付的医疗费用的补偿，侧重于对被保险人经济损失的弥补，该类保险的设立目的、条款设定与费率核算模式都与财产保险近似，中国保险监督管理委员会 2006 年发布的《健康保险管理办法》第四条规定"费用补偿型医疗保险是指，根据被保险人实际发生的医疗费用支出，按照约定的标准确定保险金数额的医疗保险。费用补偿型医疗保险的给付金额不得超过被保险人实际发生的医疗费用金额"，因此损失补偿原则可以适用于补偿原则，但需要在保险条款中写明。对此问题，最高人民法院在司法解释中也做出了一定规定，《最高人民法院关于适用〈中华人民共和国保险法〉若干问题的解释

（三）》第十八条规定，保险人给付费用补偿型的医疗费用保险金时，主张扣减被保险人从公费医疗或者社会医疗保险取得的赔偿金额的，应当证明该保险产品在厘定医疗费用保险费率时已经将公费医疗或者社会医疗保险部分相应扣除，并按照扣减后的标准收取保险费。

四、近因原则

近因原则是确定保险责任的一项基本原则，我国《保险法》虽然没有明确规定近因原则，但在保险理赔实务和司法实践中，近因原则都是判断和确定保险责任的重要依据之一。近因指造成保险事故损失的最直接、最有效、起主导性作用的原因。按照近因原则，当保险人承保的风险事故是引起保险标的损失的近因时，保险人应承担保险责任。导致保险标的损失的原因可能会有多个，不是每一原因都在保险人的承保范围内，也不是每一个原因都必然造成保险标的的损失，因此近因原则是确定保险责任时应当遵循的基本原则。

（一）近因的认定方法

认定近因的关键是确定风险因素与损害之间的关系。近因的认定有两种方法。

1. 按照事件发生先后顺序来判断近因

从最初事件出发，按逻辑推理，判断下一个事件可能是什么，再从第二个事件，按照逻辑推理判断下一个事件，即按照逻辑推理直至最终事件损害发生。如果推理判断与实际发生的事实相符，那么最初事件就是损失的近因。

2. 按照损害结果从后往前来判断近因

从损失开始，自后向前推断，追溯到最初事件，没有中断，那么最初事件即为近因。

（二）近因从以下几个方面进行认定

（1）单一原因造成损失时，此致损原因即为近因。

（2）两个以上原因危险连续发生造成损害，若后因是前因直接、必然的发展结果或合理的延续时，以前因为近因。

（3）多种原因危险先后发生，但后一原因介入并打断了原有的某一事件与损害结果之间的因果关系链条，并对损害结果独立地起到决定性的作用，该新介入的原因即作为近因。

（4）在造成损失的整个过程中，多个原因同时存在、相互之间没有前后继起关系时，则多个原因同为近因。

第三节　人身保险合同

一、保险合同概述

（一）保险合同的概念

我国《保险法》第十条第一款规定："保险合同是投保人与保险人约定保险权利义务关系的协议。投保人是指与保险人订立保险合同，并按照合同约定负有支付保险费义务的人。保险人是指与投保人订立保险合同，并按照合同约定承担赔偿或者给付保险金责任的保险公司。"可见，保险合同是投保人和保险人之间之意思表示一致下达成的约定保险权利义务关系的协议。保险合同的双方当事人是投保人和保险人。保险合同按照承保对象不同，分为人身保险合同和财产保险合同，人身保险合同是以人的寿命和身体为保险标的的保险合同，财产保险合同是以财产及其有关利益为保险标的的保险合同。

（二）保险合同的特征

1. 保险合同是双务合同

双务合同是双方当事人互负对待给付义务的合同，即当事人双方相互之间享有权利的同时也负有给付义务的合同。在人身保险合同中，投保人负有向保险人支付保险费的义务，在发生约定的事故或者事由时被保险人及受益人享有向保险人要求给付保险金的权利。保险人享有收取保险费的权利，同时负有履行支付保险金的义务。合同双方互为条件，均须履行合同约定的义务，并享有合同约定的权利。

2. 保险合同是有偿合同

有偿合同是指一方当事人要享有合同规定的权益就必须向对方当事人支付相应的等价的合同。投保人请求订立保险合同转移风险，要求保险人承担保险责任，应当按约定向保险人支付保险费。保险费为保险人承担保险责任的代价，投保人不支付保险费或者停止支付保险费，保险人不负担给付保险金的责任。可见，保险人和投保人依保险合同享受的权利或者利益，都不是无偿的，保险合同是有偿合同。

3. 保险合同是射幸合同

射幸合同是指在合同订立时当事人的给付义务尚不能确定的合同。射幸合同是以机会利益为标的的合同，当事人义务履行经常取决于机会的发生或者不发生。保险合同是典型的射幸合同，这是由保险事故的发生具有偶然性决定的。在保险合同中，投保人支付保险费的义务虽在合同成立时已经确定，但保险人承保的危险或者保险合同中约定的保险事故发生与否，却是不能确定的。在保险期限内，若发生保险事故，被保险人或者受益人可以取得几十倍或上千倍于保险费的保险金。

4. 保险合同是最大诚信合同

保险固有的射幸性、信息不对称性及经济互助性决定了保险合同是最大诚信合同。最大诚信指双方在签订和履行保险合同时必须以最大的诚意履行自己的义务，互不欺骗和隐瞒，恪守合同认定与承诺。最大诚信是保险合同当事人和关系人必须遵守的基本行为准则，贯穿于保险合同的订立、变更、履行和终止的全过程。

5. 保险合同是诺成合同

根据合同成立是否必须以物的交付为成立要件，合同分为诺成合同和实践合同。诺成合同以当事人意思表示一致为成立要件，不需要实际交付标的物。实践合同除当事人意思表示一致外，还需要实际交付标的物。我国《保险法》第十三条第一款规定"投保人提出保险要求，经保险人同意承保，保险合同成立。保险人应当及时向投保人签发保险单或者其他保险凭证"，第十四条规定"保险合同成立后，投保人按照约定交付保险费，保险人按照约定的时间开始承担保险责任"，可以看出，保险合同自双方意思表示一致时成立，至于保险费是否已经实际交付不是保险合同成立的要件。

6. 保险合同是附合合同

附合合同，即格式合同，是指当事人不能就合同条款进行充分的协商，合同条款是事先拟定的，当事人仅就该条款表示愿意接受从而签订的合同。与附合合同相对的是商议合同，商议合同是当事人对合同内容和条款进行充分协商后而订立的合同。保险实务中，保险条款由保险人事先拟订并反复使用，而投保人往往缺乏保险专业知识，在投保时投保人仅能表示同意接受格式条款而投保，或不同意接受不投保。

7. 保险合同是非要式合同

根据合同的成立是否必须以一定的形式为标准，合同分为要式合同和非要式合同。要式合同是指必须以一定的形式订立合同，合同才能成立。如法律规定某些合同必须采用公正的形式才能成立。非要是合同指只要当事人意思表示一致，合同就可以成立。我国《保险法》第十三条的规定，"投保人提出保险要求，经保险人同意承保，保险合同成立。保险人应当及时向投保人签发保险单或者其他保险凭证。保险单或者其他保险凭证应当载明当事人双方约定的合同内容。当事人也可以约定采用其他书面形式载明合同内容"，可以看出保险合同属于非要是合同，不是必须采用保险单的形式，也可以采用其他保险凭证或书面协议的形式。

（三）人身保险合同的主体

保险合同的主体是保险合同的参与者，是保险合同中享有权利和承担义务的人。保险合同的主体包括保险合同的当事人和关系人及辅助人。

1. 保险合同的当事人

保险合同当事人是订立保险合同的人，包括投保人和保险人。

（1）投保人

我国《保险法》第十条第二款规定，投保人是指与保险人订立保险合同，并按照合同约定负有支付保险费义务的人。投保人可以是自然人，也可以是法人或非法人组织；可以是被保险人本人，也可是对被保险人具有保险利益的人。

对于自然人，投保人必须具备完全民事权利能力和民事行为能力，且对保险标的具有保险利益的自然人。我国《民法总则》第十七条、第十八条规定，18周岁以上的自然人为成年人。成年人为完全民事行为能力人，可以独立实施民事法律行为。16周岁以上的未成年人，以自己的劳动收入为主要生活来源的，视为完全民事行为能力人。对于法人或非法人组织，投保人必须是符合我国《民法总则》关于法人或非法人组织的规定，且对被保险人具有保险利益。

投保人主要享有保险合同的变更和解除的权利、在被保险人同意的情况下可以指定受益人，享有保单质押借款的权利及享有申请保险合同复效的权利。投保人主要承担如实告知的义务、交纳保险费的义务和保险事故通知的义务。

（2）保险人

我国《保险法》第十条第三款规定，保险人是指与投保人订立保险合同，并按照合同约定承担赔偿或者给付保险金责任的保险公司。我国保险法要求保险公司必须是依法设立，具有法人资格，且经营的保险业务需要依照法律规定向中国保险监督委员会申请批准。我国《保险法》第六十八条规定，设立保险公司应当具备下列条件："（一）主要股东具有持续盈利能力，信誉良好，最近三年内无重大违法违规记录，净资产不低于人民币二亿元；（二）有符合本法和《中华人民共和国公司法》规定的章程；（三）有符合本法规定的注册资本；（四）有具备任职专业知识和业务工作经验的董事、监事和高级管理人员；（五）有健全的组织机构和管理制度；（六）有符合要求的营业场所和与经营业务有关的其他设施；（七）法律、行政法规和国务院保险监督管理机构规定的其他条件。"

保险人主要承担收取保险费和一定条件下解除保险合同的权利。保险人主要承担明确说明义务和给付保险金的义务。

2. 保险合同的关系人

（1）被保险人

我国《保险法》第十二条规定，被保险人是指其财产或者人身受保险合同保障，享有保险金请求权的人。投保人可以为被保险人。

人身保险合同中的被保险人具有以下特点：

第一，人身保险合同中，被保险人的生命或身体是保险标的。

第二，被保险人也是享有赔偿请求权的人。

第三，被保险人和投保人可以是同一人，也可以为不同的人。

第四，对被保险人没有民事行为能力及民事权利能力的限制。但对于未成年人的被保险人有保额的限制。我国《保险法》第三十三条规定，投保人不得为无民事行为能力人投保以死亡为给付保险金条件的人身保险，保险人也不得承保。父母为其未成年子女投保的人身保险，不受前款规定限制。但是，因被保险人死亡给付的保险金总和不得超过国务院保险监督管理机构规定的限额。按照中国保险监督管理委员会（简称中国保监会）《关于父母为其未成年子女投保以死亡为给付保险金条件人身保险有关问题的通知》中的规定，对于父母为其未成年子女投保的人身保险，在被保险人成年之前，各保险合同约定的被保险人死亡给付的保险金额总和、被保险人死亡时各保险公司实际给付的保险金总和按以下限额执行：对于被保险人不满 10 周岁的，不得超过人民币 20 万元；对于被保险人已满 10 周岁但未满 18 周岁的，不得超过人民币 50 万元。

被保险人主要享有制定受益人的权利、保险金请求权利。被保险人主要承担保险事故通知义务。

（2）受益人

我国《保险法》第十八条规定，受益人是指人身保险合同中由被保险人或者投保人指定的享有保险金请求权的人。投保人、被保险人可以为受益人。

人身保险合同中的受益人具有以下特点：

第一，受益人是享有保险金请求权的人。

在人身保险合同中，受益人具有独特的法律地位，除法律规定受益人有保险事故及时报案的义务外，其不承担任何义务，但受益人具有保险金请求权。

第二，受益人是由投保人或被保险人指定的，受益人可以是投保人或被保险人。

投保人和被保险人具有指定受益人的权利，但投保人指定或变更受益人必须经被保险人同意。受益人不受有民事行为能力和保险利益的限制。指定受益人可以在订立保险合同时，也可以在保险合同生效后保险事故发生前，同时指定时可以确定受益顺序和受益份额；未确定受益份额的，按相等份额享有受益权。

第三，受益人资格可能被取消，也可能依法丧失。

受益权是期待权，在保险期间内保险事故发生前，受益人可能会发生变化，也可能会因为法定或约定的事由而丧失。

3. 保险合同的辅助人

（1）保险代理人

我国《保险法》第一百一十七条规定，保险代理人是根据保险人的委托，向保险人收取佣金，并在保险人授权的范围内代为办理保险业务的机构或者个人。保险代理人包括专业代理人、兼业代理人和个人代理人。专业代理人是专门从事保险代理业务的保险代理公司。兼业代理人是指受保险人委托，在从事自身业务的同时，指定专人为保险人代办保险业务的单位。个人代理人是根据保险人的委托，在保险人授权范围内代为办理保险业务，并向保险人收取代理手续费的个人。

保险代理人的代理活动具有以下特点：

第一，保险代理人必须以保险人的名义向投保人销售保险产品。

第二，保险代理人必须与保险人签订委托代理协议，并在保险人的授权范围内代为办理保险业务。我国《保险法》第一百二十六条规定，保险人委托保险代理人代为办理保险业务，应当与保险代理人签订委托代理协议，依法约定双方的权利和义务。

第三，保险代理人在授权范围内代理保险业务的行为所产生的法律责任由保险人承担。我国《保险法》第一百二十七条第一款规定，保险代理人根据保险人的授权代为办理保险业务的行为，由保险人承担责任。保险实务中，投保时保险代理人知悉的关于投保人和被保险人的一切情况均视为保险人知悉，保险人不得以投保人未履行如实告知义务为由拒绝承担责任。保险代理人向投保人或被保险人做出的承诺或弃权，视为保险人的承诺和弃权。

第四，在代理过程中的构成表现代理的，保险人须承担该表现代理行为所产生的法律后果。我国《保险法》第一百二十七条第二款规定，保险代理人没有代理权、超越代理权或者代理权终止后以保险人名义订立合同，使投保人有理由相信其有代理权的，该代理行为有效。保险人可以依法追究越权的保险代理人的责任。

（2）保险经纪人

我国《保险法》第一百一十八条规定，保险经纪人是基于投保人的利益，为投保人与保险人订立保险合同提供中介服务，并依法收取佣金的机构。

保险经纪人与保险代理人两者存在两点显著不同：一是保险经纪人以自己的名义进行保险经纪活动，而保险代理人一般是以保险人的名义进行代理活动；二是保险经纪人的经纪活动所产生的责任由保险经纪公司承担，而保险代理人的代理活动所产生的责任由保险人承担。我国《保险法》第一百二十八条规定，保险经纪人因过错给投保人、被保险人造成损失的，依法承担赔偿责任。

（3）保险公估人

保险公估人是接受保险人、投保人或被保险人的委托，从事保险标的评估、勘验、鉴定、估损及赔款理算等业务并向委托人收取报酬的公司。我国《保险法》第一百二十九条规定，保险活动当事人可以委托保险公估机构等依法设立的独立评估机构或者具有相关专业知识的人员，对保险事故进行评估和鉴定。接受委托对保险事故进行评估和鉴定的机构和人员，应当依法、独立、客观、公正地进行评估和鉴定，任何单位和个人不得干涉。

（四）人身保险合同的客体

保险合同的客体指保险法律关系的客体，即保险合同中当事人权利义务所指的对象。保险合同保障的对象是被保险人对其财产或生命、健康所享有的利益，即可保利益，所以保险利益是保险合同当事人的权利义务所指向的对象，是保险合同的客体。保险标的是保险利益的载体，人身保险合同的保险标的是被保险人的生命和身体。

（五）保险合同的形式和构成

合同的形式指合同的外在表现，是合同内容的载体。书面形式指合同书或电子文件等有形的表现形式。实务中，保险合同都是采用书面形式，由保险单(包括电子保险单)或其他保险凭证、保险条款、投保单及投保文件、合法有效的声明、批注、批单，以及其他书面或电子协议。

1. 投保单

投保单，又称为要保单，是投保人向保险人提出的订立保险合同的书面要约。投保单一般由保险人事先按照统一的格式印制，提供给投保人使用，由投保人依所列项目逐项填写后交给保险人。

人身保险投保单一般包括：①投保人、被保险人的基本信息，包括姓名、性别、出生日期、证件名称及号码、职业、联系地址、电话等；②投保险种信息，包括险种名称、保险期间、保额、保费、保险费交纳方式和频率、受益人的信息和受益份额等；③询问告知事项，主要询问投保人、被保险人的健康情况、财务情况及既往投保理赔情况；④声明与授权，主要内容为投保人对填写信息真实性的承诺、投保人对保险条款了解程度的声明及授权保险公司对其身体情况进行调查等；⑤签名和日期。

投保人应当如实填写投保单上的各项内容，投保单的原件由保险人存档，复印件将附在保险合同上，成为保险合同的组成部分。

2. 保险单

保险单，又称为保单，是投保人和保险人订立保险合同后，由保险人向投保人签发的保险合同的正式书面凭证。实务中，保险单上载明保险合同的主要内容，包括投保人、被保险人的基本信息；受益人的信息、受益人顺序和份额；险种信息、保险金额、保险期间、保险费及交费方式；合同成立日期和生效日期；保险人签章等。保险单是保险合同的重要组成部分，但签发保险单不是保险合同成立及生效的必要条件。

3. 保险凭证

保险凭证，又称为小保单，是保险合同的一种证明，实际上是简化的保险单，与保险单具有同等效力。

4. 暂保单

暂保单，又称为临时保单，是正式保险合同生效之前的一种临时保险合同，是投保人提交投保单后保险人尚未决定是否承保或保险合同尚未生效之前，临时向投保人签发的一种保险凭证。实务中，投保人提交保险合同后，保险人需要核保，且有可能需要被保险人体检等，导致保单不能即时生效，这段时间内如果被保险人出险，保险人是否承担保险责任，如何承担保险责任，成为实务中争议较多的问题，因此暂保单产生了。从法律效力上，暂保单与保险单具有相同的法律效力，但暂保单的期限较短，保额较低，正式保单一经交付，暂保单即自动失效。

5. 批单

批单是在保险合同有效期内协商变更合同内容的一种凭证。实务中，批单是保险人根据投保人或被保险人的要求协商一致后，由保险人签发的确认保险合同内容变更的法律文件。一般情况下，保险人可在原保险单或保险凭证上进行批注，也可以由保险人另行出具一张格式批单，附贴在保险单或者保险凭证上。如受益人变更的批单、交费方式变更的批单等。

6. 其他书面形式

我国《保险法》第十三条第二款规定，保险单或者其他保险凭证应当载明当事人双方约定的合同内容。当事人也可以约定采用其他书面形式载明合同内容。其他书面形式较常见于团体保险中，比如投保单位与保险人之间关于保险合同内容变更的信件或电子邮件等。

上述都属于保险合同的组成部分，实务中可能出现记载内容不一致的情况。对此，《最高人民法院关于适用〈中华人民共和国保险法〉若干问题的解释（二）》第十四条规定，"保险合同中记载的内容不一致的，按照下列规则认定：（一）投保单与保险单或者其他保险凭证不一致的，以投保单为准。但不一致的情形系经保险人说明并经投保人同意的，以投保人签收的保险单或者其他保险凭证载明的内容为准；（二）非格式条款与格式条款不一致的，以非格式条款为准；（三）保险凭证记载的时间不同的，以形成时间在后的为准；（四）保险凭证存在手写和打印两种方式的，以双方签字、盖章的手写部分的内容为准"。

（六）保险合同的内容

我国《保险法》第十八条规定，保险合同应当包括下列事项："（一）保险人的名称和住所；（二）投保人、被保险人的姓名或者名称、住所，以及人身保险的受益人的姓名或者名称、住所；（三）保险标的；（四）保险责任和责任免除；（五）保险期间和保险责任开始时间；（六）保险金额；（七）保险费以及支付办法；（八）保险金赔偿或者给付办法；（九）违约责任和争议处理；（十）订立合同的年、月、日。"

投保人和保险人可以约定与保险有关的其他事项。

实务中，上述内容在保险单和保险凭证上都有简要的记载，但权利义务的详细内容主要在保险条款中。下面介绍一下人身保险中的基本内容和条款：

1. 当事人和关系人的身份信息、联系方式和地址

人身保险合同中应当载明投保人、被保险人的身份信息，包括姓名、出生日期、身份证号码、联系方式和家庭地址等，如果指定受益人，还应当包括受益人的身份信息。这些信息一般记载在保险单和投保单上。当事人的联系方式和地址，关系到保险合同生效后，保险人向投保人或被保险人通知某些权益和事项的落实。

2. 保险标的

保险标的是保险合同权利义务所指向的对象，是保险利益的载体，人身保险合同的保险标的是被保险人的生命和身体。

3. 保险责任

保险责任是按照保险合同约定，当被保险人死亡、伤残、疾病或达到合同约定的年龄、期限等条件时，保险人所承担的保险金赔偿或给付责任。因保险种类不同，保险责任的范围和内容也不同。保险责任是保险合同的核心内容，是保险人承担的基本义务。

4. 责任免除

责任免除是保险合同中载明的排除或限制保险责任范围，保险人不承担赔偿或给付保险金责任的情形。责任免除事项是最容易引发争议和纠纷的内容。

免责事项可以分为法定免责事项与约定免责事项。法定免责事项是指法律规定的可以免除保险人保险责任的事项，比如我国《保险法》第二十七条、第四十四条及第四十五条等条款的规定，约定免责事项是指在保险合同中约定的免除保险人保险责任的事项。针对保险人的明确说明义务，保险法对法定免责事项与约定免责事项的要求是不一样的。

5. 保险期间和保险责任开始时间

保险期间是保险合同约定的保险责任有效期间，即从保险合同约定的责任开始时间至终

止的时间。保险责任开始时间是保险人承担保险责任的起始时间。保险期间和保险责任开始时间存在起始时间不一致的可能性。比如在重大疾病保险中一般会设置观察期，保险人自观察期后开始承担重大疾病保障责任。

6.保险金额

保险金额是指保险人承担赔偿或者给付保险金责任的最高限额。保险金额是确定保险费的依据。在不同类型的保险合同中保险金额的确定方式不同。在财产保险中，保险金额要根据保险价值来确定，原则上保险金额不能超过保险价值。在人身保险中，由于人的身体和健康是无法用价值来衡量的，因此人身保险的保险金额是当事人双方约定的保险人承担的最大限额。

7.保险费及其支付办法

保险费是投保人支付的作为保险人承担保险责任的对价。保险费的多少是由保险费率和保险金额等因素决定的。依据我国《保险法》的规定，保险费支付与否不是保险合同成立的要件。交纳保险费是投保人的基本义务，投保人可以按照合同约定向保险人一次支付全部保险费或者分期支付保险费，但我国《保险费》第三十八条规定，保险人对人寿保险的保险费，不得用诉讼方式要求投保人支付。保险合同中应当明确约定保险费支付的数额、方式和支付时间，比如约定分期缴纳保险费，通过银行转账方式支付，支付时间为保单周年日等。

8.保险金赔偿或给付办法

保险事故发生后，保险人负有依照法律规定或合同约定给付保险金的义务。保险金如何给付，保险合同有约定时按照约定，保险合同没有约定时按照法律规定。保险条款中应当约定赔款的计算方式，保险金申请人、申请保险金应当提交的资料、保险金给付的时间和方式等。

9.违约责任和争议处理

违约责任是指违反合同约定的民事责任，即当事人不履行合同义务或履行合同义务不符合合同约定时所应承担的法律责任。争议处理条款指用于解决保险合同纠纷适用的条款，争议解决方式一般包括协商、调解、诉讼、仲裁等方式。

10.合同订立的时间、成立时间和生效时间

人身保险合同中，合同订立时间往往关乎确定投保人对被保险人是否具有保险利益，而合同的成立时间和生效时间关系到保险期间起始时间、保险责任开始时间和分期保险费的支付时间，因此一般需要在保险合同中列明。

除上述基本内容外，人身保险合同中还有一些特有的条款，包括以下内容：

1.交费宽限期

保险费交付方式分为一次性交付和分期交付两种。人身保险的保险期间一般都较长，保险费较高，大多采用分期交纳的方式，因交费期间较长，投保人可能会忘记交纳保险费，或者因经济原因或家庭原因而不能交纳保险费，为避免该保险合同因未及时交费而轻易失去效力，人身保险中特别设计了交费宽限期制度。该制度不仅有利于投保人交纳保险费，保证获得保险保障，而且有利于保险人稳定经营，因此对于投保人与保险人双方都是有利的。

交费宽限期是指人身保险合同中在分期交纳保险费的情况下，投保人支付首期保险费后，对于到期未交费保险费的投保人给予一段时间的宽限期，投保人只要在该宽限期内交纳保险费即可。我国《保险法》第三十六条规定，合同约定分期支付保险费，投保人支付首期保

险费后，除合同另有约定外，投保人自保险人催告之日起超过30日未支付当期保险费，或者超过约定的期限60日未支付当期保险费的，合同效力中止，或者由保险人按照合同约定的条件减少保险金额。被保险人在前款规定期限内发生保险事故的，保险人应当按照合同约定给付保险金，但可以扣减欠交的保险费。

关于交费宽限期，具有以下特点。

（1）交费宽限期是法律强制性规定，保险人不得以约定方式予以排除。

（2）依照法律规定，交费宽限期的时长有三种：第一，经保险人催告交费之日起30日内；第二，自合同约定的保险费缴纳日的次日起60日内；第三，保险合同约定交费宽限期起止日期。目前实务中大多采用第二种方式，即自合同约定的保险费缴纳日的次日起60日内未交费宽限期。

（3）被保险人在交费宽限期内发生保险事故的，保险人应当承担保险责任给付保险金，但可以扣减欠交的保险费。

实务中交费宽限期条款一般如下表述，"分期交纳保险费的，投保人交纳首期保险费后，除本合同另有约定外，如果投保人到期未交纳保险费的，自保险费约定交纳日的次日零时起60日为宽限期。在宽限期内发生保险事故的，本公司仍承担保险责任，但给付保险金时本公司将扣除应交而未交的保险费。超过宽限期仍未交纳保险费的，则本合同自宽限期届满的次日零时起效力中止，但本合同另有约定的除外"。

2. 保险合同效力中止

保险合同效力中止指在保险合同有效期间内，因某种事由的发生而导致合同效力处于暂时停止的状态。在保险合同效力中止期间保险人不承担保险责任。

实务中，保险合同效力中止的事由包括：

（1）投保人未按照合同约定交纳保险费，且在宽限期届满时仍未缴纳保险费，合同效力中止。这是最常见的导致保险合同中止的事由。

（2）存在保单贷款，且在贷款期限届满投保人到期未能偿还全部的贷款及利息的，则所欠的贷款及利息将作为新的贷款重新计息，当保险合同的现金价值净额为零时，合同效力中止。

（3）保险险种具有自动垫交保险费的功能，投保人选择自动垫交保险费，分期保险费在宽限期满后仍未交纳的，保险公司将保险合同当时的现金价值净额自动垫交保险费；当保险合同的现金价值净额不足以垫交到期保险费时，合同效力中止。

保险合同效力中止是暂时的状态，在符合规定的条件下，被中止的合同效力可以恢复，但是如果经过一段时间无法恢复的，则合同可以被解除。

3. 保险合同效力恢复

保险合同效力恢复指效力已经中止的合同，依据一定的程序，合同效力可以得以恢复。复效条款是人身保险合同中的一项特有的制度，也是法律强制性规定。人身保险合同都是长期合同，在漫长的保险期间内可能会出现保险合同效力中止的情况，设立复效制度给予投保人维护合同效力的机会，一方面可以弥补解除合同给投保人造成的损失，维护投保人一方的利益，另一方面也可以维持保险人的稳定经营，因此是一项双赢的制度。我国《保险法》第三十七条就是关于复效的规定，"合同效力依照本法第三十六条规定中止的，经保险人与投保人协商并达成协议，在投保人补交保险费后，合同效力恢复。但是，自合同效力中止之日起满两年双方未达成协议的，保险人有权解除合同"。

保险合同复效的条件：第一，投保人应当在规定的期间内向保险人提出复效的请求。我国保险法规定效力中止两年内，投保人可以提出复效的要求。第二，投保人应当与保险人就合同复效达成协议。保险合同效力中止后，并不因投保人提出复效的单方面意思表示而恢复效力，必须是投保人和保险人达成合意。实践中，合同中止期间保险标的的风险程度通常会发生变化，所以保险人需要对保险标的情况进行评估后再决定是否同意复效。但根据《最高人民法院关于适用〈中华人民共和国保险法〉若干问题的解释(三)》第八条的规定，除被保险人的危险程度在中止期间显著增加外，保险人不得拒绝恢复效力。另外，投保人提出恢复效力后，保险人应当及时做出答复，根据《最高人民法院关于适用〈中华人民共和国保险法〉若干问题的解释(三)》第八条的规定，保险人在收到恢复效力申请后，30 日内未明确拒绝的，应认定为同意恢复效力。第三，投保人应当补交保险费及利息，或还清保单贷款。

保险合同复效后合同将恢复效力，合同复效是原保险合同的继续，保险合同自投保人补交保险费之日恢复效力，保险人自效力恢复之日起开始承担保险责任。

4. 年龄误告条款

人身保险合同中，被保险人的年龄将影响是否承保及保险费率，因此我国《保险法》第三十二条对于被保险人年龄误告做了规定，实务中需要注意以下几点：

(1)投保人在投保时应当如实告知被保险人的真实年龄。一般是投保人在投保单上填写被保险人出生日期。

(2)投保人申报的被保险人年龄不真实，并且其真实年龄不符合合同约定的年龄限制的，保险人可以解除合同，并按照合同约定退还保险单的现金价值。但对于保险人行使合同解除权有一定的限制：第一，是时间限制，自保险人知道有解除事由之日起，超过 30 日不行使而消灭。自合同成立之日起超过两年的，保险人不得解除合同；发生保险事故的，保险人应当承担给付保险金的责任。第二，是弃权行为的限制，保险人在合同订立时已经知道投保人未如实告知被保险人的真实年龄的，保险人不得解除合同；发生保险事故的，保险人应当承担给付保险金的责任。

(3)投保人申报的被保险人年龄不真实，真实年龄在承保的范围内，但影响费率时，如果致使投保人支付的保险费少于应付保险费的，保险人有权更正并要求投保人补交保险费，或者在给付保险金时按照实付保险费与应付保险费的比例支付；如果致使投保人支付的保险费多于应付保险费的，保险人应当将多收的保险费退还投保人。

5. 不丧失价值条款

不丧失价值条款是指人身保险合同的投保人享有保单现金价值的权利，不因保险合同的解除而丧失。现金价值被称为"解约退还金"或"退保价值"，是人寿保险合同中的保单责任准备金。依法或合同约定解除保险合同，保险人应当退还保单现金价值给投保人。我国《保险法》第四十七条规定，投保人解除合同的，保险人应当自收到解除合同通知之日起 30 日内，按照合同约定退还保险单的现金价值。

6. 自杀条款

我国《保险法》第四十四条规定，以被保险人死亡为给付保险金条件的合同，自合同成立或者合同效力恢复之日起两年内，被保险人自杀的，保险人不承担给付保险金的责任，但被保险人自杀时为无民事行为能力人的除外。保险人依照前款规定不承担给付保险金责任的，应当按照合同约定退还保险单的现金价值。

二、保险合同的成立和生效

(一)保险合同的成立

1. 保险合同的订立

我国《保险法》第十三条第一款规定,投保人提出保险要求,经保险人同意承保,保险合同成立。保险人应当及时向投保人签发保险单或者其他保险凭证。

订立保险合同的过程是投保人和保险人双方意思表示一致的过程。订立保险合同与其他合同一样要经过要约和承诺两个阶段。按照我国《合同法》的规定,一方发出要约,即希望和他人订立合同的意思表示,发出要约的一方为要约人,接受要约的一方为受要约人。要约应当符合两个条件:第一是内容具体确定表明;第二是表明经受要约人承诺,要约人即受该意思表示约束。要约在到达受要约人之前可以撤回,在受要约人收到要约但尚未发出承诺通知之前可以撤销。承诺是受要约人同意要约的意思表示。承诺的内容必须与要约的内容一致。承诺的通知达到要约人时生效,承诺生效时合同成立。承诺的通知在到达受要约人之前可以撤回。受要约人没有完全接受要约的内容,而是对要约的内容进行了更改的,属于反要约。

保险实务中,保险合同的订立过程会经过投保(要约)和承保(承诺)两个阶段。①投保,即投保人向保险人明确提出投保的请求。投保体现为投保人在保险人处索取投保单,并如实填写投保单上事项,且认可保险人规定的保险费率和相应的保险条款,签名确认后将投保单交付于保险人。②承保,即保险人同意投保人剔除的保险要约的行为。实务中,保险人收到投保人填写的投保单后,经必要的审核认为符合承保条件的,在投保单上签字盖章就构成承诺。如果保险人经过审核,认为需要附加条件或变更保障内容后才能承保,则构成反要约,反要约送达投保人后,如果投保人表示同意,则构成承诺。比如针对患有慢性阑尾炎的客户投保医疗费用类险种,保险人经核保认为需要除外阑尾炎责任,并向投保人发出核保通知书,该核保通知书即为反要约,投保人在核保通知书上签名同意则为承诺,保险合同成立。

2. 保险合同的成立

保险合同成立是指保险合同的当事人对保险合同的内容达成一致。承诺生效时合同成立,实务中体现为保险人同意投保人的投保要求,收取保险费并签发保险单。但保险合同成立并不一定是保险责任开始。

(二)保险合同的生效

合同生效是指已经成立的合同在当事人之前产生法律约束力。合同成立与生效是两个完全不同概念,但又密切相关。合同成立是事实判断问题,取决于当事人的意思表示是否一致,只要当事人意思表示一致,合同就成立了。合同是否有效是价值判断问题,反映国家法律对合同效力的干预和控制。因此,合同成立是合同生效的前提,但合同成立并不必然导致合同生效。依法成立的合同对当事人具有约束力,当事人按照法律及合同约定完备合同的生效要件后,合同才能生效。

1. 保险合同生效的要件

保险合同的生效要件是指已经成立的保险合同要生效所应具备的必要条件。根据法律规定,保险合同的生效要件包括:①主体符合法律规定。保险人必须是依法成立的保险公司,投保人必须具有民事行为能力。②意思表示真实。合同双方意思表示真实一致,不存在欺诈、胁迫等情况。③内容合法。保险合同的内容不违反法律、行政法规的强制性规定，不违背公序良俗。例如，人身保险合同中投保人对被保险人应当具有保险利益，否则无效。

2. 保险合同生效的时间

我国《保险法》第十三条第三款规定，依法成立的保险合同，自成立时生效。投保人和保险人可以对合同的效力约定附条件或者附期限。一般，如果没有对保险合同的生效时间作特别约定，合同自成立时生效；如果对合同生效约定了附属条件，则保险合同从条件满足时开始生效。比如，投保人在通过互联网购买的旅行意外伤害保险，投保时根据自己的出游时间指定保险合同在出游当天零时起合同生效，保险人开始承担保险责任。

一般的，保险合同生效，保险人开始承担保险责任。但在某些情况下，保险合同生效时间与保险责任开始时间会不一致，实务中主要有两种情形：第一，保险合同双方一致同意，将保险责任开始时间追溯至合同生效之前，即保险人同意对于保险合同生效之前所发生的保险事故也承担保险责任。这在团体保险、海上保险中较多见。第二，观察期的规定，一般合同生效一段时间之后保险人才开始承担保险责任，这在健康保险特别是重大疾病保险中常见。

3. 保险合同无效的情形

保险合同无效，是与有效相对而言的，指保险合同虽已成立，但因违反法律、行政法规或社会公共利益而不具有法律效力，不受法律保护。按照我国《民法总则》和《合同法》的规定，无效合同的原因是缺少有效要件，包括：第一，合同主体不合格；第二，合同内容不合法；第三，合同客体不合法；第四，意思表示不真实；第五，合同形式不符合法律规定。

人身保险合同中，导致合同全部或部分无效的常见情形有：

（1）投保人对被保险人不具有保险利益。我国《保险法》第三十一条规定了人身保险保险利益，最后一款规定"订立合同时，投保人对被保险人不具有保险利益的，合同无效"。

（2）以死亡为给付保险金条件保险，未经被保险人同意并书面认可保险金额的无效。我国《保险法》第三十四条第一款规定，以死亡为给付保险金条件的合同，未经被保险人同意并认可保险金额的，合同无效。

（3）除父母以外的人为无民事行为能力人订立的含死亡责任的保险合同。我国《保险法》第三十三条规定，投保人不得为无民事行为能力人投保以死亡为给付保险金条件的人身保险，保险人也不得承保。父母为其未成年子女投保的人身保险，不受前款规定限制。但有一种情况例外，未成年人父母之外的其他履行监护职责的人，在经未成年人父母同意的情况下，为未成年人订立以死亡为给付保险金条件的合同是有效的。《最高人民法院关于适用〈中华人民共和国保险法〉若干问题的解释（三）》第六条规定，未成年人父母之外的其他履行监护职责的人为未成年人订立以死亡为给付保险金条件的合同，当事人主张参照保险法第三十三条第二款、第三十四条第三款的规定认定该合同有效的，人民法院不予支持，但经未成年人父母同意的除外。

（4）父母为其未成年子女订立的含死亡责任的人身保险合同中，被保险人死亡给付的保险金总和不得超过国务院保险监督管理机构规定的限额，超过的部分无效，保险公司须退还相应的保险费。

（5）保险人对免责条款未予以提示和明确说明的，该条款无效。

（6）免除保险人义务、加重投保人一方的责任及排除投保人一方的权益的格式条款无效。

我国《保险法》第十九条规定，采用保险人提供的格式条款订立的保险合同中的下列条款无效："（一）免除保险人依法应承担的义务或者加重投保人、被保险人责任的；（二）排除投保人、被保险人或者受益人依法享有的权利的。"

（7）以合法形式掩盖非法目的的保险合同。订立保险合同形式上是合法的，但目的是违法的，比如违法以逃税或者洗钱的目的而订立的保险合同是无效合同。

三、保险合同的履行

合同履行是指合同当事人按照合同约定全面、适当地履行自己的义务。合同履行应当遵循全面、诚信、协作和经济等原则。下面主要介绍人身保险合同的履行。

（一）投保人义务的履行

1. 保险费的支付义务

投保人的首要义务是按照合同约定支付保险费。保险合同订立后，投保人应当按照合同约定的时间、数额和方法支付保险费。我国《保险法》第十四条规定，保险合同成立后，投保人按照约定交付保险费，保险人按照约定的时间开始承担保险责任。如果投保人不按时支付保险费，保险人可以通过法律允许的方式要求投保人支付，但是人寿保险的保险费不得以诉讼方式要求投保人交付。

2. 保险标的危险增加的通知义务

在合同有效期内，保险标的危险程度增加的，被保险人按照合同约定应及时通知保险人，保险人有权要求增加保险费或解除合同，被保险人未履行前款规定的通知义务的，因保险标的危险程度增加而发生的保险事故，保险人不承担赔偿责任。保险标的危险增加的通知义务主要适用于财产保险中，但在人身保险合同中也会有个别的约定，特别是意外伤害保险中一般都会约定，被保险人的职业或工种发生变更而导致危险程度增加的，需要及时告知保险人。

3. 保险事故的及时通知义务

在保险事故发生后，投保人、被保险人或者受益人应当及时通知保险人。我国《保险法》第二十一条规定，投保人、被保险人或者受益人知道保险事故发生后，应当及时通知保险人。故意或者因重大过失未及时通知，致使保险事故的性质、原因、损失程度等难以确定的，保险人对无法确定的部分，不承担赔偿或者给付保险金的责任，但保险人通过其他途径已经及时知道或者应当及时知道保险事故发生的除外。

保险事故及时通知义务的主体是投保人、被保险人和受益人，他们都属于投保人一方，距离保险标的最近，对保险标的最为了解。保险事故的及时通知的时间限制、通知的方式方法，法律没有规定，保险合同可以约定。对于未按照法律规定或合同约定及时通知的，我国保险法规定，只要主观上属于故意或重大过失，客观上造成事故性质、原因、损失程度无法确定的情况下，保险人才承担法律责任。另外，保险事故及时通知义务设定的主要目的是让保险人能否及时查勘定损，防止事故损失扩大，因此，如果保险人已经通过其他途径了解到出险事故的，则投保人一方可以不再履行该义务。

4. 提供保险事故证明资料的义务

我国《保险法》第二十二条第一款规定，保险事故发生后，按照保险合同请求保险人赔偿或者给付保险金时，投保人、被保险人或者受益人应当向保险人提供其所能提供的与确认保险事故的性质、原因、损失程度等有关的证明和资料。保险事故发生后，投保人一方为了获得保险金赔偿，应当能提供证明保险事故发生及损失程度的证明，这是理赔的前提。该义务的设定以投保人一方占有保险事故发生的信息优势为前提，但不是无限制的，证据资料以投保人一方能够提供为限，投保人一方难以提供或者超过事故发生及损失范围的资料，则无须提供。

财产保险合同中，投保人还应当履行保险标的转让的通知义务、维护标的安全义务、危险增加通知义务和施救的义务等。

（二）保险人义务的履行

1. 签发保险单或保险凭证的义务

我国《保险法》第十三条第一款规定，投保人提出保险要求，经保险人同意承保，保险合同成立。保险人应当及时向投保人签发保险单或者其他保险凭证。可见，按照法律规定保险人应当及时向投保人签发保险单或保险凭证。

2. 承担保险责任并给付保险金的义务

保险人承担保险责任并给付保险金是合同约定的保险人最重要的义务，是理赔的过程。任何单位和个人不得非法干预保险人履行赔偿或者给付保险金的义务，也不得限制被保险人或者受益人取得保险金的权利。

在理赔过程中，关于保险人履行义务的几项重要规定：

（1）及时一次性通知义务

投保人一方向保险人提交保险事故证明资料，并提出索赔后，保险人应当尽快进行资料审核，认为有关的证明和资料不完整时，应当及时一次性通知投保人一方补充提供。根据我国《保险法》第二十二条第二款的规定，保险人要求投保人一方补充提交资料的机会只有一次，不允许反复要求投保人一方补交资料。

（2）理赔处理时长要求

关于保险人处理理赔的时长，我国《保险法》第二十三条规定，保险人收到被保险人或者受益人的赔偿或者给付保险金的请求后，应当及时做出核定；情形复杂的，应当在30日内做出核定，但合同另有约定的除外。保险人应当将核定结果通知被保险人或者受益人；对属于保险责任的，在与被保险人或者受益人达成赔偿或者给付保险金的协议后10日内，履行赔偿或者给付保险金义务。保险合同对赔偿或者给付保险金的期限有约定的，保险人应当按照约定履行赔偿或者给付保险金义务。《保险法》规定保险人处理理赔首先应当"及时"即"合理且尽快"；其次，对于情形复杂的赔案，规定30日的期限；最后，保险合同有约定处理时限的，应当按照约定履行。对于支付保险金的期限，《保险法》规定，在保险人与被保险人或者受益人达成赔偿或者给付保险金的协议后10日内给付保险金。

如果保险人未按照《保险法》规定履行理赔时限的，除支付保险金外，还应当赔偿被保险人或者受益人因此受到的损失。

（3）理赔结论通知义务

我国《保险法》规定，保险人应当将核定结果通知被保险人或者受益人，对于拒赔的案件，应当自做出拒绝赔付决定之日起3日内向被保险人或者受益人发出拒绝赔偿或者拒绝给付保险金的通知书，通知书上应当说明不承担保险责任的理由。

（4）先于赔付的义务

我国《保险法》第二十五条规定，保险人自收到赔偿或者给付保险金的请求和有关证明、资料之日起 60 日内，对其赔偿或者给付保险金的数额不能确定的，应当根据已有证明和资料可以确定的数额先予支付；保险人最终确定赔偿或者给付保险金的数额后，应当支付相应的差额。该条规定要求保险人在投保人一方提交理赔相关证明资料后，在认定属于保险责任范围，但由于证明资料不够充分，或损失不能准确核实等赔偿数额无法确定的情况下，对于可以确定数额的部分先予支付，待最终确定赔偿数额后再支付差额。

3. 退还该保单的保险费或现金价值

人寿保险单具有储蓄性质，投保人支付的保险费，为了日后赔付，保险人会将投保人缴纳的保险费的一部分提取出来作为责任准备金，并通过资金运作生息，这部分资金被称为保单的现金价值。在保单解除时，保单的现金价值应当退还给投保人一方。现金价值的所有权归投保人，保险人不得以任何理由拒绝退还，否则构成不当得利。

四、保险合同的变更和终止

保险合同的变更指在保险合同有效期内，投保人和保险人经协商同意，就合同内容达成修改或补充的协议。保险合同变更是在原合同基础上双方达成一致，仅是对保险合同部分内容的变更，保险合同变更采用书面形式。我国《保险法》第二十条规定，投保人和保险人可以协商变更合同内容。变更保险合同的，应当由保险人在保险单或者其他保险凭证上批注或者附贴批单，或者由投保人和保险人订立变更的书面协议。

保险合同变更的内容主要包括：受益人及受益份额变更、保险费缴纳方式的变更、保险金额的变更、职业或工种的变更、住所或联系方式的变更、养老金领取年龄的变更及争议处理方式变更等。

保险合同变更后，当事人应当按照变更后的保险合同内容履行各自的权利义务，但保险合同变更之前已经履行的内容不受影响。

五、保险合同终止

保险合同终止指保险合同因法定或约定事由的发生而导致合同双方权利义务关系消灭。保险合同终止的事由主要包括以下三项。

（一）保险期间届满

任何债权债务关系都有时间性。保险合同都约定由该保险期间，保险期间届满，虽然未发生保险事故理赔，保险合同双方的权利义务都自然终止。保险合同终止，保险人的保障责任亦终止。比如，定期寿险合同中约定保险期间为 20 年，20 年保险期间内被保险人未发生身故的保险事故，保险期间届满保险合同终止，保险人不再承担责任。

（二）保险合同履行完毕

保险事故发生后，保险人完成赔偿或给付保险金的义务后，保险合同终止。比如，上面的定期寿险合同，保险期间约定为 20 年，在第 10 年时被保险人身故，保险人按照约定给付指定受益人保险金后，保险合同终止。

（三）保险合同解除

保险合同的解除指保险合同成立后，尚未履行完毕前，当事一方基于法定或约定事由，或当事人双方经协商同意，行使合同解除权而使保险合同关系归于消灭的法律行为。

1. 保险合同解除权利人

保险合同是投保人和保险人订立的，合同解除的权利人自然是投保人和保险人。人身保险合同的被保险人和受益人不具有合同解除权。

2. 保险合同解除的类型

保险合同解除的类型分为法定解除、约定解除和协商解除三种类型。

（1）法定解除

法定解除是指法律法规赋予当事人一方在一定情况下可以行使合同解除权，将合同效力归于消灭。法定解除是一种单方法律行为，当法定事由发生时，依法具有合同解除权的当事人一方可以向对方发出解除合同的意思表示，而无须征求另一方的意见。

法律赋予投保人随时解除合同的法定权利，但不允许保险人随时解除合同。我国《保险法》第十五条规定，除本法另有规定或者保险合同另有约定外，保险合同成立后，投保人可以解除合同，保险人不得解除合同。可见，保险人解除合同是受到严格限制的。

我国《保险法》规定的，人身保险合同中保险人可以行使法定解除合同的情况如下：

第一，投保人未如实告知。投保人故意或者因重大过失未履行前款规定的如实告知义务，足以影响保险人决定是否同意承保或者提高保险费率的，保险人有权解除合同。

第二，年龄误告。投保人申报的被保险人年龄不真实，并且其真实年龄不符合合同约定的年龄限制的，保险人可以解除合同。

上述两条的合同解除权有时间限制，合同解除权必须在自保险人知道有上述解除事由之日起 30 日内行使，否则合同解除权消灭。自合同成立之日起超过 2 年的，保险人不得解除合同。

第三，骗取保险金的行为。我国《保险法》第二十七条规定了保险人针对两种骗取保险金的行为可以解除保险合同。这种两种骗取保险金的行为是：未发生保险事故，被保险人或者受益人谎称发生了保险事故，向保险人提出赔偿或者给付保险金请求的；投保人、被保险人故意制造保险事故的。

第四，合同效力中止超过 2 年的。人身保险合同自合同效力中止之日起满 2 年双方未达成复效协议的，保险人有权解除合同。

（2）约定解除

约定解除是指保险合同中约定了合同解除的事由或条件，一旦事由发生或条件成立，则合同一方可依据约定解除合同。保险合同中约定的事由不得与法律强制性规定相违背，也不得损害社会公共利益。一般来讲，约定解除权主要是保险人行使，法律赋予投保人随时解除合同权利，而除法律另有规定或者保险合同另有约定外，保险人不得解除合同，因此约定解除权基本由保险人行使。

（3）协议解除

协议解除也主要是针对保险人的。在法律没有规定及合同未约定解除事由的情况下，保险人可以通过与投保人协商一致，达成解除合同的协议来解除保险合同。

3. 保险合同解除的后果

保险合同解除的法律后果是使保险合同的效力提前消灭。因人身保险具有储蓄的性质，故在投保人提出解除保险合同时，保险人应当退还投保人保险费或保单的现金价值；保险人因投保人的故意不如实告知行为或保险欺诈行为而解除保险合同的，保险人可以不退还保险费，因投保人重大过失行为而解除保险合同的，保险人可以退还保险费或保单现金价值。

六、保险合同纠纷解决

保险合同纠纷是指保险合同当事人在订立、旅行保险合同的过程中发生的争议。保险合同纠纷发生后，解决方式有四种：协商、调解、诉讼和仲裁。

（一）协商

协商是指保险合同双方在平等自愿、互谅互让、实事求是的基础上，依据法律规定和合同约定，对争议问题直接沟通，友好磋商，求同存异，对所争议的问题达成一致意见，自行解决争议的方法。

自行协商是最简便快捷、成本最低的解决纠纷方式，可以节约时间和费用，更重要的是可以在协商过程中增进了解，强化双方的信任，有助于圆满解决纠纷，并继续履行合同。

（二）调解

调解是指争议双方在第三方机构的主持和参与下，组织双方当事人以事实为基础，依据法律法规，通过协商以和解的方式解决纠纷。目前主要的调解机构包括人民法院、仲裁委员会和人民调解委员会。

为充分发挥人民法院、保险监管机构、保险行业组织预防和化解社会矛盾纠纷的积极作用，建立完善的保险纠纷多元化解决机制，为保险纠纷当事人提供便捷、高效、低成本的纠纷解决途径，最高人民法院和中国保监会联合推动建立了诉调对接机制。2012 年最高人民法院与中国保监会联合下发《关于在全国部分地区开展建立保险纠纷诉讼与调解对接机制试点工作的通知》，在 31 个保监局辖区的 32 个地区开展建立保险纠纷诉调对接机制试点工作，2016 年最高人民法院与中国保监会联合下发《关于全面推进保险纠纷诉讼与调解对接机制建设的意见》，进一步完善诉调对接机制，将保险纠纷诉调对接工作扩展至所有直辖市和省会（自治区首府）城市。

诉调对接机制主要由保险行业协会将本地区保险纠纷调解组织、调解员名单报当地保监局、保监分局备案，并由保监局、保监分局提供给对接法院建立本辖区调解组织、调解员名册；法院积极推进并完善立案前委派调解和立案后委托调解运作程序。立案前委派调节的主要流程为：保险纠纷当事人在到法院起诉时，人民法院立案部门应引导当事人选择调解方式解决纠纷。当事人明确表示不同意调解的，人民法院应当依法登记立案。

当事人接受调解的，人民法院向保险纠纷调解组织发送立案前委派调解函及相关材料，调解员根据调解程序依法开展调解，双方达成一致意见的，调解组织应制作调解协议书，由调解员和双方当事人签字确认；调解不成的，调解组织应及时函复人民法院，其中当事人申请立案的，人民法院应当依法登记立案。当事人申请对调解协议进行司法确认的，人民法院应当依法及时对调解协议进行审查，依法确认调解协议的效力。

立案后委派调节的主要流程为：保险纠纷已经登记立案的，法院根据案件情况，经双方当事人同意，可以委托保险纠纷调解组织进行调解，并将案件相关资料移送调解组织。调解员根据调解程序依法开展调解工作。双方达成一致意见的，由调解组织制作调解协议书，调解组织将调解结果及相关文件及时书面报送委托法院，人民法院依法审查后出具民事调解书。调解不成的，保险纠纷案件将恢复审理。

（三）诉讼

诉讼是指保险合同当事人的任何一方按照法律程序，通过法院对另一当事人提出权益主张，由人民法院按依法程序解决争议、进行裁决的方式。

保险合同纠纷案属于民事诉讼，与仲裁由双方共同且自愿选定仲裁机构不同，诉讼必须向有管辖权的法院提起，按照我国《民事诉讼法》的规定，因保险合同纠纷提起的诉讼，由被告住所地或者保险标的物所在地人民法院管辖。保险合同纠纷还需要在法律规定的诉讼时效内提出，我国《保险法》第二十六条规定，人寿保险以外的其他保险的被保险人或者受益人，向保险人请求赔偿或者给付保险金的诉讼时效期间为 2 年，自其知道或者应当知道保险事故发生之日起计算。人寿保险的被保险人或者受益人向保险人请求给付保险金的诉讼时效期间为 5 年，自其知道或者应当知道保险事故发生之日起计算。

（四）仲裁

仲裁是指合同双方当事人依据仲裁协议的约定，自愿将双方争议交由共同认可的仲裁机构进行裁决。仲裁协议可以是订立合同时的仲裁条款，也可以是争议发生前、发生时或发生后达成的仲裁协议。仲裁机构是指依法设立的仲裁委员会，它是独立于国家行政机关的民间团体，由争议双方当事人协议选定，不受级别管辖和抵御管辖的限制。仲裁裁决具有法律效应，当事人必须执行。仲裁实行"一裁终局"的制度，即裁决书做出之日发生法律效力。当事人选择仲裁解决纠纷的，人民法院不再受理该纠纷。

第四节　人身保险合同理赔中的常见问题

一、人身保险合同中的受益人

受益人的概念和特点在前面第二节人身保险合同中进行了论述。本部分主要针对保险实务中关于指定受益人的常见问题进行解析。

（一）受益人的资格

按照我国《保险法》对受益人的规定，受益人既可以指被保险人，也可以是人身保险中传统的身故受益人。任何自然人、法人或其他组织都可以是受益人，胎儿也可以是受益人。在确定某自然人的受益人资格时，只需考虑民事权利能力，而不用考虑民事行为能力。受益人犯罪或被剥夺政治权利的，其享有的受益权不丧失。

（二）指定受益人的规则

我国《保险法》第三十九条规定，人身保险的受益人由被保险人或者投保人指定。投保人指定受益人时须经被保险人同意。投保人为与其有劳动关系的劳动者投保人身保险，不得指定被保险人及其近亲属以外的人为受益人。被保险人为无民事行为能力人或者限制民事行为能力人的，可以由其监护人指定受益人。

可见，在指定受益人时必须遵守以下规则：

（1）被保险人有权指定受益人。人身保险合同的保险标的是被保险人的身体和生命，合同订立目的在于向被保险人及其家人提供保险保障，因此保险金请求权属于被保险人，受益人的受益权本质上讲属于被保险人请求权的转让，因此指定受益人的权利根本上归属于被保险人。

（2）投保人经被保险人同意才可以指定受益人。投保人是订立保险合同并支付保险费的人，作为合同当事人应当有权参与指定受益人，但如上述指定受益人的权利根本上是归属于被保险人，因此投保人经被保险人同意可以指定受益人。

（3）被保险人为无民事行为能力人或者限制民事行为能力人的，可以由其监护人指定受益人。被保险人具有指定受益人的权利，当被保险人是无民事行为能力人或者限制民事行为能力人时，按照《民法总则》的规定被保险人无法自己行使民事权利，由其监护人行使。

（4）投保人为与其有劳动关系的劳动者投保人身保险，不得指定被保险人及其近亲属以外的人为受益人。该条主要是针对单位为劳动者投保保险的情况，实务中主要是团体保险，对指定受益人做出了限制。近亲属包括：配偶、父母、子女、兄弟姐妹、祖父母、外祖父母、孙子女、外孙子女。

对于受益人指定违反《保险法》规定的，受益人指定无效。《最高人民法院关于适用〈中华人民共和国保险法〉若干问题的解释（三）》第九条第一款规定，投保人指定受益人未经被保险人同意的，人民法院应认定指定行为无效。

（三）受益顺序和份额

我国《保险法》第四十条规定，被保险人或者投保人可以指定一人或者数人为受益人。受益人为数人的，被保险人或者投保人可以确定受益顺序和受益份额；未确定受益份额的，受益人按照相等份额享有受益权。

指定受益人为一人时不存在受益顺序和份额的问题。当指定受益人为数人时，必须明确受益人的受益顺序和份额。受益顺序指各指定受益人享有的保险金请求权的先后次序。投保人、被保险人可以确定的两个以上的受益顺序。受益顺序在先的受益人享有全部保险金的请求权，受益顺序在后的受益人只有当受益顺序在先的受益人死亡、放弃受益权或者依法丧失受益权的情形下，才可以享有保险金请求权。受益份额指同一顺序的各受益人分别享有的请求给付的保险金占全部保险金的比例。如果未确定受益份额的，受益人按照相等份额享有受益权。

投保人或者被保险人指定数人为受益人，部分受益人在保险事故发生前死亡、放弃受益权或者依法丧失受益权的，该受益人应得的受益份额如何分配，《最高人民法院关于适用〈中华人民共和国保险法〉若干问题的解释（三）》第十二条对此作了规定。首先，如果保险合同对此有约定的，按照保险合同的约定处理；如果保险合同没有约定或者约定不明，该受益人应得的受益份额按照以下情形分别处理：

（1）未约定受益顺序及受益份额的，由其他受益人平均享有。被保险人或投保人在指定数人受益人时，未约定受益顺序和受益份额，部分受益人在保险事故发生前死亡、放弃受益权或者依法丧失受益权的，其受益人份额由其他受益人平均分配。例如，甲投保了某保险公司的终身寿险，指定其妻子、儿子、父亲、母亲为受益人，但未明确受益人的顺序及份额，在保险合同有效期内甲身故之前，甲的父亲和母亲相继去世，之后甲因悲伤过度也去世了，则甲的妻子和儿子各享有50%的保险金受益权。

（2）未约定受益顺序但约定受益份额的，由其他受益人按照相应比例享有。被保险人或投保人在指定数人为受益人时，未约定受益顺序，但明确了受益份额，部分受益人在保险事故发生前死亡、放弃受益权或者依法丧失受益权的，其受益份额由其他受益人按照约定的比例分配。例如，甲投保了某保险公司的终身寿险，指定其妻子、儿子、父亲、母亲为受益人，未明确受益人的顺序，但约定妻子受益份额为20%，儿子的受益份额为40%，父亲的受益份额为20%，母亲的受益份额额20%，在保险合同有效期内甲身故之前，甲的父亲和母亲相继去世，之后甲因悲伤过度也去世了，则甲的妻子和儿子将按照1∶2的比例分配甲的父亲和母亲40%的保险金。

（3）约定受益顺序但未约定受益份额的，由同顺序的其他受益人平均享有；同一顺序没有其他受益人的，由后一顺序的受益人平均享有。例如，甲投保了某保险公司的终身寿险，指定父亲和母亲为第一顺序受益人，指定妻子、儿子为第二顺序受益人，但均未明确受益份额，在保险合同有效期内甲未身故之前，甲的父亲去世了，之后甲发生车祸也去世了，则甲母亲作为第一顺序受益人，享有全部的保险金。如果在保险合同有效期内甲未身故之前，甲的父亲和母亲相继去世，之后甲因悲伤过度也去世了，则甲的妻子和儿子各享有50%的保险金受益权。

（4）约定受益顺序及受益份额的，由同顺序的其他受益人按照相应比例享有；同一顺序没有其他受益人的，由后一顺序的受益人按照相应比例享有。

（四）受益人变更

受益人变更实质上是受益权的重新确定。我国《保险法》第四十一条规定，被保险人或者投保人可以变更受益人并书面通知保险人。保险人收到变更受益人的书面通知后，应当在保险单或者其他保险凭证上批注或者附贴批单。投保人变更受益人时须经被保险人同意。

受益人变更需注意以下几点：

（1）变更受益人的权利人是被保险人和投保人，投保人变更受益人时须经被保险人同意。投保人变更受益人未经被保险人同意的，变更行为无效。

（2）受益人变更包括增加受益人、减少受益人、取消原来的受益人、变更受益顺序、变更受益份额等情形。

（3）变更受益人应当书面通知保险人。变更受益人未通知保险人的，变更行为对保险人不发生效力。《最高人民法院关于适用〈中华人民共和国保险法〉若干问题的解释（三）》第十条第二款规定，投保人或者被保险人变更受益人，当事人主张变更行为自变更意思表示发出时生效的，人民法院应予支持。投保人或者被保险人变更受益人未通知保险人，保险人主张变更对其不发生效力的，人民法院应予支持。

（4）变更受益人行为自变更意思表示发出时生效。变更受益人是单方法律行为，意思表示完成即可，无须保险人同意。《最高人民法院关于适用〈中华人民共和国保险法〉若干问题的解释（三）》第十条第一款规定，投保人或者被保险人变更受益人，当事人主张变更行为自变更意思表示发出时生效的，人民法院应予支持。

（5）保险事故发生后不能再变更受益人。受益权属期待权，在保险事故发生之前，该项权利不是现实的权利，但是在保险事故发生之后，期待权变成现实权力，受益人取得了保险金请求权，因此保险事故发生后不可以变更受益人。《最高人民法院关于适用〈中华人民共和国保险法〉若干问题的解释（三）》第十一条规定，投保人或者被保险人在保险事故发生后变更受益人，变更后的受益人请求保险人给付保险金的，人民法院不予支持。

（6）保险人应当为受益人变更办理相应的手续。变更受益人无须保险人同意，但保险人收到变更受益人的书面通知后，应当在保险单或者其他保险凭证上批注或者附贴批单，以备查证。

（五）保险金作为遗产处理

我国《保险法》第四十二条和《最高人民法院关于适用〈中华人民共和国保险法〉若干问题的解释（三）》中规定了保险金作为遗产的情形和处理规则。

1. 保险金作为遗产处理的情形

（1）没有指定受益人，或者受益人指定不明无法确定的。没有指定受益人，既包括没有指定受益人的情况，也包括指定受益人无效的情况。受益人指定不明无法确定，是指虽然指定了受益人但指定不明确，或意思含糊不清，无法确定受益人。另外，约定的受益人包括姓名和身份关系，保险事故发生时身份关系发生变化的，认定为未指定受益人。

（2）受益人先于被保险人死亡，没有其他受益人的。受益人行使受益权以其在保险事故发生时生存为前提，受益人在保险事故发生时已经死亡的，受益权自然消失，受益权不能继承。例如，甲为自己投保定期寿险，指定身故受益人为妻子乙，受益份额为100%。在保险合同有效期内，乙发生车祸死亡，甲因妻子去世悲伤过度突发心梗死亡，该保险合同中的指定受益人先于被保险人死亡，又没有其他受益人，故保险金作为甲的遗产处理。

（3）受益人依法丧失受益权或者放弃受益权，没有其他受益人的。我国保险法第四十三条第二款规定，受益人故意造成被保险人死亡、伤残、疾病的，或者故意杀害被保险人未遂的，该受益人丧失受益权。

2. 保险金作为遗产处理的规则

当保险金作为被保险人的遗产处理时，保险人应当按照《中华人民共和国继承法》向被保险人的继承人履行给付保险金的义务。

（六）几个特殊情况的认定

1. 受益人与被保险人在同一事件中死亡的

我国《保险法》第四十二条第二款规定，受益人与被保险人在同一事件中死亡，且不能确定死亡先后顺序的，推定受益人死亡在先。推定死亡是一种制定上规定的死亡，推定死亡的顺序可能与真实的死亡顺序相反。在能够确定真正死亡顺序的情况下，应当按照真正的死亡顺序处理，在无法确定真正死亡顺序的情况下，则按照法律规定采用推定的方法确定死亡顺序。在推定受益人先死亡后，如果有其他受益人，保险金按照法律规定由其他受益人领取，如果没有其他受益人，则保险金作为被保险人的遗产处理。

2. 受益人约定为"法定"的

《最高人民法院关于适用〈中华人民共和国保险法〉若干问题的解释（三）》第九条规定，受益人约定为"法定"或者"法定继承人"的，以继承法规定的法定继承人为受益人。

3. 受益人仅约定为身份关系的

《最高人民法院关于适用〈中华人民共和国保险法〉若干问题的解释（三）》第九条规定，受益人仅约定为身份关系的，投保人与被保险人为同一主体时，根据保险事故发生时与被保险人的身份关系确定受益人；投保人与被保险人为不同主体时，根据保险合同成立时与被保险人的身份关系确定受益人。例如，甲为自己投保定期寿险，指定身故受益人为妻子，受益份额为100%，但未写明妻子的姓名。在保险合同有效期内，甲发生车祸死亡，甲死亡时已婚，妻子为乙，则乙作为受益人享有保险金申请权。例如，甲为自己的儿子小甲投保定期寿险，指定身故受益人为妻子，受益份额为100%，但未写明妻子的姓名，合同成立时甲的妻子乙和小甲的妻子丙均健在。保险合同生效后不久，甲发生车祸死亡，则小甲的妻子丙作为受益人享有保险金申请权。

二、保险金申请人的监护人

（一）监护制度概要

监护是为欠缺参与社会交易和生活能力的人设定的辅助与保护机制。监护制度，是指保障无民事行为能力人和限制民事行为能力人的权益，弥补其民事主体能力行为能力不足的法律制度。完善的监护制度对于诸如未成年人、处于持续性植物状态的人、精神患者或老年痴呆患者等不能辨别或不能完全辨别自己行为的特殊人群具有非常重要的保障意义，是社会文明与和谐所不可或缺的制度建构。

我国原来的监护制度，主要由《民法通则》《未成年人保护法》及《老年人权益保障法》中关于监护的规定组成，原来的监护体系受立法当时社会生活所限，现在已经难以适应当前的实际生活需要。为此，《民法总则》在原监护制度的框架下进行了完善和补充，构建了新的监护制度体系，以家庭监护为基础，以社会监护为补充，以国家监护作为保障，取消了单位作为监护人的规则，扩大监护制度的受益群体，增加了遗嘱监护、协议监护、意定监护等监护种类，并且加强了监护监督的规定。理赔人员需要特别关注和熟悉新的监护制度，以便在理赔时确定保险金申请人和代管人。

（二）监护的对象

（1）未成年人，按照我国《民法总则》规定，不满十八周岁的自然人为未成年人。

（2）无民事行为能力或限制民事行为能力的成年人，即成年人监护对象不再局限于精神患者、痴呆患者，还包括的丧失或者部分丧失民事行为能力的老年人、智力障碍者以及因疾病等原因丧失或者部分丧失辨识认知能力的成年人。

（三）监护的种类

1. 法定监护

法定监护是由法律规定监护人的范围和顺序的监护。

（1）未成年人的法定监护人

我国《民法总则》第二十七条规定，父母是未成年子女的监护人。未成年人的父母已经死亡或者没有监护能力的，由下列有监护能力的人按顺序担任监护人：（一）祖父母、外祖父母；（二）兄、姐；（三）其他愿意担任监护人的个人或者组织，但是须经未成年人住所地的居民委员会、村民委员会或者民政部门同意。可见，父母是未成年人当然的第一顺位监护人，除特殊情况外，任何人和组织不能剥夺父母的监护权利。在父母死亡或没有能力监护的情况下，按照祖父母、外祖父母、兄、姐的顺序依次选择合适的监护人，在没有上述亲属监护人的情况下，经未成年人住所地的居民委员会、村民委员会或者民政部门同意可由其他愿意担任监护人的个人或者组织担任未成年人的监护人。

（2）成年人的法定监护人

我国《民法总则》第二十八条规定，无民事行为能力或者限制民事行为能力的成年人，由下列有监护能力的人按顺序担任监护人：（一）配偶；（二）父母、子女；（三）其他近亲属；（四）其他愿意担任监护人的个人或者组织，但是须经被监护人住所地的居民委员会、村民委员会或者民政部门同意。可见，成年人的监护人依次为配偶、父母、子女、其他近亲属，在没有上述亲属监护人的情况下，经未成年人住所地的居民委员会、村民委员会或者民政部门同意可由其他愿意担任监护人的个人或者组织担任未成年人的监护人。

2. 遗嘱指定监护

我国《民法总则》第二十九条规定，被监护人的父母担任监护人的，可以通过遗嘱指定监护人。遗嘱指定监护，是我国《民法总则》新设立的监护人制度之一，是《民法总则》的一大亮点。被监护人的父母指定自己认可的人作为未成年人的监护人，更加重视对未成年人的权利的保护，体现了民事法律的自治性和平等性。

3. 协议监护

我国《民法总则》第三十条规定，依法具有监护资格的人之间可以协议确定监护人。协议确定监护人应当尊重被监护人的真实意愿。协议监护，是我国《民法总则》新设立的监护人制度之一。但是需要注意，协议确定监护人必须是在具有监护资格的人之间进行，且必须按照监护人的顺序进行，不具有监护资格的人之间不可以协议监护人。

4. 指定监护

指定监护是指具有法定监护资格的人之间对担任监护人存在争议时，由有权机关指定监护的制度。我国《民法总则》第三十一条规定，对监护人的确定有争议的，由被监护人住所地的居民委员会、村民委员会或者民政部门指定监护人，有关当事人对指定不服的，可以向人民法院申请指定监护人；有关当事人也可以直接向人民法院申请指定监护人。该条在《民法通则》的基础上做了完善和修改，增加了民政部门指定监护人的权利和职责，同时也给予了当事人充分的选择权，可以选择先由被监护人住所地的居民委员会、村民委员会或者民政部门指定监护人，在当事人对指定不服的情况下，再向人民法院申请指定监护人；也可以选择直接向人民法院申请指定监护人。居民委员会、村民委员会、民政部门或者人民法院在指定监护人时应当尊重被监护人的真实意愿，按照最有利于被监护人的原则在依法具有监护资格的人中指定监护人。监护人被指定后，不得擅自变更；擅自变更的，不免除被指定的监护人的责任。

另外，为了避免在未指定监护人之前，被监护人的人身、财产及其他合法权益处于无人保护状态，《民法总则》第三十一条还规定了临时监护人，在指定监护人前，被监护人的人身权利、财产权利以及其他合法权益处于无人保护状态的，由被监护人住所地的居民委员会、村民委员会、法律规定的有关组织或者民政部门担任临时监护人。

5. 意定监护

意定监护是指具有完全民事行为能力的成年人可以与近亲属等愿意担任自己监护人的个人或组织协商，通过签订监护协议的方法自己为自己事先确定监护人。我国《民法总则》第三十三条规定，具有完全民事行为能力的成年人，可以与其近亲属、其他愿意担任监护人的个人或者组织事先协商，以书面形式确定自己的监护人。协商确定的监护人在该成年人丧失或者部分丧失民事行为能力时，履行监护职责。该条是成年人监护制度的新发展，为被监护人事先确定监护人提供了法律依据。

（四）监护人的职责

监护人的职责是代理被监护人实施民事法律行为，保护被监护人的人身权利、财产权利以及其他合法权益等。

监护人应当按照最有利于被监护人的原则履行监护职责。监护人除为维护被监护人利益外，不得处分被监护人的财产。

未成年人的监护人履行监护职责，在做出与被监护人利益有关的决定时，应当根据被监护人的年龄和智力状况，尊重被监护人的真实意愿。

成年人的监护人履行监护职责，应当最大程度地尊重被监护人的真实意愿，保障并协助被监护人实施与其智力、精神健康状况相适应的民事法律行为。对被监护人有能力独立处理的事务，监护人不得干涉。

三、免责事项的适用

责任免除是保险合同中载明的排除或限制保险责任范围，保险人不承担赔偿或给付保险金责任的情形。免责事项可以分为法定免责事项与约定免责事项。法定免责事项是指法律规定的可以免除保险人保险责任的事项；约定免责事项是指在保险合同中约定的免除保险人保险责任的事项。

（一）免责条款生效的条件

责任免除条款的生效必须满足三个条件：

免责条款的设定不违反法律法规的规定和公平合理的原则。在投保时保险人必须对免责事项向投保人进行明确说明。保险条款约定的免责情形与保险事故之间须存在关联性。

（二）法定免责事项

1. 投保人、被保险人存在未如实告知情形

我国《保险法》第十六条规定，"订立保险合同，保险人就保险标的或者被保险人的有关情况提出询问的，投保人应当如实告知"，可见告知义务是投保人应尽的法定义务。按新《保险法》第十六条的规定，投保人未如实告知的事实确属重要事实时，即足以影响保险人决定是否同意承保或者提高保险费率的事实，保险人有权解除保险合同。当投保人违反如实告知义务时，保险人可以按照《保险法》第十六条规定处理。按照《保险法》第十六条，要区分投保人未如实告知的行为属于故意还是重大过失，二者最重要的区别就在于主观意识和法律后果上的不同。故意，是指明知或应知自己的行为会发生某种结果，并且希望或者放任这种结果发生的心理状态；过失，是指应当预见自己的行为可能会发生某种结果，因为疏忽大意而没有预见，或者已经预见而轻信能够避免的心理状态。对故意未如实告知，无论投保人未实告知事项对于保险事故的发生有无影响，保险人都可以不给付保险金且不退还保费。对重大过失未如实告知，则须确定重大过失未实告知行为与保险事故发生之间须存在直接的因果关系即前者对后者具有严重影响的，保险人才可以不给付，但应当退还所交保费。保险法对于保险公司主张违反如实告知义务作为免责事由的权利规定了两个不可抗辩期：一是保险人知道有解除事由之日起 30 日；二是自合同成立之日起 2 年。以上两个不可抗辩期不可延长、中止或中断，超过这两个不可抗辩期的，保险人不得再以未如实告知为由进行主张。

2. 投保时投保人对被保险人无保险利益

保险利益是投保人对保险标的具有法律上承认的利益，保险合同的成立应以保险利益为前提，人身保险的保险利益存在于保险合同订立时。在保险合同订立时要求投保人必须具有投保利益，而发生保险事故时，则不追究是否具有保险利益。订立合同时，投保人对被保险人不具有保险利益的，合同无效，保险人不承担保险责任，但要承担缔约过失责任。

3. 保险欺诈行为

我国《保险法》第二十七条规定，投保人一方存在保险欺诈行为时，保险人不承担保险责

任。保险欺诈行为包括：

（1）未发生保险事故，被保险人或者受益人谎称发生了保险事故。比如先出险后投保，被保险人谎称在投保险期间内发生保险事故。向保险人提出赔偿或者给付保险金请求的，保险人有权解除合同，并不退还保险费。

（2）投保人、被保险人故意制造保险事故的，比如为了获得保险金，投保人故意杀害被保险人。

（3）保险事故发生后，投保人、被保险人或者受益人以伪造、变造的有关证明、资料或者其他证据，编造虚假的事故原因或者夸大损失程度的。

对于前两项《保险法》规定，保险人不承担保险责任，而且可以解除保险合同，不退还保险费。对于最后一项，保险人对其虚报的部分不承担赔偿或者给付保险金的责任。

另外，《保险法》还对上述行为做出了惩戒式规定，投保人、被保险人或者受益人有前三款规定行为之一，致使保险人支付保险金或者支出费用的，除应当退回保险金外，保险人还可以要求投保人、被保险人或者受益人赔偿保险人因此支出的费用。

4.投保人对被保险人的故意杀害、伤害

我国《保险法》第四十三条规定，投保人故意造成被保险人死亡、伤残或者疾病的，保险人不承担给付保险金的责任。故意行为是指行为人主观上存在故意，而实施的导致被保险人身体伤害的行为。所谓主观上的故意，是指行为人明知自己的行为会造成某种结果，仍希望或放任这种结果的发生。投保人故意造成被保险人死亡、伤残或者疾病，这种保险事故的发生，不是客观原因造成的，而是由投保人故意造成的，不符合保险赔偿的原则，所以保险公司不应当承担保险责任。

保险中责任免除的故意行为必须满足以下三个条件：

（1）主观上的故意，行为人对自己实施的行为有足够的认识，知道实施的行为所产生的后果，但行为人希望或放任这种结果的产生。

（2）行为人客观上已实施了能产生伤害被保险人后果的行为。

（3）行为人实施的行为造成了被保险人身体受到伤害的结果。

5.被保险人故意犯罪或者抗拒依法采取的刑事强制措施

我国《保险法》第四十五条规定，因被保险人故意犯罪或者抗拒依法采取的刑事强制措施导致其伤残或者死亡的，保险人不承担给付保险金的责任。故意犯罪是行为人明知自己的行为会发生危害社会的结果，并且希望或者放任这种结果发生，因而构成犯罪情形。刑事强制措施是指公安机关、人民检察院、人民法院为了有效地同犯罪作斗争，依法对犯罪嫌疑人、被告人所采取的限制或剥夺人身自由的方法和手段，刑事强制措施主要包括拘传、取保候审、监视居住、拘留和逮捕等情形。根据保险法该条款的规定，保险公司可以对由于被保险人犯罪行为导致的保险责任事故，主张不承担给付保险金责任的，但应当证明被保险人的死亡、伤残结果与其实施的故意犯罪或者抗拒依法采取的刑事强制措施的行为之间存在因果关系。

6.被保险人在合同生效后两年内自杀的

我国《保险法》第四十四条规定，以被保险人死亡为给付保险金条件的合同，自合同成立或者合同效力恢复之日起两年内，被保险人自杀的，保险人不承担给付保险金的责任，但被保险人自杀时为无民事行为能力人的除外。自杀指自己结束自己生命的行为，不论是非故意的还是有意图的自杀行为均属自杀。自杀免责需要注意时间限制在合同成立或者合同效力恢复之日起两年内，且无民事行为能力人除外。

四、不利解释原则

不利解释原则，又称为疑义利益解释原则，是指当事人对格式条款发生争议时，应做出不利于提供格式条款一方的解释。保险条款大都为格式条款，因此我国《保险法》第三十条规定，采用保险人提供的格式条款订立的保险合同，保险人与投保人、被保险人或者受益人对合同条款有争议的，应当按照通常理解予以解释。对合同条款有两种以上解释的，人民法院或者仲裁机构应当做出有利于被保险人和受益人的解释。

关于不利解释原则在保险合同中的适用需注意以下几点：

（一）适用范围

按照《保险法》规定，不利解释原则仅适用于保险人提供的格式条款订立的保险合同，不适用于非采用保险人提供格式条款的保险合同，更不适用于保险人与投保人协商拟定的特别合同条款。

（二）解释的对象

不利解释原则仅针对格式条款中有争议的条款，对于不存在争议的条款无须解释。

（三）解释的主体

法律规定解释的主体为人民法院或者仲裁机构。在保险理赔实务中，当保险人与投保人一方对格式条款发生争议或纠纷时，各方都可以运用该原则进行解释并处理纠纷，但该解释不具有法律权威性。

（四）不利解释原则的运用

（1）穷尽一般解释原则是不利解释原则适用的前提。当出现争议时，应优先按照通常理解予以解释，在按照通常理解会出现两种以上解释的情况下方可采用不利解释。所谓"通常理解"，指依据具有一般智识能力的正常人的理解进行的解释。按照我国《合同法》第一百二十五条的规定，合同通常解释应当按照合同所使用的词句、有关条款、合同的目的、交易习惯以及诚实信用原则，确定该条款的真实意思。如果具有正常理解能力的人认为保险合同条款没有歧义，即使合同双方当事人对该条款理解存在争议，也应当视为合同条款意思清晰明白，而不能适用不利解释原则。

（2）按照通常理解予以解释，存在两种以上解释的，应当做出不利于保险人、有利于被保险人和受益人的解释。

五、宣告失踪和宣告死亡

（一）宣告失踪

宣告失踪是指自然人下落不明达到法定期限的，经利害关系人的申请，人民法院依据法定程序宣告该自然人为失踪人。

1. 宣告自然人失踪必须具备的条件

（1）需要有失踪的事实。失踪是指自然人离开住所，杳无音信，下落不明，生死不明。

（2）需要失踪达到一定的法定期限。法定期间为自然人下落不明满 2 年。自然人下落不明的时间从其失去音信之日起计算。战争期间下落不明的，下落不明的时间自战争结束之日或者有关机关确定的下落不明之日起计算。

（3）需要利害关系人向人民法院提出宣告失踪的申请。申请宣告失踪的利害关系人，包括被申请宣告失踪人的配偶、父母、子女、兄弟姐妹、祖父母、外祖父母、孙子女、外孙子女以及其他与被申请人有民事权利义务关系的人。

2. 宣告失踪的程序

宣告失踪需要人民法院按照《民事诉讼法》规定的特殊程序进行。人民法院在受理宣告失踪案件后，应当发出寻找下落不明人的公告，并清理下落不明人的财产，宣告失踪的公告期间为三个月，公告期间届满后，人民法院应当根据被宣告失踪人失踪的事实，做出宣告失踪的判决，同时为失踪人指定财产代管人。

3. 宣告失踪的法律后果

宣告失踪的法律后果是失踪人的财产依法由他人代管。人民法院做出宣告失踪判决的同时将为失踪人指定财产代管人，按照法律规定财产代管人为失踪人的配偶、成年子女、父母或者其他愿意担任财产代管人的人。财产代管人应当妥善管理失踪人的财产，维护其财产权益。失踪人所欠税款、债务和应付的其他费用，由财产代管人从失踪人的财产中支付。财产代管人因故意或者重大过失造成失踪人财产损失的，应当承担赔偿责任。

失踪人重新出现，有权要求财产代管人及时移交有关财产并报告财产代管情况。

（二）宣告死亡

宣告死亡又称为推定死亡，与生理死亡对应，是指自然人下落不明达到法定期限的，经利害关系人申请，人民法院依据法定程序宣告该自然人已经死亡。宣告失踪不是宣告死亡的必经程序。

1. 宣告自然人死亡必须具备以下条件

（1）需要有下落不明的事实，即自然人离开住所，杳无音信，下落不明，生死不明。

（2）需要下落不明达到一定的法定期间。法定期间为：下落不明满四年，或因意外事件下落不明满两年。但如果因意外事件下落不明，经有关机关证明该自然人不可能生存的，申请宣告死亡不受两年时间的限制。自然人下落不明的时间从其失去音信之日起计算。战争期间下落不明的，下落不明的时间自战争结束之日或者有关机关确定的下落不明之日起计算。

（3）需要利害关系人向人民法院提出宣告死亡的申请。与宣告失踪不同，申请宣告死亡的利害关系人是有顺位要求的。申请宣告死亡的利害关系人及顺序是：配偶；父母、子女；兄弟姐妹、祖父母、外祖父母、孙子女、外孙子女；其他有民事权利义务关系的人。同意顺位的利害关系人，有的申请宣告死亡，有的申请宣告失踪，符合宣告死亡条件的，人民法院应当宣告死亡。

2. 宣告死亡的程序

宣告死亡需要人民法院按照《民事诉讼法》规定的特殊程序进行。人民法院在受理宣告死亡案件后，应当发出寻找下落不明人的公告，宣告死亡的公告期间为一年，因意外事故下落不明并经有关机关证明不可能生存的，宣告死亡的公告期间为三个月。公告期间届满后，人民法院应当根据宣告死亡的事实，做出宣告死亡的判决。

3. 被宣告死亡人死亡日期的确定

被宣告死亡人的死亡日期在法律上具有重要的意义，许多法律关系依据这一起算点来确定，当然也关乎保险理赔。我国《民法总则》第四十八条规定，被宣告死亡的人，人民法院宣告死亡的判决做出之日视为其死亡的日期；因意外事件下落不明宣告死亡的，意外事件发生之日视为其死亡的日期。

4. 宣告死亡的法律后果

被宣告死亡后发生与自然死亡相同的法律后果，即被宣告死亡人的民事权利能力归于消灭，其财产由继承人依法继承，婚姻关系消灭。

但是宣告死亡只是法律上对于下落不明人已经死亡的一种推定，如果该自然人未死亡，则仍然享有民事权利并可实施民事行为。因此自然人被宣告死亡但是并未死亡的，不影响该自然人在被宣告死亡期间实施的民事法律行为的效力。

因宣告死亡的法律后果与自然死亡相同，因此被保险人被宣告死亡后，按照保险合同约定符合保险责任约定的，保险人应当按照合同约定给付身故保险金。另外需要特别注意的是，虽然被保险人被宣告死亡的日期在保险责任期间之外，但有证据证明下落不明之日在保险责任期间之内的，保险人应当按照保险合同约定给付保险金。《最高人民法院关于适用〈中华人民共和国保险法〉若干问题的解释(三)》第二十四条对此进行了相应规定。

5. 被宣告死亡人重新出现后的法律后果

宣告死亡只是一种法律推定，只要有相反证据出现，即被宣告死亡的人重新出现或确知他没有死亡的，就撤销之前人民法院做出的死亡宣告。

死亡宣告被撤销后，依据我国《民法总则》的相关规定，将导致一下法律后果：

(1)被撤销死亡宣告的人有权请求依照继承法取得其财产的民事主体返还财产。无法返还的，应当给予适当补偿。

(2)婚姻关系自撤销死亡宣告之日起自行恢复，但是其配偶再婚或者向婚姻登记机关书面声明不愿意恢复的除外。

(3)被宣告死亡的人在被宣告死亡期间，其子女被他人依法收养的，在死亡宣告被撤销后，不得以未经本人同意为由主张收养关系无效。

(4)被保险人被撤销死亡宣告后，受益人或被保险人的继承人应当将所取得的死亡保险金返还给保险人。

第七章　理赔调查

学习指引：

- 掌握理赔调查的基本原则；
- 掌握理赔调查的方法和途径，并能熟悉运用理赔调查方法；
- 掌握意外事故理赔调查重点与步骤、自杀理赔调查的项目和重点、疾病医疗理赔调查的重点与步骤、违反告知理赔调查的重点与步骤，并能运用于理赔工作；
- 掌握理赔证据的审查，并能运用于理赔工作。

理赔调查对确定保险事故的性质、做出正确理赔结论、维护保险公平发挥极其重要的作用，本章主要介绍理赔调查的基本原则和理赔调查的方法与途径，并按照不同的保险事故，讨论对各类保险事故理赔调查的重点与步骤。

第一节　理赔调查的基本原则

人身保险理赔调查是与人身保险事故相关证据收集、审核和运用有关的各种调查活动的总称，是理赔调查人员为查明事实真相所进行的社会实践活动。它是保险企业经营行为，而非法律强制行为，所以保险企业的理赔调查人员在实施理赔调查时必须遵守实事求是原则、遵守法律原则、保守秘密原则、效率原则、服务原则和效益原则。

一、遵守法律原则

人身保险理赔调查作为企业的一个经营活动，必须接受国家法律、法规、社会公德和公司纪律的约束。所有的调查活动必须在法律允许的范围内进行，首先，理赔调查人员必须具备一定的法律知识，了解和掌握有关法律的基本内容和精神实质，让调查工作在法律、法规允许的范围内进行，决不能为达到调查目的而不惜采用违法的手段；其次，对违法办事、徇私舞弊、贪赃枉法或以威胁、利诱、欺骗及其他非法的方法收集证据的行为，必须坚决禁止。

二、实事求是原则

人身保险理赔调查须坚持实事求是原则，即要求调查人员要从理赔案件的实际情况出发，通过认真细致的调查，查清事实，恢复事故的本来面目。首先调查人员在调查过程中应以客观事实为基础，不能主观臆断，凭空想当然，即使是年资高、经验丰富的理赔调查人员，也必须对保险事故进行深入细致地调查，根据事故的具体情况去收集证据，特别要注意研究案件的细节，努力发掘那些不引人注意的证据，无论是属于保险责任的还是属于责任免除的。

只有真正从客观实际出发，才能在错综复杂的案件中找到认定事故性质的正确依据。其次理赔调查人员应以证据为依据，展开全面彻底的调查，避免先入为主，偏听偏信，歪曲客观事实。不能偏听偏信，对调查对象不抱任何成见，收集资料不带主观倾向，对客事实不能有任何一点增减或歪曲。作为理赔调查人员，必须坚持调查工作科学态度，把握实事求是这一最基本的原则，不能只收集或使用对自己有利或符合自己需要的证据，更不能为了迎合上级意图或所谓的工作需要而进行调查，无视客观事实，随意夸大或缩小相关情况，甚至隐瞒事实，弄假、捏造或使用虚假的理赔证据。这些不良的作风，妨碍了理赔调查工正常进行，严重损害了保险双方的利益。

因此，在实际工作中理赔调查只有坚持实事求是的原则，才能客观、全面地收集证据，才能查明保险事实的真相，为公司做出正确的理赔决定提供充分的证据。同时理赔调查人员应当全面彻底地展开调查，只有全面客观地实施调查，并实事求是地收集和使用证据，才能准确地查明案件事实，为正确处理案件奠定基础。

三、保守秘密原则

理赔调查是一项保密性很强的工作，随着人们保险意识和法律意识的日益增强，保险纠纷案件也日趋增多，特别是泄露客户隐私的纠纷。保密工作的成败直接影响到理赔的质量，影响到保险公司的品牌形象。遵守保密原则必须做到以下两个方面：

（一）保护保险关系人及知情人的个人隐私

理赔调查过程，理赔调查人员为了查明保险事故的事实或收集证明实的证据，往往涉及相关人员的个人隐私，如客户的财务状况、健康状况、个人嗜好等。在调查前，理赔调查人员必须取得被调查对象的授权，同时，对于调查所获得的信息或资料予以保密，未经许可，不得随意泄露。理赔调查人员遵守保密原则，保守调查材料的秘密，既是保护被调查人的需要，也是保护理赔人员自己和减少理赔纠纷的需要。

（二）保护保险秘密

理赔调查人员不得向任何与赔案无关人员透露理赔案件的进展情况，更不能就是否赔付，赔付多少做出任何形式的事先承诺，不得泄露调查中所涉及的个人隐私和公司的商业秘密等。

四、效率原则

效率原则是指从接案到案情判断，从采取措施收集证据到调查结论、生存调查报告的形成，都必须迅速及时。人身事故发生后，必然导致伤病或死亡，要及时得到理赔来救治伤病，实现保险的保障功能。如未做出及时反应，使有关材料、调查结论不能快速形成，必然影响理赔速度，甚至导致事故性质、死因难以认定，造成理赔困难。效率原则要求理赔调查人员必须抓住时机，使用合适的方法，及时调查保险事故发生的事实，收集相关证据。随着市场竞争的日趋激烈、消费者权益保护意识的日益增强，理赔效率已成为衡量理赔工作好坏的重要指标一，这就对调查效率提出了更高的要求。

五、服务原则

理赔调查既是风险控制的重要手段，又是理赔服务的过程，是客户服务的一个组成部分。调查人员在理赔调查过程中既要善于发现疑点，找出隐藏风险，又要强化服务意识，提高客户的满意度和信任感。保险公司是提供服务的机构，服务是保险公司的经营之本，所以理赔工作作为保险公司经营的组成部分，必须服从于服务的宗旨，以服务为重。

六、效益原则

人寿保险公司是追求利润的金融企业，在整个经营的过程中，应注重本的控制，理赔调查也不例外，也要注意到投入与产出的关系。理赔调查效益来源于包括赔款支出和调查成本的控制两个方面

（一）赔款支出

死差益是人寿保险公司的主要利润来源之一，而决定死差益的关键因素就是赔款支出。通过理赔调查可以甄别逆选择和保险欺诈，减少不合理的赔款支出，从而最大限度地保护公司的利益。

（二）调查成本

除了降低不合理的赔款支出外，理赔调查人员还应考虑调查成本与赔款金额的关系，在调查过程中制定调查最佳线路或计划，如单一理赔案件的调查，应首先到最有可能取得有力证据的地方调查；如多个理赔案件的同时调查，尽可能避免调查线路的重复。另外，一个理赔案件应尽可能在一个地方一次性调查清楚。

总之，应尽可能地控制调查成本，节省开支遵守效益原则，理赔调查人员应在实际工作中，运用科学的调查方法，合理地控制赔款支出和调查成本。

第二节　理赔调查的方法与途径

理赔调查方法是指理赔调查人员在理赔调查活动中，分析案情、收集证据、审查证据和运用证据时，所采用的思维方法和行为方式。理赔调查人员掌握并灵活运用调查方法有利于提高调查的时效性和准确性。

一、现场查勘

现场查勘是在保险事故发生以后，理赔调查人员为了收集证据，发现调查线索，运用技术手段和方法，对案件有关的人和事及场所、物品、人身、尸体等进行的观察、检验、实验、记录等方面的专门工作，是对事发过程的一种逆向认识过程。但保险事故现场查勘不同于刑事案件现场查勘，国家法律赋予了公安机关刑事侦查权，而保险理赔案件属于民事调查行

为，无法律赋予的现场查勘权，只有在取得被保险人或受益人的委托授权下，申请公安机关协助，查勘结果才会受到法律的认可。

（一）现场查勘的目的

现场查勘的目的是确定是否发生了保险事故及保险事故的性质和损失程度。对于已经发生的事件，如有现场可查的，要求尽可能进行查勘。只要有现场在，都可通过查勘来明确事件性质。一般情况下，以处理事故的职能部的勘查结论为准。但对案情重大或有疑问的应组织查勘。

（二）现场查勘的方法

保险事故现场勘验的方法，主要是指理赔调查人员运用各种仪器设备专业技术，发现和提取与事故发生有关的痕迹、物品等物证，以及通过对故事发生地人群的走访询问获取人证的方法。根据事故发生的结果、性质和特点，行使的勘验方法略有不同。一般在实务操作中常见的方法有三种：痕迹检验、现场走访询问调查、科学实验。

1.痕迹检验

物证提取是发现和提取各种痕迹和物品等物证的方法，对于不同保险事故种类现场，查找痕迹和物品的重点应有所不同。不同事故性质的现场，能会留下痕迹物品等物证的类型也会有所不同。在一般情况下，对于保险事故发生在室外的现场，事故发生的起点和终点是勘验的重点。

现场勘验时，应该根据事故不同的性质、现场不同的特点和不同的部位，确定应该重点去寻找的痕迹、物证。对于保险事故表现的形式不同，痕迹、物证的调查的重点也不一样。比如，雷电致被保险人身故案件勘验的重点是尸体现场的植物有无损坏，尸体表面是否有雷电击纹；而电导被保险人身故案件的勘验重点是电线有无短路或漏电，尸体表面有无电斑。

总之，保险事故现场勘验要根据事故不同的性质、特点，决定痕迹、物证提取的重点和方法，同时也要求保险理赔调查人员要对不同性质的事故体现的特点有所了解，便于快速、有效取得相关痕迹、物证。

2.现场走访询问调查

走访询问调查是保险事故现场勘验的重要措施，即理赔调查人员对事故发生现场知情的相关人员走访询问，了解案件的基本情况，收集案件的线索和证据，确定案件性质。走访询问的过程包括：了解案情——确定询问对象——了解被询问对象的基本情况——确定询问的时间和地点——制定询问计划——询问笔录（或询问调查报告）。

走访询问的时效性要求比较强，在案件发生初期人们对于案件发生的过程及细节记忆比较清晰，对于一些问题缺乏本能防御抵制性，并且第三者对于某个事件发生处于兴奋状态，容易向他人倾诉所见所闻。询问时询问人员不得少于两个人，主要便于确认询问的公正性。根据走访目的及获取证据的效力，走访询问调查可分为直接走访询问调查和间接走访询问调查。直接走访必须做好询问笔录，并要求被询问人签名确认，询问笔录可以直接作为证据使用；间接走访询问主要是为后续调查提供必要的资讯，理赔调查人员在走访询问过程中，视被询问人在案件中所占的位置，进行必要的录音。

现场走访询问调查的内容主要针对保险事故发生现场的有关情况，或者从事故现场延伸的情况。主要包括四个方面：

（1）保险事故发生、发现情况。包括保险事故发生、抢救或尸体发现的时间、地点和详细经过。事故发生后，现场有无人员进出，该人员与被保险人的关系，现场有无变动，变动的原因和过程，变动前的原始状态。

（2）被保险人既往生活工作情况。包括近期有无遭受重大生活变故或经济损失，事故发生前正在从事什么工作。

（3）被保险人出现在事故发生地的原因。

（4）对事故发生原因的推断。包括对事故原因的看法和议论。

3. 现场科学实验

现场科学实验是在现场勘验过程中，在某些证据消失的情况下，或为了验证与事故发生有关的事实、情节和现象，是否发生和怎样发生的问题，依照事物发生、发展的轨迹，采用重演式模拟的方法，再现成为历史的事实，验证在特定条件下事故原因是否成立的一种调查手段。

科学实验的作用主要是为了发现事实真相，核查相关证据具体的方法，确定在一定条件下是否能听到或者看到，确定在一定时间内是否完成某一行为，确定在什么条件下能够发生某种现象，确定在某种条件下某种行为和某种痕迹是否吻合，确定某种事件是怎样发生的。

科学实验必须要保证实验的准确性。在实验前必须对案件仔细研究，确定实验的可行性，制定切实可行的调查实验取证计划，明确实验目的，抓住关键性问题，避免实验的偶然性和盲目性。实验尽可能在原地址、同一时间点进行，如无法选择原址进行，则必须选择与原址相吻合的环境下进行。同一情况在同一条件下反复实验，并不断变换实验的方法，假设各种可能出现的情况，以保证实验结果的必然性、准确性。进行实验时必须在司法公证人员、某技术权威人士指导和监督下进行，同时要求被保险人或受益人参加，对实验的全过程进行监督、确认。实验的结果应制作笔录或录像，由参加实验的人员签名、盖章确认现场实验的结果可以为案件核审提供有力的依据，但是它毕竟有一定的局限性，只是对案件发生的过程某局部进行再现，因此还必须结合其他调查资料进行对比分析。如发现结果与其他调查资料相差太大，就要考虑实验条件是否符合案件发生时的条件，进一步核查相关证据，确认差异的原因，寻求合理的解释。

（三）现场查勘的步骤

现场勘验的步骤也就是勘验工作实施的过程，一般包括三个环节：巡视现场、静态勘验、动态勘验。

1. 巡视现场

理赔调查人员到达现场，听取现场和案件的简要情况后，对现场的外围环境、内部状况进行大体的了解，在巡视的过程中要及时发现现场哪些方位适合事故发生，并针对这些问题想象事故发生的过程，并且要不断地提出问题。对于发生在室外的事故现场，一般应先观察现场中心的状况，然后观察现场所处的地理位置、周围的地形物等。通过了解现场的环境条件、判明事故现场的方向、位置、观察内部情况可以对事故全貌有一个整体的认识。在巡视的同时，进行方位照相和全貌照相。根据巡视获取现场的基本情况划定现场的界限，确定勘验现场的范围和顺序。

（1）确定勘验现场范围

确定现场范围，要突出中心，照顾全面，中心就是保险事故发生的起点、终点等主要场所。确定勘验现场范围不宜过大，一般来说只要确定中心部位，把与中心部位有连接的及与事故发生有关的场所划进来，基本符合要求就可以，勘验现场范围可以随着案情的进展和需求改变。

（2）确定勘验顺序

勘验顺序没有固定的模式，理赔调查人员根据具体的事故性质和特点，结合现场所处的位置和条件，确定勘验现场的顺序。一般勘验顺序有如下几种模式：

①中心向外围勘验。现场中心明确，范围不大，痕迹、物证相对集中时一般采取这种顺序。

②外围向中心勘验。由外围开始，逐渐向中心推移，最后对中心现场进行勘验。

③分段、分片地进行勘验。现场范围大，并且现场中心部位和外围地带分隔不明显时一般采用这种顺序。

④从容易遭到破坏的现场开始。适用处于闹市或交通要道等繁华地方的现场。

2. 静态勘验

静态勘验也称初步勘验，是指在勘验现场中，不触动、不变动勘验对象，在静止的状态下对现场的物品、痕迹等物证的位置、性质、形状进行观察、记录和分析，并标出明显的指示，划出进出现场通道。其目的是固定现场的原始状态，防止在勘验过程中对原始现场造成人为的破坏，使得动态勘验工作及复勘工作增加难度。

理赔调查人员在静态勘验过程中，还要及时对案件知情人和事故发生目击证人等有关人员进行询问，了解事故形成的原因、过程，并利用照相、录像、绘图和文字记录的形式，将现场的原始状态固定。

保险事故现场通过静态勘验基本可以发现与常规不符之处、违反自然常识之处，基本可以确定事故发生的性质。

3. 动态勘验

动态勘验建立在静态勘验的基础之上，进一步对现场进行细致的勘验，对现场的各个部位、痕迹进行仔细研究，其目的是发现、提取痕迹、物证、书证，研究保险事故发生的过程，确定保险事故发生的真正原因。在动态勘验过程中，可以触动现场相关物品，但必须是在不破坏痕迹、物证的前提下进行。在进行动态勘验时，还应该认真观察现场上每一个痕迹、物品的位置、状态及相互之间的关系。通过动态勘验主要解决三个核心问题：

（1）发现和寻找痕迹。理赔调查人员不仅要注意明显的痕迹、物证，还要利用各种光照度、先进的勘验工具和技术手段，发现潜在痕迹和微量物证等。

（2）认真研究痕迹、物证。对于发现的痕迹、物证，要仔细研究痕迹、物证的形成、发展、状况和特征，论证形成的原因，各种物品、痕迹之间关联性。

（3）收集提取痕迹、物证。发现与保险事故有关的痕迹、物证，要进行收集提取。

（四）现场查勘的记录

现场查勘应当制作现场查勘记录，把现场上一切与案件有关联的客观事实和理赔调查人员对现场查勘的情况应尽可能客观、完整地将其保全，可视条件采取照相、笔录、绘图、录像等形式予以反映。

1. 照相

照相是运用摄影技术，按照现场勘查的要求，真实记录、固定现场状况及与保险事故有关的痕迹、物品的一种技术方法，其目的是通过照片反映事故现场的概况，以及痕迹、物品的特征，为研究事故现场情况，分析判断事故性质和物主鉴定提供客观依据，是现场勘查记录的重要附件之一。

（1）照相种类

①现场方位照相：客观反映事故现场与周围环境的联系。拍摄点选择在较高或距现场较远的地方，选择可以反映现场特点、位置的固定参照物为背景，如楼房、河流、树木和街道等，用于说明现场所处的位置。

②现场全貌照相：记录现场全貌和现场内部各部分之间关系的照相形式，以现场为中心多角度、多方位拍摄。全貌照相无细节重点，关键是客观反映现场的全貌和现场各部分之间的关系。

③现场中心照相：又称现场重点部位照相，是纪录事故现场中心部位和反映现场主要物体特点及其与邻近物体、痕迹之间关系的拍摄形式。现场的重点有可能是多处，应分别拍摄。如交通事故中被保险人卧地处、肇事车辆停靠处等。

④现场细节照相：记录和固定现场与保险事故有关的痕迹、物品的照相。拍摄时必须依照比例照相的原则，尽可能反映被拍痕迹、物品的大小、粗细、内容等。如血迹、起火点、车牌号码、被保险人受伤部位等。

（2）照相方法

①相向拍摄法：以拍摄物为中心，从两个相对方向进行拍摄。两个拍摄点与被拍物的距离和高低应保持一致。

②十字交叉拍摄法：以现场被拍物体为中心，从四个方向进行拍摄，实际上是两个相向拍摄，拍摄要求也一样。

③直线连续拍摄法：沿着被拍物由一端向另一端做直线平行运动，分段拍摄，然后将连续拍摄的数张照片以此拼接成一张完整的照片。

④回转连续拍摄法：将照相机固定在一个拍摄点上，通过转动照相机的拍摄角度，将被拍物分成几段依次拍照，然后将连续拍摄的数张照片以此拼接成一张完整的照片。

⑤比例拍摄法：主要用于现场细节照相。即在物品、痕迹旁边放置比例尺再进行拍摄，将比例尺与被拍物体同时摄入镜头，根据比例尺的读数可以计算出被拍物的大小以及它们之间的距离。

2. 笔录

现场查勘笔录是调查人员对查勘的过程和事故现场上一切与事故有的客观事物的文字记录材料。就其内容结构来讲，查勘笔录通常分为前言、叙述事实和结尾三个部分。

（1）前言：记录受理报案情况。包括报案的时间、地点，报案人的身份，保险事故的发生，被保险人的有关情况，发现的经过，发现人的身份，案件受理人员，查勘人员，现场查勘的起止日期，天气，查勘的顺序等。

（2）事实叙述：主要记录现场环境、现场结构、查勘过程、方法和结果。

（3）结尾：记录受伤人员的救治，尸体的处理，提取的痕迹、物品的名称、数量和方法，现场照相、绘图等附件，查勘人员及事主签名、其他情况。

3. 绘图

绘图是运用制图的方法，固定地反映事故现场情况的一种记录形式。它的优点是能灵活地以各种图形准确地记录事故现场及其周围环境之间的关系，反映现场各种与事故有关的痕迹、物品的分布情况，展示出现场物体的形状、尺寸、位置和相互间的关系，是现场记录的重要附件之一。现场图可分为：现场方位图、现场全貌图、现场局部图，具体制作方法和技巧与现场拍摄基本相同。

4. 录像是用录像技术反映现场状态以及查勘人员活动情况的一种记录手段

按录像画面反映的内容，可将现场录像分为：方位录像、概览中心录像和细目录像。

5. 现场模拟

在保险事故发生现场对保险事故发生的过程运用一定的技术手段进行模拟再现，将再现事故的过程和结果与真实现场的有关情况进行比较，从中发现差异和不合理之处。此种方法一般适用于意外事故现场，如高坠身故等。

二、走访询问

走访询问即调查人员通过对案件相关人员的走访询问或案发地走访，调查了解与案件的基本情况和有关的信息，收集案件线索和证据，确定案件性质，是理赔调查不可缺少的环节。

走访询问对时效性要求较强，在案件发生初期人们对于案件发生的过程及细节记忆比较清晰，对于一些问题缺乏本能抵制性，并且第三者对于某个事件发生处于兴奋状态，容易向他人倾诉所见所闻。走访询问时询问人员不得少于两人，主要便于确认询问的公正性。

走访询问调查是调查最基本的方法，普遍用于各类调查活动，但由于走访、询问调查所花费时间、精力巨大，而且在保险理赔调查过程中没有法律赋予的调查权利，以及普通市民对保险的认知度不够，使得走访询问调查在保险理赔案件中的应用往往难度很大，理赔调查人员必须权衡利弊后才实施，走访询问调查多用于有预谋的保险诈骗案、意外伤害所致的理赔案及三者导致事故发生的案件的调查中。

（一）走访的目的

走访调查的目的是为了查清保险事故发生的全部要素，即所谓"七何"要素，即发生什么样的事故以及事故发生的时间、地点，事故当事人，事故发生的原因，事故发生的过程和事故发生的结果

（二）走访的分类

根据走访目的及获取证据的效力，走访询问可分为直接走访调查询问和间接走访调查询问。

1. 直接走访

直接走访是调查人员就保险事故发生的相关事项向保险事故当事人及有关知情人直接进行问询，以获取保险事故的真实情况。直接走访调查必须做好询问笔录，并要求被询问人签名确认，询问笔录可以直接作为证据使用，走访的对象主要有投保人、受益人、被保险人、事故目击者、医治医生及护士、公检法经办人员。

2. 间接走访

间接走访是理赔调查人员不以调查人员身份出现，向相关知情人进行问询，以获取事实真相或为下一步工作提供调查方向，间接走访主要是为调查延续提供必要的资讯，理赔调查人员在走访过程中，视被询问人在案件中所占的位置，进行必要的录音，间接走访的主要对象是被保险人的邻居、同事和朋友等。

（三）走访的对象

1. 走访当事人

直接走访事故的当事人，其主要目的有两个方面：

（1）通过对当事人的走访，与当事人对保险事故及保险事故的处理过程的内容进行核实，并通过与当事人的沟通，了解事故的发生、发展的逻辑性是否合理。

（2）通过对当事人的走访，了解当事人家属在发生保险事故后，家属所表现出的状况及情绪，是否符合一般情况下的正常反应，从而发现一些相关的线索。

2. 走访处理保险事故的人员

走访处理保险事故的相关人员，一些保险欺诈案件，通常在这方面可获得重大突破。因为对于一些保险欺诈案件，提供虚假材料者本身也许并没有意识到很多问题，只是应事故当事人的要求，而提供一些不实材料，在这些材料中，总是有许多与正常出具的材料不符之处，比如医疗方面，因为是虚构保险事故，在医疗文件相关材料的编写方面，总有一些与实际情况不相符合之处。对被走访人员进行调查了解，同时进行教育工作，让相关人员了解到其中的利害关系，从而作为突破口，完成走访调查工作。

3. 走访知情人

目击者、知情人一般包括有：

（1）现场看热闹的人。

（2）现场周围定居或工作的人。

（3）途经现场及附近的往来人。

（4）当事人的亲属、朋友、同事。

（5）当事人单位的领导、同事和其他有关人。

通过对上述人员的走访，可以从多方面了解保险事故的发生情况。这样人员对事故比较了解，对保险事故将会有一个比较直观的反映。周围的邻居与当事人应该是接触比较多的，其发生的一些保险事故，以及后期对保险事故的处理，许多方面都会涉及周围的邻居或者与周围的邻居有一定的关联。特别是在农村中，因居住习惯及生活习惯的原因，保险事故发生后，一般在周围邻居中传播得相当快，所含有的信息量也会相当大，这样理赔调查人员在与邻居接触的过程中，很容易收集到一些信息。

（二）询问的步骤和技巧

（1）拟定询问计划。即在询问前做好各方面的准备，尽量穷尽询问过程中出现的各种可能性，掌握询问的主动权。主要包括初步了解案情，确定询问对象，拟定询问提纲（提问要点、提问方式等）。

（2）选择适当的时间和地点。询问的时间和地点可通过电话预约，询问时间应选择在被询问人空闲的时间，询问地点应选择在较为安静，不受外界干扰，有利于交谈记录的地点。

（3）调查人员应具备良好的心理素质，能控制自己的情绪，询问过程中要始终保持自信、耐心、同情等积极的心理状态。刚接触交谈时，应主动与对方建立起一种互相信任的合作关系，如通过握手、敬茶等方式获得对方的好感。调查人员的言行要使对方感到双方的交谈是重要而认真的，同时调查人员应恰如其分地克制自己的情感。

（4）巧用询问语言。调查人员在与被询问人面谈时，发音要标准、准确、清晰，措词必须谨慎、确切，语气应不卑不亢，谈话尽量做到简洁明了。结合具体案情选用不同的提问方式，一次只提一个问题，尽量让对方多叙述，重视在适当时机采用复述手段核实案情。

（5）促进被询问人回忆情况。有的知情人由于某种原因对所掌握的情况已经记忆不清，调查人员应寻找一定线索，活跃对方记忆。调查结束后，一般均要制作询问笔录，尤其是那些对事故的定性有证据价值的，应请被询问人核对笔录后签名或盖章。

三、鉴定

鉴定是指法律规定的人员和部门运用专门知识和技能，凭借科学设备和条件对案件中专门问题进行分析、研究、鉴定并做出结论的活动。

（一）鉴定的分类

结合鉴定工作的实际，下面对常见的鉴定项目进行简要介绍。

1. **法医病理鉴定**

运用法医病理学的理论和技术，通过尸体外表检查、尸体解剖检验、组织切片观察等，对涉及与法律有关的医学问题进行鉴定或推断。其主要内容包括死亡原因鉴定、死亡方式鉴定、死亡时间推断、致伤（死）物认定、生前伤与死后伤鉴别等。如在人寿保险理赔调查实践中，对被保险人的肿瘤是否构成恶性肿瘤有争议时，往往需要将被保险人手术切割肿物的组织切片交由鉴定机构进行法医学的病理鉴定。

2. **法医临床鉴定**

运用法医临床学的理论和技术，对涉及与法律有关的医学问题进行鉴定和评定。其主要内容包括人身损伤程度鉴定、损伤与疾病关系评定、道路交通事故受伤人员伤残程度评定、职工工伤与职业病致残程度评定、劳动能力评定、活体年龄鉴定、性功能鉴定、医疗纠纷鉴定、诈病（伤）及造作病（伤）鉴定、致伤物和致伤方式推断等。在人身保险理赔调查实践中，最常见的涉及法医临床学鉴定的就是疾病或外伤导致的残疾状态的鉴定或身体状态是否达到条款约定的"失能"状态的鉴定。

3. **法医精神病鉴定**

运用司法精神病学的理论和方法，对涉及与法律有关的精神状态、法定能力（如刑事责任能力、受审能力、服刑能力、民事行为能力、监护能力、被害人自我防卫能力、作证能力等）、精神损伤程度、智能障碍等问题进行鉴定。法医精神病的鉴定，在人寿保险理赔调查中较少应用，但在投保人未如实告知的情况下，投保人可能以投保当时精神上疾病为由主张保险合应同当撤销，要求全额退还保费。此时应当对投保当时被保险人是否属于无行为能力状态进行法医精神病鉴定。

4. **法医物证鉴定**

运用免疫学、生物学、生物化学、分子生物学等的理论和方法，利用遗传学标记系统的多态性对生物学检材的种类、种属及个体来源进行鉴定。其主要内容包括个体识别、亲子鉴定、性别鉴定、种族和种属认定等。法医物证学鉴定，在人寿保险理赔调查实践中的应用范围较广泛，如对申请重大疾病的被保险人，对肿瘤的标本进行鉴定，判断该标本是否真正来自于被保险人。

5. **法医毒物鉴定**

运用法医毒物学的理论和方法，结合现代仪器分析技术，对体内外未知毒（药）物、毒品及代谢物进行定性、定量分析，并通过对毒物毒性、中毒机理、代谢功能的分析，结合中毒表现、尸检所见,综合做出毒(药)物中毒、毒物(药物)性质类别等的鉴定。在明确毒物的性质、日常接触的途径、使用等方面,在一定程度上可以推定被保险人毒物中毒是意外事故,还是被保险人的故意服毒自杀。

6.司法会计鉴定

运用司法会计学的原理和方法,通过检查、计算、验证和鉴证,对会计凭证、会计账簿、会计报表和其他会计资料等财务状况进行鉴定。

7.文书司法鉴定

运用文件检验学的原理和技术,对文书的笔迹、印章、印文、文书的制作及工具、文书形成时间等问题进行鉴定。如怀疑投保单为代签名的,可以申请笔迹鉴定。

8.痕迹司法鉴定

运用痕迹学的原理和技术,对有关人体、物体形成痕迹的同一性、分离痕迹与原整体相关性等问题进行鉴定;运用枪械学、弹药学、弹道学的理论和技术,对枪弹及射击后残留物、残留物形成的痕迹、自制枪支和弹药及杀伤力进行鉴定。人寿保险理赔调查实践中,在某些涉及枪支的外伤致残的案件,高坠死亡、煤气中毒等案件中,通过痕迹鉴定,可以推定被保险人的外伤(死亡)性质是故意还是意外。

9.微量物证鉴定

运用物理学、化学和仪器分析等方法,通过对有关物质材料的成分及其结构进行定性、定量分析,对检材的种类、检材和嫌疑样本的同类性和同一性进行鉴定。

10.计算机司法鉴定

运用计算机理论和技术,对通过非法手段使计算机系统内数据的安全性、完整性或系统正常运行造成危害的行为及其程度等进行鉴定。

11.声像资料司法鉴定

运用物理学和计算机学的原理和技术,对录音带、录像带、磁盘、光盘、图片等载体上记录的声音和图像信息的真实性、完整性及其所反映的情况过程进行鉴定;并对记录的声音、图像中的语言、人体、物体做出种类或同一认定。

该类鉴定也可能在人寿保险理赔调查实践中有所应用。如对被保险人的录音谈话,被保险人在谈话中承认有既往的疾病史,同时在录音中以病历资料已经"处理",人寿保险公司肯定查找不到证据来威逼人寿保险公司。此时的谈话录音如果当作证据使用,首先应当鉴定谈话者就是被保险人本人。

以上是对常见鉴定类型的概括,实际工作中,申请鉴定的项目或申请鉴定的内容更为广泛,只要案情需要,法院就可以申请相关行业内的专家进行定。

(二)鉴定目的

虽然申请鉴定的种类、范围比较广泛,每个特定的案件申请鉴定所要具体解决的事项各不相同,但从鉴定所能解决的问题分析,鉴定的目的主要有同一性鉴定、关联性(因果关系)鉴定、状态评估等三大类。

1.同一性鉴定

主要解决被检测的对象(待检样本)与已知客体(已知样本)的来源是否相同,或者两者是否同一鉴定,可以根据物体的外在表现形状来确定,如指纹、牙印的鉴定;也可以根据动作的习惯来鉴定,如笔迹鉴定、左右手鉴定;或者根据生物学性状进行鉴定。对投保单签名笔迹的鉴定及恶性肿瘤手术切割的标本是否来自被保险人本人，是人寿保险理赔调查实践中最常应用的例子。

2.关联性（因果关系）鉴定

主要解决待证事实与案情有无发生以上的"原因—结果"关联性。最常见的是原有疾病状态，同时遭受外伤暴力，导致个体残疾发生，需要鉴定残疾状态与外伤暴力之间有无关联性，或者关联的程度多大。这种关联性鉴定在意外伤害与疾病并存的情况下应用范围广泛。

3.状态评估

主要解决待鉴定的客体损伤、残疾、毁坏的状态。如遭受交通事故导致残疾的个体，对残疾程度或状态的评估，是否符合残疾标准；已经残疾者符合残疾程度的哪一等级，属于残疾程度、残疾状态的评估有待鉴定。

（三）鉴定机构与鉴定人

1.司法鉴定机构

我国现行的司法鉴定专门鉴定机构和涉及司法鉴定的其他鉴定机构主要有以下两种：

（1）公安、司法机关根据需要而设立的专门鉴定机构。公安部门的鉴定机构基本覆盖所有理赔案件中可能遇到的痕迹鉴定、文件鉴定、毒物鉴定、法医鉴定和其他鉴定；检察系统的鉴定机构主要涉及文件鉴定、痕迹鉴定和法医鉴定等；法院一般不设立内部的物证鉴定机构，但部分法院设有法医鉴定机构。

（2）经授权建立的专门或兼职性的鉴定机构。主要分布在各大学的法学院系、侦察系和医院等，是由司法部门批准成立的物证鉴定机构，一般是在公安检察机关和当事人的委托下进行鉴定。

2.鉴定人

在我国司法实践中，有专职鉴定人与非专职鉴定人之分。专职鉴定人是指在司法机关系统内专门设置的从事科学技术鉴定的人员，如法医等。非专职鉴定人是指司法机关根据办案需要，从各行业临时聘请的具有某专门技术或技能的人员，他们在接受司法机关聘请后才以鉴定人身份参加鉴定。作为鉴定人必须具备两个条件：

（1）具有解决案件中某些专门性问题的专门知识或技能。

（2）本人及近亲属与案件有利害关系或其他可能影响公正鉴定的情形。凡是存在下列情况之一的，不能充当鉴定人：本案的当事人或当事人的近亲属；与本案有利害关系的人；担任过本案的证人辩护人、代理人的近亲属；与本案当事人有其他关系可能影响公正进行鉴定的人。

第三节　各类保险事故理赔调查的方法和要点

对于不同事故类型的案件，理赔调查人员应通过不同的途径及方法进行调查，方可取得满意的调查结果，为保险责任的认定及理算提供可靠依据。

一、死亡事故的理赔调查步骤和重点

（一）非意外事故的理赔调查

自然死亡包括疾病死亡、猝死和衰老死亡。衰老死亡一般不会引起保险纠纷，但有些疾病死亡和猝死在保险理赔过程中却容易发生纠纷，故应对疾病死亡和猝死进行相应的调查。

1. 疾病死亡调查思路

疾病死亡案件的调查以核实事实和告知内容为主，特别是被保险人若在投保后短期内因疾病死亡的案件，应注意是否为带病投保或有其他不实告知。

（1）核实事实

①查明病情证明材料的真实性。

②访问诊治医师，查阅病历记录，核对病历笔迹，询问被保险人的诊治情况、病史、健康状况、发病过程。

③查看病情检验的有关记录，如化验单、X光片、心电图、B超等。

④核对医疗费用的单据。

⑤了解诊治医师、化验或检验等相关医务人员与被保险人的关系。

（2）查明被保险人的生活、工作情况及其行踪与所患疾病有无矛盾

①被保险人的健康史。包括：被保险人的医疗背景状况、被保险人家族的病史、年龄的因素、有无身体上的病症（眩晕、昏厥时刻、疾病发作、视力或听力的损伤）、有无身体机能的丧失、被保险人是否因医疗导致工作中断。

②被保险人的个人嗜好。如，有无酒精或药物滥用的证据、被保险的饮食习惯是什么。

（3）告知核实

重点查明投保时被保险人是否已存在与索赔有关的病患。

①审查投保单，了解是否如实告知，是否为被保险人亲笔签名。

②询问业务员对被保险人当时情况有何了解，业务员有无工作上的失误。

③对大额保险有疑问的，可采取普查。普查重点是被保险人生活、工作所在地较著名的几家医院是否有被保险人投保前一两个月的检查或就诊记录。

④收集投保时的检查记录和出险时的检查、用药记录，并认真研究，如有疑难可聘请有关专家"会诊"。

⑤对于参加社保者，到社保医疗部门查证。

2. 疾病死亡调查主要方法

（1）就诊医院的查证（初诊日期，主诉，既往症，引起病症之原因，是否先天性疾病，良性或恶性肿瘤，有无其他医院治疗的记录，医院规模、设备）。

（2）侧面调查家属、邻居，了解被保险人的既往病史及就诊医院。

2. 猝死案的调查

（1）猝死的概念

猝死又称急死，其完整术语为急速的意外的自然性疾病死亡，是指貌似健康而无明显症状的人，由于潜在某种疾病或机能障碍，在出现症状后24小时以内发生的突然的、意外的非暴力性死亡。

（2）猝死的原因

①内因：必定是最主要的器官发生了严重的疾病，疾病呈慢性而潜伏地进行，毫无征兆地发作。根据统计：成人猝死以心血管系统疾病（冠心病、心肌梗死、心包炎等）和中枢神经系统疾病常见（蛛网膜下隙出血、脑出血等）常见，小儿猝死则以呼吸系统疾病（支气管肺炎、喉头水肿等）常见。

②外因：猝死常有外因的介入，促进潜在的疾病恶化发作，导致死亡。常见外因包括：精神激动、剧烈运动或过度疲劳、暴饮暴食、过冷过热等。

（3）猝死的特征

猝死有三个特征：

①死亡急速，一般以24小时为时限。

②意外，即出乎亲属、周围的人甚至经治医务人员的意料。

③猝死者，由于死亡急促，尸斑多且呈现显著暗紫红色。但因内出血而死者，尸斑不明显；心脏疾病猝死者，面部和颈部的皮肤呈暗紫红色，结膜有微小的溢血点，口唇黏膜和指甲紫绀；心脑血管疾病猝死者，因有肺水肿，鼻孔及口腔处有白色泡沫；肝胆疾病猝死者，全身皮肤及黏膜呈土黄色。上述猝死尸体的外表检验，可以提供猝死者可能患有疾病的调查线索，但确定猝死的真正原因还必须通过尸体解剖。

（4）猝死案的调查应从以下几方面着手。

①向死者亲友、同事或目击者了解死者的既往史、家族史、诱因、死亡时间等。

②死者平常健康状况如何。

③死者生活习惯。

④死者死前言行举止有无异常。

⑤死前有无与他人争吵。

⑥发病时的症状、体征，发病到死亡的时间。

⑦如果死者死前曾到医院、诊所求医，应调查其病历、化验报告等。

（二）意外死亡

意外死亡是指因外来的、突发的、非本意的、非疾病的原因使人体受重创而身故。意外死亡的发生率仅次于自然死亡，常见的有交通事故、中毒、溺死、异物堵塞、高空坠落等。由于有些意外事故的发生缺乏见证人或因某种原因有人隐瞒甚至作虚假陈述，因此要注意将其与其他死亡相区别。

1. 意外死亡调查思路

（1）判定意外伤害的构成。

①是否存在外来的致害物。

②侵害的对象是不是被保险人的身体。

③是否发生了侵害的客观事实。

④伤害的发生是不是被保险人的故意行为造成的。

⑤伤害的发生是不是被保险人事先无法预见的。

⑥被保险人是否由于疏忽没有预见到伤害的发生。

⑦被保险人预见到伤害即将发生时在技术上能否采取措施避免。

⑧被保险人是否由于法律或职责上的规定不能躲避。

（2）注重对造成意外事故的因素进行调查，特别注意对责任免除中的事项加以认定。

（3）给付死亡保险金时，应注意扣除已给付的残疾保险金。

（4）调查时应注意调查合同的有效性，依《保险法》规定，以死亡为给付条件的保险合同，应取得被保险人的书面同意并认可保险金额后方才有效（但父母为未成年子女投保的例外），否则合同无效，此条对于意外伤害死亡给付极为重要（此条要灵活掌握，特别是对一些兼业代理业务，如"航意险""旅游险""乘客险"则不一定都要有被保险人亲自签名）。

2.意外死亡事故理赔调查重点

（1）事故情况

①事故发生时间、地点及其周围环境状况。

②现场有无目击者，目击者能否提供所见所闻情况。

③死、伤者身份是否被确认，有无被保险人。

④现场是否留有被保险人书写的信件。

（2）被保险人情出事前的行踪

①被保险人到达现场的原因。

②被保险人年龄和身体状况如何，是否饮酒或服用药。

③被保险人于事故前言行是否正常。

④被保险人家庭关系、经济状况如何。

⑤事故发生时，被保险人家属（特别是受益人）位于何处。

（3）事故的处理情况。

①事故由何部门进行过处理，经办人是谁，出具过何种处理事故的证明材料，是否留有副本。

②事故对被保险人造成何种损害，是否进行过救治。

③参加救治和处理事故有哪些人员，这些人员了解何种情况。

3.意外死亡调查步骤

对于意外死亡案件应按如下步骤进行调查。

（1）对事故详细经过进行调查。

（2）对事故现场的查勘及侧调现场附近的住家进行调查。

（3）对警方处理情况进行了解。

（4）对就诊医院及住家附近的其他医院进行调查（初诊日期、主诉、既往症、事故者至医院时的伤势状况、有无疾病引起的可能性）。

（5）对除外责任的调查。

（6）对投保动机、财务状况与经办业务员关系及招揽经过的调查。

4.各类意外死亡的调查项目

（1）交通意外死亡

①被保险人状况：被保险人的年龄；被保险人的健康状况（有无疾病、晕眩、昏厥、疾病发作状况，心脏状况）；被保险人的职业或工性作质；被保险人的目的地；被保险人旅行的实质目的（是否为探险）；被保险人为何事到出事地点；被保险人是否熟悉该地方；被保险人是否系安全带；被保险人的家庭、经济、感情、工作状况等。

②车辆状况：车辆性质、型号及编码；有无有效行驶证；驾驶者驾驶证及乘客的姓名；刹车是否正常；窗户是否清洁；车辆的所有人；驾驶者的状况（酒后驾驶、健康状况）。

③事故地点状况：道路状况（有无巷道、岔道）；意外发生时路面情况（干的、湿的）；意外发生的地点（弯曲路上、交叉路口或坡道上）；有无可见的障碍物；每一辆车的速度及方向；车辆碰撞点；碰撞后车辆的位置；被保险人乘坐的位置；滑行痕迹（长度及位置）。

（2）一氧化碳中毒死亡

①被保险人状况：是否有企图逃离的迹象；被保险人是否为车主；被保险人在车中滞留时间；被保险人的衣着状态；被保险人的家庭、经济、感情、工作、健康状况。

②房间状况：门窗的位置及开闭的状况；灯是否开着；房间的大小；煤气、冷气的开关情况；房间有无电话。

③汽车状况：汽车的品牌，型号及编码；汽车经常保养的地方；汽车排气系统是否有良好；引擎是否处于发动状态；点火是开或关；有无任何燃料仍存在油箱中；有无汽车正被修理之中的迹象；车门及车窗的开闭情况；暖气或冷气是否开着；收音机、车灯是否开着，电话是否在车内。

④天气状况：温度如何；当时风率及速率；湿度如何；有无降雪、降雨等。

（3）溺水死亡

①被保险人状况：被保险人的身份是否确认；被保险人是否会游泳，技术如何；被保险人为何在水里；被保险人与岸边距离；当被保险人被寻获时的衣着如何；是否有任何不寻常身体伤害的痕迹；事故当日或事故前的行踪；被保险人的家庭、经济、感情、工作、健康状况。

②事故地点状况：水深如何；水温如何；气温如何；水流速度如何；水面、水中情况如何；有无任何危险（暗礁、岩层）。

③船舶状况（如果有关联）：船的型样、大小及登记号码；船只是否有救生设备；船舶管理者是谁；被保险人是否熟悉该船；有无任何机械故障；当时船速如何；有无救援被保险人；甲板是否光滑有无围栏。

（4）坠落致死

①被保险人状况：被保险人的年龄；坠落当时被保险人的衣着；被保险人为何在现场；被保险人是否熟悉该地点；被保险人手及指甲有无擦伤；坠落时被保险人有无大声喊叫；坠落后被保险人是否清醒？如果是，被保险人说了什么？被保险人的家庭、经济、感情、工作健康状况。

②事故现场状况：现场有无目击者；坠落时间、坠落高度；现场是否明亮；坠落起始点是否光滑、狭窄，是否有围栏，高度如何；被保险人坠落点距墙角距离；有无任何证据显示被保险人努力防止坠落；被保险人是否从窗户落下、窗户的大小及高度如何；窗户下是否有暖气；窗帘是否合拢；围栏或窗户下是否有垫脚物；被保险人是否从脚手架坠落，是否使用安全带。

（5）烧伤致死

①被保险人状况：被保险人的身份是否被确认；被保险人为何处于现场；幸存者是否熟悉被保险人；是否有任何证据显示被保险人企图逃离；致死的原因（焚烧、烟雾窒息或其他）；被保险人的衣着；被保险人的家庭、经济、感情、工作、健康状况。

②事故现场情况：失火的原因；建筑物及房屋内物品有无任何损害；失火多久报警；消防队多久后到达；建筑物有无喷淋系统设备、失火时有无使用；有无灭火器；安全通道可用性如何、是否上锁；房间内是否有电话。

（6）药物致死

①被保险人状况：被保险人一般的身体状况如何；被保险人使用该药物多久、使用量如何；有无使用其他药物；身体上有无任何不寻常的伤害痕迹；先前有无任何服药过量的记录；被保险人身体的位置；被保险人的衣着；有无任何企图救助的证据；有无饮用酒精饮料、检

测情况；被保险人的家庭、经济、感情、工作状况。

②药物情况：药名名称、生产厂家、批号；药品有效期；是否为违禁药品；有无处方、开具处方原因及时间、服用剂量、服用时间、医师的姓名；是否为自购药品、药物来源、药理性质、服用剂量、时间；毒物检验报告。

（7）枪击伤亡

①被保险人状况：被保险人是否熟悉枪支；被保险人是惯用右手或左手；有无进行石蜡测试及结果；被保险人的家庭、经济、感情、工作、健康状况以及社会关系。

②武器状况：枪的机械种类、样式、编号、口径；枪支所有人以及被保险人为何持有；枪一般存放在何处；枪支通常是否关上保险开关；枪通常是否装弹；填装多少子弹或空弹多少；如果是步枪或短枪，枪管多长；该枪是否使用频繁。

③事故现场情况：武器的位置；身体的位置；有无任何证据显示为抢劫、盗窃。

（8）跌倒死亡

①被保险人状况：被保险人的身份、职业；被保险人的年龄；被保险人的健康状况；被保险人是否吸毒、服药、酗酒；被保险人的家庭、经济、感情、工作状况。

②事故情况：现场地形；事故发生经过；由何人发现，何时发现；被保险人是否被送医院；医院诊断结果如何；外伤部位、伤口大小；有无现场目击者；何人报案，报案人与被保险人是何关系；被保险人是否有精神疾病或其他重大疾病；现场目击者如何陈述。

（三）自杀死亡

自杀是指自己对自己实施的、有意结束自己生命的行为是被保险人故意行为的典型代表。认定自杀应同时满足三个条件：一是行为人必须有结束自己生命的主观意图；二是行为人显然在客观上实施了足以使自己死亡的行为；三是行为人对其行为所导致的后果——死亡应有足够的认识。

根据《保险法》及绝大部分的人身保险条款规定，被保险人在投保年两内自杀，保险公司不负有给付死亡保险金的责任，但也不能一概而论。在理赔实务中应具体分析事故者对自杀的认知状况。

未满18岁的无民事行为能力人或限制民事行为能力人在合同成立后两年内自杀，因其智力程度及认知水平较低，无法正确理解其行为的性质并预见行为的后果，所以不构成自杀，保险公司应当给付保险金。对于精神病患者而言，根据民法和保险法的相关规定，若自杀是在精神病状态下发生的，保险公司应当负保险责任。在现实生活中，有的投保人或受益人为了获取死亡保险金，故意将自杀伪装成意外事故死亡，因而对自杀案件必须仔细甄别。

1.自杀死亡调查重点

（1）是否有自杀动机，诸如财务、健康、家庭问题等。

（2）了解公安部门调查情况，会晤处理事故的有关人员。

（3）取得法医报告复印件，会晤法医。

（4）会晤目击者及死者朋友、同事、其他家人及业务员。

（5）会晤现场的医师、护士或其他医疗人员。

（6）是否牵涉酒精或药物、取得毒物检验报告复印件。

（7）从其他保险公司取得资料。

（8）若是使用武器，是否有测试。

(9)会晤精神科医师,以确定被保险人精神状态。

(10)有无遗书或相关记录。

2. 自杀死亡调查项目

(1)被保险人状况

被保险人的姓名、地址、婚姻状况、职业、宗教、年龄;被保险人的医疗史、一般身体状况、最近诊疗的医院、心理治疗;家族死亡史(自杀、癌症、心脏病、其他疾病);被保险人的性格,有无很多朋友;被保险人的兴趣与嗜好;是否参加宗教性的活动;被保险人死亡之前的情绪及身体状态(疲倦,情绪或身体紧张、生气);以前是否有自杀倾向;最近有无更换职业;是否退休,退休后的反应;有无控制不了的不良行为(吸毒、酗酒、赌博);有无超常消费行为;最近有无亲人死亡或失恋、离婚;最近有无发生意外或受伤;有无财务困难。

(2)其他情况

死亡地点、方式及时间;有无目击者;公安及法医部门报告;救护、医疗记录;新闻媒体报道;身体的位置;衣着如何;最后看到被保险人或与之交谈人的口述;被保险人为何在出事地点。

(四)他杀死亡

对于他杀死亡的保险案件,保险公司应否承担保险责任,向受益人或被保险人的法定继承人给付保险金,要视情况而定。按保险条款规定,投保人对被保险人的故意行为导致的被保险人死亡、被保险人故意犯罪、拒捕而被杀,保险公司不予赔偿。

1. 他杀死亡调查思路

(1)死者死于何种方式(如刀杀、中毒、溺水、坠落等)。

(2)现场是否紊乱,有无挣扎、搏斗痕迹。

(3)现场有否凶手遗留物品(如凶器、碎衣片、头发、钮扣等)。

(4)现场有否伪装或处理的痕迹。

(5)是否有毁尸灭迹现象,如碎尸、移尸等。

(6)现场是否有可疑凶器的物品,是否与伤口相符。

(7)被害人平常人缘如何,有无仇人。

(8)被害人经济状况如何,有无欠债。

(9)被害人家庭状况如何,有无感情纠葛。

2. 他杀死亡调查项目

(1)被保险人状况。

(2)被保险人的姓名、地址、婚姻状况、职业、宗教、年龄。

(3)被保险人的医疗史、最近诊疗的医院、心理治疗。

(4)家族死亡史(自杀、癌症、心脏病、其他疾病)。

(5)被保险人的性格,有无很多朋友。

(6)被保险人的兴趣与嗜好。

(7)是否参加宗教性的活动。

(8)被保险人死亡之前是否有厌世情绪。

(9)被保险人平常身体状态如何(疲倦,情绪或身体紧张、生气)。

(10)以前是否有自杀倾向。

（11）有无控制不了的不良行为（吸毒、酗酒、赌博等）。

（12）有无超常消费行为。

（13）最近有无亲人死亡或失恋、离婚。

（14）有无财务困难。

3. 其他情况

（1）何时发现被保险人死亡，如何发现的。

（2）发现死亡的地点、方式及时间。

（3）死亡现场有无抵抗或搏斗痕迹。

（4）何人发现，发现人姓名、住址。

（5）有无目击者。

（6）有无送医院抢救。

（7）公安及法医部门报告。

（9）救护、医疗记录。

（10）新闻媒体报道。

（11）发现死者时其身体的位置。

（12）衣着如何。

（13）现场是否有死者的遗留物。

（14）最后看到被保险人或与之交谈人的口述。

（15）被保险人为何在出事地点。

（五）宣告死亡

1. 宣告死亡的概念和条件

宣告死亡是指公民离开自己的住所，下落不明达到法定期限，经利害关系人申请，由人民法院宣告其死亡的法律制度。它是人民法院以判决的方式推定公民死亡，从而结束该公民参与的各种民事法律关系。

根据我国《民法通则》第二十三条规定，宣告公民死亡必须具备以下条件：

（1）公民下落不明必须达到法定的期间

这是公民宣告死亡的实质条件。我国法律规定：一般情况下，公民离开住所下落不明满四年的；或因意外事故下落不明，从事故发生之日起满两年的，利害关系人可以申请宣告其死亡。战争期间下落不明者，下落不明的时间从战争结束之日起计算。最高人民法院关于贯彻执行《民法通则》若干问题的意见中指出，战争期间下落不明的，申请宣告死亡的失踪期间适用四年的规定。宣告失踪不是宣告死亡的必经程序，被宣告死亡的公民既可以是已被宣告失踪的人，也可以是未经宣告失踪的人，其失踪时间均应从公民下落不明之日起计算，并必须持续进行。

另外根据我国《民事诉讼法》的规定，因意外事故下落不明，有关机关能证明其不可能生存的，不受四年或两年法定期间的限制。这里所指下落不明是公民离开最后居住地后没有音信的状况。但由于出境导致无法正常通信联系的，不得以下落不明宣告死亡。

（2）必须有利害关系人的申请

利害关系人主要是指下落不明公民的近亲属或对该公民负有监护责任的人，以及该公民的债权人和债务人。按照最高人民法院的规定，申请宣告死亡的利害关系人的顺序是：①配偶；②父母、子女；③兄弟姐妹、祖父母、外祖父母、孙子女、外孙子女；④其他有民事权利义务的人。

（3）必须由人民法院依照法定程序宣告

宣告死亡的案件只能由人民法院审理，其他任何单位和个人都无权宣告公民死亡。人民法院受理宣告死亡的案件后，必须发出寻找法对其做出死亡宣告。人民法院发出寻找失踪人公告的一年期间，不包括在被宣告死亡的公民下落不明所须达到的法定期间之内。人民法院宣告判决之日为失踪人的死亡日期，视为失踪人死亡的日期，判决中没有确定其死亡日期的，则以判断生效的日期为失踪人死亡的日期。

2. 宣告死亡案件的调查思路

由于失踪人被宣告死亡只有法律上的推定死亡，事实上该失踪人的生命不一定终结。被宣告死亡的人重新出现，或者有人确知其没有死亡时，经本人或利害关系人申请，人民法院应当撤销对他的死亡宣告。对保险理赔案件来讲，存在两种可能，一是利害关系人隐瞒真实情况使他人被宣告死亡而骗取保险金；二是失踪人与利害关系人恶意串通向保险公司骗取保险金。因而对于因宣告死亡而引起的保险理赔，要注意调查其失踪的时间、原因、人民法院受理时的情况、利害关系人要求有关机关开具失踪人不可能生存的证明材料时的情况。同时要向其他利害关系人调查，被宣告失踪人是否真正下落不明、下落不明的时间是否确实已达到法定期间、申请宣告死亡的原因等，必要时还应调查被宣告死亡人的家庭经济情况、夫妻感情、债务情况等。保险金给付以后，也可在适当时间以适当方式调查被宣告死亡人有否重新出现、周围群众有何议论，以确定是否属于骗赔，或事后被宣告死亡人虽然重新出现但为避免向保险公司退回保险金而故意不申请撤销死亡宣告或告知保险公司。

二、伤残给付理赔调查

（一）伤残给付的概念

伤残给付是指被保险人由于遭受意外伤害或疾病造成永久丧失全部或部分劳动能力和身体器官，保险公司按照有关险种条款规定，根据《人身保险意外伤害残疾给付标准》或《人身保险残疾程度与保险金给付比例表》确定被保险人受伤残的程度，向被保险人给付残疾保险金。残疾包括两种情况，即身体组织的永久丧失或身体器官机能的永久丧失。残疾程度的确定必须由保险公司指定或认可的医疗机构进行（一般为县级以上医院），并出具残疾程度鉴定书，鉴定时间应在被保险人治疗结束后，若自被保险人遭受意外伤害或患病之日起180日内治疗仍未结束的，按被保险人第180日的身体情况进行鉴定。

（二）伤残给付理赔调查思路

损伤时间是保险合同生效前还是生效后，或复效前还是复效后；损伤人是否是被保险人本人；被保险人是否原来就有残疾；损伤原因是什么，是否故意引起，是否原有疾病引起；损伤鉴定结果与被保险人实际损伤程度是否吻合；伤口形状、大小是否与伤者所述的致伤物相吻合；损伤鉴定是否在180天后做出；被保险人家庭经济状况如何，有无债务；损伤现场在何处，是否有人目击损伤过程；被保险人与报案人对损伤发生的原因结果描述是否一致；现场周围群众或被保险人居所附近群众有何议论。

（三）伤残给付调查方法

面见被保险人，听取损伤发生的原因、经过；察看被保险人损伤情况，核对损伤部位、损伤程度是否与鉴定一致；拜访被保险人居住地附近群众或工作单位的同事，了解伤残是否原有或是投保前刚发生损伤事故；访问现场目击者，听取事故发生的经过；伤残鉴定医院是否为公司指定或认可；调查救护医务人员，了解救护的过程，被保险人的伤情、伤口部位、形态特征；查阅被保险人的病历，了解对被保险人伤情的记载情况。

三、重大疾病给付理赔调查

重大疾病给付是指被保险人经医院确诊患有保险条款所载明疾病，保险公司根据条款给付定额保险金。重大疾病案件的调查以核实事实和告知内容为主，尤其对被保险人投保后短期内就被确诊为重大疾病的案件，应重点调查是否为带病投保或存在其他不实告知事项。

（一）疾病调查核实

1. 查明病情证明材料的真实性

（1）走访主治医师，询问被保险人的诊治情况、病史、健康状况、发病过程和出院时的情况。

（2）查阅病历记录，注意病历中的主述内容和提供者。对申请人提供的病历和其他医疗文件，调查人员都应到医院予以核实。注意每一份医疗文件上的患者姓名、出生日期、性别、家庭住址、入院时间、住院号、床位号和主述内容是否完全一致。

（3）查看病情检验的有关记录，如化验单、X光片、心电图、B超等。

（4）核对医疗费用的单据，检查所用药品的名称和数量。

（5）核实病理报告的真实性，询问医师了解病理材料的取样过程。对病理报告结论不清的，应要求重新做病理检查。

（6）了解诊治医师、化验或检验等相关医务人员与被保险人的关系。

（7）核实出院小结中的内容与病理报告等内容是否吻合；长期医嘱中的药品使用是否与所患疾病吻合。

（8）面见被保险人，询问其发病经过和治疗情况。

2. 查明被保险人平时的生活和工作背景与所患疾病是否有联系。

（1）被保险人的健康史

被保险人的医疗既往史；被保险人的家族病史；有无身体机能的丧失；被保险人是否曾因医疗导致工作中断。

（2）被保险人的个人嗜好

有无烟酒或药物滥用的证据；被保险人的饮食嗜好是什么。

（3）被保险人的职业

是否属于职业病；被保险人的同事是否存在同样的疾病及理赔情况。

（二）告知调查核实

重点查明投保时被保险人是否已存在与索赔有关的病患。

（1）审查投保资料，根据调查情况核实投保人是否如实告知；调查投保人是否体检、体检陪同人员身份、体检医师的有关情况。

（2）询问业务员投保时的情况，是否面见被保险人及双方关系。

（3）对赔付金额较大的应采取普查方式。普查重点是被保险人生活、工作或治疗所在地较著名的几家医院在投保前一两个月前后的检查记录。如果被保险人系带病投保，大多在投保前到附近几家医院反复检查诊断过,这些医院一般应留有诊治记录。普查发现后应立即复印或摘抄,并请医院盖章证明。

(4)收集投保时的检查记录和出险时的检查、用药记录,并认真研究,如有疑难可聘请有关专家"会诊"。

(5)参加社保者,应到社保医疗部门或被保险人单位查证。

四、医疗费用给付理赔调查

(一)医疗费用给付的概念

医疗费用的给付包含住院医疗费用和意外伤害医疗费用两方面的内容。

住院医疗费用是指在保险合同有效期内,被保险人因遭受意外伤害或因患疾病(一般有一定的疾病观察期),经保险公司指定或认可的医院诊断必须且已经住院治疗的,被保险人自住院之日起若干日内所支出的医疗费用。这部分住院医疗费用由保险公司按条款规定给付,其中包括药品费、住院费、治疗费、检查费、材料费等。

意外伤害医疗费用是指在保险合同有效期内,被保险人因遭受意外伤害在保险公司指定或认可的医院治疗,或在就近医院抢救(被保险人病情稳定后须转入保险公司指定或认可的医院治疗),被保险人自意外伤害事故发生之日起若干日内所支出的医疗费用。这部分意外伤害医疗费用由保险公司按条款规定给付,包括门诊治疗费用和住院治疗费用。

(二)住院医疗费用的调查

住院医疗费用的调查应注意被保险人所遭受的意外伤害是否发生在保险有效期内,是否在免责期内发生疾病,所受伤害的程度或所患疾病是否经保险公司认可的医院诊断且认为必须住院,所用的药品、治疗是否与致伤害或疾病相符。其调查的主要内容有:

(1)所有医院证明应为治疗医院的证明,应是指定医院或县级以上公立医院的证明,其收据应是有效费用收据原始件。

(2)入院时间应在保险有效期间内,但应考虑免责期。

(3)所患疾病是否符合保险责任范围。

(4)审核医疗证明材料时,应注意是否为被保险人本人住院,被保险人是否带病投保。

(5)剔除不符合社会劳动保障部门基本医疗或卫生部门公费医疗规定范围的治疗和检查及其他各项费用。

(6)若需转院治疗的,在转院之前须持治疗医院主治医师以上签的诊断书及转院证明,并提交转院申请书,经公司批准签署审核意见后,转院后的各项费用方可按规定给付。

(7)不论一次或多次住院,其累计给付金额不能超过保险金额全数。

五、意外伤害医疗费用的调查

意外伤害医疗费用的调查应注意确认出险事故是否为意外伤害,若在外地或非指定医院诊治的须出具医院的急诊证明或病历上加盖急诊章,同时注意因意外事故所致伤势与所必须治疗费用是否相符。其调查项目主要有:

(1)事故详细经过。

(2)事故发生后如何处置。

(3)查看事故者伤势、治疗与伤势是否符合。

（4）查证事故双方或关系人。

（5）事故现场查勘及目击者的侧面调查。

（6）警方处理记录。

（7）有无疾病引起的可能性。

（8）有无除外责任。

（9）事故发生后有无进行紧急处理。

（10）就诊医院的查证（事故地点及住家的附近医院、各大医院）。

第四节　理赔证据审查

一、理赔证据审查概述

理赔证据，是指申请人提交或保险公司调查获取，能够证明索赔事由是否属于保险责任的各种资料。理赔证据要具有以下三个要素。

1. 真实性

真实性又称客观性，指理赔核定所运用的证据本身必须是客观的、真实的，而不是虚假的、捏造的。

2. 关联性

关联性要求理赔证据必须与待证的案件事实存在一定的联系。可以表现为直接的、间接的联系；也可为肯定的、否定的联系。

3. 合法性

认定案件事实的证据必须符合法律规定的要求，不为法律所禁止，否则不具有法律上的证据效力。

上述三个要素是理赔证据的本质属性，在实务操作中，缺一不可。

二、理赔证据的形式

理赔实务中常见证据形式有以下七种：书证、物证、视听资料、证人证言、鉴定结论、勘验笔录、当事人陈述。这也是法定证据形式。

1. 书证

书证，是指以文字、符号、图表等记载或表达的内容来证明案件事实的证据。如保险单、身份证、关系证明、X 光片、CT 图等。

2. 物证

凡以自己存在的外形、质量、规格、损坏程度等标志来证明案件事实的一部分或全部的物品及痕迹，即称为物证。其又可分为物品、痕迹和微量物，如砸伤出险人的花盆、伤残断指的切面、高坠点擦划遗留的微量皮屑。

3. 视听资料

视听资料是指利用录像或录音磁带反映出的形象或音响，或以电子计算贮存的数据来证明案件真实的证明材料。如出险现场监控录像、客户拨打 95519 报案录音等。

4. 证人证言

证人是指了解出险真实情况并愿意提供证词的人，证人对案情所作的陈述称为证人证言。如走访出险人邻居获得的证词、出险现场目击人的陈述。

5. 鉴定结论

理赔过程的鉴定结论，特指理赔过程出现的专门性问题且难以采用日常经验或常识证明，必须经有关专家运用专门知识和专门的技术手段去确定事实真伪的一种证据类型。如脑中风后遗症鉴定、法医尸检鉴定等。

一份完整的鉴定报告应当包含以下七部分内容：委托人姓名或者名称、委托鉴定的内容；委托鉴定的材料（或对象）；鉴定的依据及使用的科学技术手段；对鉴定过程的说明；明确的鉴定结论；对鉴定人鉴定资格的说明；鉴定人员及鉴定机构签名盖章。

6. 勘验笔录

勘验笔录特指人民法院指派勘验人员对现场、物品进行查验、拍照，并将查验结果制成的笔录。勘验笔录是法定证据类型，但从理赔运用角度来看，其性质为书证，使用方法可比照法院判决裁定书。理赔实务中，当涉及客户申请理赔前已发生民事或刑事审判，若运用法院已有的具有较强证明力的勘验笔录辅助理赔，可确保理赔结论客观、全面准确。

7. 当事人陈述

法律规定的当事人陈述需在诉讼过程中方能作为证据类型，理赔实务中，当事人陈述原则上可理解为保险金请求权人所作的陈述。

三、理赔证据审查的目的

审核理赔调查证据的目的是证明理赔案件的事实，具体来说，就是要判断所收集的证据能否准确充分地证明案件的真实情况。审查证据的目的包括两方面：第一是查明证据材料是否准确；第二是查明证据材料是否充分。

（一）审核理赔调查证据的准确性

审核理赔调查证据是否准确包含两层含义：一是审核证据材料本身的内容是否准确属实，证据材料所表明或反映的情况是否确实存在；二是审查证据材料内容与待证的理赔案件事实之间的关联性是否真实，即该证据材料是否能够证明案件的真实性。

（二）审核理赔调查证据的充分性

审核理赔调查证据的充分性包括两层含义：其一是审核所收集的证据能否充分的证明案件事实的每一个构成要素；其二是审核所收集的证据能否充分地证明待证理赔案件的事实主张或事实真相。

充分证明，是指所收集的证据足以证明所要证明的案件事实。充分证明应当具备三方面的特征：第一是完备性，即所有需要证明的案件事实要素或情节都应该有证据证明，而且这些证据能够构成一个完整的证明系统，各个证据之间能够相互印证，形成牢不可破的证据链条；第二是一致性，即所有证据证明的案件情况都相互一致，没有无法做出合理解释的差异和矛盾；第三是排他性，即所有证据材料证明的案件情况是依据这些证据所能得出的唯一合理结论，没有其他的可能性。

四、理赔证据审查的内容

在理赔调查中，审核证据材料应当包括三方面的内容，即应当从三个方面进行审核认定：审核判断证据材料的真实可靠性；审核判断证据材料的证明价值；审核证据材料的合法性。

（一）审核判断证据材料的真实可靠性

审核判断证据的真实可靠性，就是要查明证据所反映的或者所证明的是否为案件中的事实情况，即该证据是否可靠。这是审核证据的第一步。只有在确定了某项证据材料真实可靠之后才有必要进行下一步审核其证明价值和合法性。审核判断证据的真实可靠性可以从两个方面进行：一是从证据的来源进行审核判断；二是从证据的内容进行审核判断。

（二）审核判断证据材料的证明价值

理赔调查人员在确认了证据材料真实可靠之后，应该进一步审核判断其证明价值，这是正确运用证据的前提条件。证据材料的证明价值是由证据材料与待证事实之间的关联性所决定的。有关联则有价值，无关联则无价值；而且关联的形式和性质不同，价值的大小也有所不同。因此，审核判断证据的证明价值就是要分析证据与理赔案件待证事实之间的联系。

（三）审核证据材料的合法性

审查证据的合法性，就是要查明证据的收集方法和程序是否符合法律的有关规定。具体来说就是要审查证据的发现、提取和保管的程序方法是否符合法律的有关规定。用非法手段收集来的证据不能用在理赔调查中。

五、理赔证据效力判断规则

（一）原始证据和传来证据证明力比较

按照证据来源可分为原始证据和传来证据。

1. 原始证据

原始证据直接来源于案件事实，称第一手证据。例如投保人、被保险人关于案件事实的亲自所为、亲身感受、亲眼所见的陈述，是原始证据。理赔资料中的一切原件也是原始证据。

2. 传来证据

传来证据是间接来源于案件事实的证据，也叫"派生证据"。即经过转、述、传抄、复制的第二手以及第二手以后的证据，如书证的副本、音像资料的复制品、非亲身经历从他人处得知案件事实的证言等。

3. 证明力比较及使用要点

原始证据的证明力优于传来证据；传来证据并非无证明力，只要其与案件事实有关联，结合其他证据材料进行分析判断查证属实后，就可以用来证明案件事实；通过传来证据可以发现与收集原始证据，帮助验证、核实原始证据的真伪；在不能获得原始证据时，经查证属实的传来证据，同样可作为认定案件事实的根据。

（二）直接证据和间接证据证明力比较

按证据与案件事实的关系可分为直接证据和间接证据。

1. 直接证据

直接证据是指能够直接用以证明案件事实的证据，比如保单、交费凭证可直接证明有效的合同关系；诊断证明、病理报告可以证明患病情况；身份证原件可以证明身份事实等。

2. 间接证据

间接证据是指不能单独或者直接证明案件事实，必须与其他证据结合起来，共同证明案件事实的证据。

3.证明力比较及使用要点

(1)直接证据证明力一般大于间接证据。

(2)单独的间接证据不能证明案件事实。理赔处理时,单个的间接证据,如病历主诉,若无其他间接证据予以佐证,不得作为拒绝给付的依据。

(3)几个间接证据联合起来,相互印证,其证明力可以达到与直接证据相当的证明力。

(三)其他形式证据证明力比较

(1)国家机关、社会团体依职权制作的公文书证的证明力一般大于其他书证。

(2)物证、档案、鉴定结论、勘验笔录或者经过公证、登记的书证,其证明力一般大于其他书证、视听资料、证人证言。

(3)证人提供的对与其有亲属或者其他密切关系的当事人有利的证言,其证明力一般小于其他证人证言。

五、举证责任

(一)举证责任人含义

举证责任是指当事人对自己提出的主张,有责任提出证据加以证明,否则将承担对其不利的后果,即所谓的"谁主张,谁举证"原则。在理赔过程的举证原则为:保险金请求权人在其能力范围内对给付主张进行举证,保险人对拒付主张进行举证。

(二)被保险人、受益人举证责任

被保险人或受益人请求支付保险金时,须对自身已履行《保险法》规定协助义务以及对保险人须承担保险责任的主张举证。举证履行协助义务方式为出示资料交接凭证,证明已按照索赔一览表要求提供相应的证明材料。

举证保险人履行给付保险金责任,包括:

1.保险合同关系成立且有效

对合同有效举证方式包括:

(1)提供保险合同正本。

(2)提供保险费专用发票。

(3)复效的提供复效证明。

2.在责任期间发生条款约定的事故或损失

(1)该事故或损失须已经发生并符合条款约定。

(2)含医疗责任时,除举证损失发生还必须证明损失范围,以确定损失补偿的范围。

(3)保险事故发生在合同载明的责任期内。

3.该损害事实由合同约定的原因所致

4.保险人在销售、承保或理赔过程中的过错行为

(三)保险人举证责任

保险人举证责任主要体现在对索赔资料证据缺陷和自身行使责任免除两方面:

1.对索赔资料证据缺陷的举证

在理赔核定过程中,保险人若主张索赔资料存在证据缺陷,则有举证义务。实务常见类型包括:

（1）索赔资料虚假，存在伪造、修改迹象。

（2）证据与出险事实不相关，如医疗发票非本人姓名等。

（3）证据的形式不合法，手续不完备，如证明文件缺公章、调查笔录缺签名等。

（4）证据取得程序不合法，来源不可靠。

2. 除外责任的举证

（1）法定除外责任举证

《保险法》规定保险人的法定除外责任，在行使上述除外责任时，保险人负有对事实符合除外责任成立条件进行举证的义务：

第一，未如实告知免责的举证。被保险人非无民事行为能力人；精神病患者出险时可以辨认自己行为及其后果；无效力中止情况的，要求出险时间距合同成立未逾两年；存在效力中止情况的，要求出险时间距复效期未逾两年。

第二，被保险人自杀免责的举证。被保险人年龄已满10岁；精神患者出险时须能辨认自己行为；无效力中止情况的，要求出险时间距合同成立未逾两年；存在效力中止情况的，要求出险时间距复效期未逾两年。

第三，被保险人故意犯罪或抗拒依法采取的刑事强制措施免责的举证。被保险人有故意犯罪或抗拒依法采取的刑事措施的行为；该行为与被保险人伤亡存在时空的连续；该行为与被保险人伤亡具有因果关系。

备注："时空连续"要求被保险人伤、亡事故不能与其故意犯罪或抗拒刑事措施行为间隔过于久远，如被保险人因盗窃判处拘役一年，被害人认为量刑不轻，于被保险人刑满后将其殴打致残，上述情况对被保险人来说属于意外，不宜适用故意犯罪致残免责。

第四，投保人、受益人故意制造保险事故免责的举证。投保人故意造成了被保险人死亡、伤残或疾病；受益人故意造成了被保险人死亡、伤残或疾病；受益人故意杀害被保险人未遂。

（2）约定除外责任举证

对保险合同约定的免责条款，保险人持主张时负举证责任，举证范围包括：保险人履行免责条款说明义务，该条款具有法定约束力；出险事实符合免责条款规定范围。

3. 可由法院调查收集的证据类型

保险人在理赔核定过程中对所需证据因涉及职权、机密原因无法调阅采集，如涉及诉讼时仍可以通过申请法院调查取证完成举证。

（1）依保险人申请调查收集的证据

在诉讼阶段，保险人需要法院协助调查收集证据，可直接向法院提交书面申请（含委托律师申请）。申请时间"不迟于举证期限届满前7日"，可以申请证据的范围包括：属于国家有关部门保存并须人民法院依职权调取的档案材料；涉及国家秘密、商业秘密、个人隐私的材料；保险人及其诉讼代理人确因客观原因不能自行收集的其他材料。

（2）法院主动调查收集的证据包括涉及可能有损国家利益、社会公共利益或者他人合法权益的事实；涉及依职权追加当事人、中止诉讼、终结诉讼、回避等与实体争议无关的程序事项。

第八章　人身保险欺诈与防范

学习指引：

- 掌握人身保险欺诈的含义、成因及法律特征等；
- 掌握人寿保险欺诈的表现形式、意外险保险欺诈的表现形式、健康险保险欺诈的表现形式；
- 掌握人身保险欺诈防范，并能运用于理赔工作。

人身保险欺诈是人身保险发展的产物，它的存在侵害了保险合同当事人的合法权益，扰乱了保险市场的正常秩序，极大地影响了保险业的健康发展，本章介绍了人身保险欺诈的含义、成因、法律特征及保险欺诈的防范等，并对不同人身保险险种保险欺诈的表现形式进行了讨论。

第一节　人身保险欺诈概述

人身保险的发展有着悠久的历史，当时罗马帝国的士兵们从薪金中拿出一定的百分比，投入到保险基金中，当他们在战争中不幸身亡时，其家属就可以从中获得一笔抚恤金。人身保险业务的推出是人类解决风险问题的伟大发明，其现实意义和深远的社会及家庭意义越来越为社会与公众所认同。虽然人身保险不能阻止悲剧的发生，但他无疑可以减轻和延缓悲剧的蔓延和加剧，从而可以说拯救和防止多少家庭因此而无助和破损。但在人身保险发展的过程中，有一股逆流一直在困扰着它的发展，就是人身保险欺诈。人身保险欺诈是伴随着人身保险的产生而产生的。随着保险业的发展，人身保险欺诈也呈上升趋势，并成为当前保险业的最大威胁之一。人身保险欺诈的存在，有悖于保险经营的最大诚信等原则，破坏了保险公平、公正的交易秩序，威胁着保险企业的生存与发展，同时也损害了广大被保险人的合法权益，严重破坏了国家的经济、金融秩序。

一、人身保险欺诈的含义

狭义的保险欺诈，又称为保险诈骗，是投保人、被保险人或者受益人违反保险法规，以非法占有为目的，采用保险标的或保险事故等方法向保险公司骗取保险金的行为。保险欺诈除上述含义外，还包括保险人、保险中介及其他与保险活动相关的主体违背保险诚实信用原则，单独或与他人共同实施的欺诈行为。本章所讨论的人身保险欺诈是指投保人、被保险人、受益人或者保险公司工作人员以及其他相关人员，利用人身保险合同，采取隐瞒事实、虚构或制造保险事故、夸大损失程度等手段骗取保险金的行为。

二、人身保险欺诈的成因

（一）人身保险的本身特性所决定的

保险运行的基本原理是组织社会千家万户、各行各业的忧虑者，分险种类别组合成各个基本同质的群体，并按各类风险出险率以及损失平均值计收保险费，从而筹集起相当规模的保险基金，用以补偿或给付少数遭受灾难者，实现"一人困难，众人分担"，这本是极有意义之事。然而保险对个别投保人或被保险人而言，其交付的保险费是很小一部分，而一旦发生保险事故则可获得众人的帮助，最终可获取莫大数额的保险金。另外，人身保险合同所保障的保险事故是否发生是不确定的，所以对大部分被保险人而言，如果约定的保险事故未发生，那么就白交一笔保险费，而一旦发生了保险事故保险人就要向被保险人支付一大笔保险金，被保险人由此也获得了相应的补偿，也就是保险合同的射幸性。人身保险制度的这一特点不可否认会被不良用心的人恶意利用，进行保险欺诈。

（二）社会的因素

从整个社会来看，保险欺诈得以发生有以下几方面的社会原因：

1. 公众对保险的误解与纵容

由于我国保险起步比较晚，公民对保险缺乏正确认识。有的投保人认为交付保险费后，如果在保险期内没有发生保险事故得不到赔款，自己就受到了损害，因此必须力争获得保险金，于是就选择了欺诈的手段。还有出于报复保险目的进行保险欺诈，以发泄心中的不满。另外，当被保险人发生损失，无论是否发生保险事故，公众认为保险公司都理所当然应该进行赔偿，即使被保险人的行为存在欺诈情形，由于受损失的是保险公司，公众对保险欺诈者一般持宽恕和纵容的态度。

2. 司法机关对保险欺诈打击不力

作为民事活动，当投保人、被保险人与保险人之间发生民事纠纷以后，法院在审理保险合同纠纷时，如果当事人对保险合同条款的理解产生异议，人民法院将做出有利于投保人、被保险人的解释。这一规定在一定程度上为投保人、被保险人的欺诈行为创造了有利的条件。在刑事审判中，人民法院对那些有严重社会危害性的犯罪行为予以严惩，而对那些社会危害性较小的犯罪只能予以较轻的处罚。在通常情况下，被保险人欺骗的保险金额对保险人来说是微不足道的，对于被保险人的欺诈行为多数人是可以容忍的。除巨额保险金欺诈或有命案存在的保险欺诈外，司法部门对保险欺诈的案件介入不多，绝大部分涉嫌保险欺诈的人都没有被追究刑事责任。由于对保险欺诈行为打击力度不够，也刺激了保险欺诈行为的频繁发生。

3. 保险公司内部的原因

保险公司日常管理的重要内容之一，就是要做好反保险欺诈工作，以便有效地预防和制止保险欺诈行为。如果保险公司自身管理存在缺陷，就极易促成保险欺诈的蔓延。从实际情况来看，保险公司存在的下列缺陷容易诱发保险欺诈行为的发生：

（1）保险合同条款的局限性

保险合同条款一般是由保险公司事先拟定的，并以格式条款的形式固定下来。虽然保险公司在制定保险条款时会尽力避免保险欺诈现象的出现，但是由于现实生活纷繁复杂，在保险合同的履行过程中，使得保险合同条款很难约束所有可能发生的保险事故，很难估计被保险人可能提出的种种索赔要求。由于保险合同条款的疏漏，容易为保险欺诈提供可乘之机。

（2）保险公司管理制度上的缺陷

加强反保险欺诈工作是保险公司的一项重要任务。为有效预防和杜绝保险欺诈现象的发生，保险公司不仅要谨慎、周密地制订保险条款，而且要在管理机构的设置和管理制度的完善上下功夫。但是，由于各种原因，许多保险公司重视保险业务的招揽而忽视保险理赔工作，保险事故发生后，有时仅凭投保人或被保险人的一面之词，就为被保险人办理了索赔手续；有时因为人员不足不进行现场勘验，使保险欺诈顺利得逞。总之，保险公司管理制度上存在的这些缺陷，使保险欺诈的可能性大大提高。

（3）保险公司工作人员参与骗赔

由于保险公司工作人员的直接参与，使得保险欺诈的频率和成功率大大提高。保险公司工作人员直接参与保险欺骗，不仅使得反欺诈工作变得十分困难，也使得保险欺诈的行为很难被发现，因此其危害性也十分严重。保险公司工作人员直接参与保险骗赔，是保险欺诈大量发生的重要原因，许多巨额的保险欺诈都与保险公司工作人员的直接参与有关。

（4）保险公司过于重视自己的形象

由于保险市场竞争的日益激烈，保险公司出于树立公司形象的需要，有时会对一些本不应赔付的赔案做出协议处理，从而舍弃了一些必要的风险防范措施。毕竟，过分严格的索赔条件和索赔手续会影响投保人投保的积极性。因此，为赢得保户的信赖和支持，许多保险公司向保户推出优良服务的承诺，其中有些措施就忽视了道德风险的识别，降低了保险索赔的条件，为保险欺诈的产生创造了更有利的空间。

（5）保险公司的相互竞争

保险公司之间的相互竞争，是促进保险业健康发展的重要外部动力。保险公司之间的竞争，有利于保险公司加强自身管理，提高公司的管理水平；有利于保险公司提高服务质量，为广大保户提供更便捷、更优良的保险服务。但是，由于保险公司之间存在利益上的冲突，在开展保险业务时难免出现一些不正常竞争的行为，甚至出现高手续费、高退费、高回扣等不正当的竞争行为。保险公司之间互相不通气、不合作，使得犯罪分子往往骗过这家保险公司，又去骗另一家保险公司。当保险公司发现了被保险人或受益人有欺诈行为后，为了避免反保险欺诈对公司业务发展的负面影响，通常只是拒赔或追回赔偿了事，不愿意进一步加大对保险欺诈的打击力度，以致对欺诈者姑息养奸。

总之，保险欺诈的发生其原因是多方面的，是多种因素共同作用的结果，使得保险欺诈行为屡禁不止，屡见不鲜。

三、保险欺诈的主要特征

（一）主体上

保险欺诈主体与其他合同欺诈行为相比，保险欺诈的主体具有广泛性，不仅包括投保人一方的投保人、被保险人和受益人。还有保险人一方的人寿保险公司及其他工作人员，以及保险代理人、保险公估人、保险经纪人、保险鉴定人等。

（二）主观方面

行为人为直接故意，具体表现为投保人一方在投保或申请理赔过程中，陈述虚假事实或隐瞒事实，或者制造保险事故或保险事故发生的原因、夸大损失程度等情节严重并致使保险人陷于错误认识而做出不符合事实的意思表示。对保险人一方表现为人身保险公司及其工作人员在保险业务中隐瞒与保险合同有关的重要情况，欺骗投保人、被保险人或者受益人，或者拒不履行保险合同约定的赔偿或者给付保险金的义务，人寿保险公司及其工作人员阻碍投保人履行如实告知义务，或者诱导其不履行如实告知义务，或者承诺向投保人、被保险人或者受益人给予非法的保险费回扣或者其他利益。

（三）客体上

保险欺诈的客体是保险金或保险费。保险是按大数法则，将众人的保险费聚集起来，对出现不幸事故的个体进行经济补偿的共济制度。投保人缴纳的保险费是属于全体投保人共同所有的公共财产。保险欺诈企图占有部分保险基金，其行为性质是侵犯了公共财产的所有权。此外，保险欺诈还应具备"欺诈所得财物数额较大"的条件，若行为人欺诈的保险金额较小，一般不构成犯罪，可依照国家有关规定给予行政处罚。对于保险人一方对投保人一方的欺骗诱保，欺诈的客体则是投保一方缴纳的保险费。

（四）客观表现

保险欺诈在客观上有以下构成要素：

（1）行为人实施保险欺诈行为。

（2）使对方陷入错误的认识。

（3）行为人已获得对方财产，这是保险欺诈的罪质。

同时，保险欺诈犯罪的客观方面构成要素之间必须具有因果关系和先后顺序性，即行为人的行为与获得对方财产之间存在因果关系，而且欺诈在先，占有对方的财产在后。

同其他民事欺诈相比，保险欺诈具有以下两个显著特征：

1.隐蔽性强

（1）当保险欺诈者作为保险合同的一方当事人或关系人时，与保险人之间存在着合法的保险合同关系，保险欺诈行为往往被合法的保险合同所掩盖，难以引起社会公众和保险人的怀疑。

（2）保险的经营对象十分广泛，人员因素十分复杂，保险人不可能对每一个投保人都进行详细的调查，从而对欺诈行为有一定忽略。

（3）保险欺诈者实施欺诈行为的时间十分充裕，不仅在保险合同的有效期限内，而且在保险合同订立之前和订立时，都可实施欺诈。由于欺诈行为都是经过欺诈者周密安排和精心策划的，保险人即使发现，也很难收集有关欺诈的证据。

2.严重的社会危害性

保险欺诈不仅侵犯了保险人的合法利益，对公众财产也是一种侵害，更重要的是保险欺诈有可能会对他人的人身安全带来威胁。在人身保险中，有的受益人为了谋取保险金，不惜铤而走险，有意杀害被保险人，给他人、给社会带来了极大危害。

四、保险欺诈的主体构成

（一）主观上表现为直接的故意

保险欺诈行为人在实施欺诈时必须有欺诈的故意，并且目的是骗取保险金。即在主观上，投保人、被保险人或受益人必须出于故意，过失不构成保险欺诈。欺诈的故意包含两层意思：一是投保人一方有使保险人发生错误的故意，即投保人、被保险人或受益人明知其行为可能使保险人陷于错误认识；二是投保人一方在知道自己的行为会使自己或第三人牟利，保险人遭受损失的前提下故意实施，并积极地促使其结果发生。

（二）客观上实施欺诈行为，并有结果

客观方面，投保人一方实施了欺诈行为，并已非法占有对方财产，仅有主观故意，而没有具体实施，也不构成欺诈。欺诈行为是投保人、被保险人或受益人对与保险有关的重要事实故意做虚假陈述或对有关情况有重大隐瞒行为。即可以是积极的行为，如制造保险事故，编造保险事故等，也可以是消极的行为，如对影响是否承保的重要事项故意不告知保险人等。

（三）行为与结果之间存在必然因果关系

欺诈行为人的行为与保险金的获得具有因果关系。只有因果关系存在时，才能构成保险欺诈。否则，即使存在欺诈行为，人寿保险公司也不能以此为由而拒赔。但需要注意的是，不管保险人是因欺诈行为造成动机上的错误，还是目的上的错误，只要欺诈行为造成了人寿保险公司保险金的支付，两者就具有因果关系。

五、各类保险欺诈的表现形式

（一）人寿保险欺诈的表现形式

人寿保险欺诈的形式多种多样，常见的方式有以下几种：

1. 故意制造保险事故

由于人寿保险事故的特殊性，保费较其他险种而言偏高，所以为了减轻投保人的缴费压力，一般采分期缴费，除了少数"两全"保险外一般都是以被保险人的死亡作为保险给付条件的。当经济出现困难无力承担高额的保费支出，在高额保险金的驱使或道德沦陷下，就会出现人为地故意地制造保险事故，获取保险金的保险欺诈行为的发生。

（1）故意杀害被保险人。为了获得高额保险金，受益人亲自或雇佣杀手杀害被保险人。作案后伪造现场，常见的伪造方式有：伪装抢劫杀人；伪装溺水死亡；伪装失足摔死；伪装交通事故死亡；伪装海上遇难死亡；伪装中毒死亡；伪装失火烧死；伪装疾病自然死亡；伪装自杀。

（2）被保险人自杀。在保险法律中一般都规定在投保后的一段时间内发生的自杀，保险公司不负赔付责任。在我国《保险法》将这一时间定为两年，两年内发生的自杀保险公司不承担给付责任。这种规定可能促使决定自杀的被保险人，为了使遗嘱获得给付而伪装成其他原因死亡。常见的伪装有抢劫杀人、交通事故、其他意外和疾病死亡等。

2. 伪造保险事故

（1）保险期限方面

这里主要发生欺诈者涂改、伪造保险事故的发生时间。如已经投保，事故发生时刚好在健康观察期内或是保单宽限期后，为了获得给付，涂改、伪造事故的发生时间。

此外，有的还采用"先出险，后投保"等"倒签单"方式。

（2）事故性质方面

在人寿保险中根据死亡性质不同，一般分为意外伤害死亡、疾病死亡、自然死亡和宣告死亡。确定死亡性质十分重要，这是因为：

①不是每一种保险合同中都包括了各种死亡性质的给付。

②不同性质的死亡可能获得不同额度的给付。

③不同的死亡性质有不同的限定时间。

由于上面的原因，受益人在被保险人死亡之后为了获得更多的赔付可能会提供虚假、伪造或涂改的死亡证明，隐瞒真正的死亡性质。

3.将除外责任事故伪造成保险责任事故

除外责任是保险条款中列明的，保险公司不承担赔付责任的事项。除外责任的订立是为了限制对非偶然事故的赔付，以维护保险制度的健康运行，维护法律和社会公德，保护被保险人的安全。

但是，有时受益人为了获得赔付，则可能破坏、伪造现场，提供虚假、伪造的证明文件，隐瞒真实的死亡原因和死亡性质，这样就使得除外责任变成了保险责任。

一般将下列情况列为除外责任：

（1）投保人、受益人故意伤害、杀害被保险人。

（2）被保险人故意犯罪或拘捕，故意自伤、酗酒、斗殴。

（3）被保险人服用、吸食或注射毒品。

（4）被保险人在合同成立后或复效之日起两年内自杀。

（5）被保险人无证驾驶，酒后驾驶及驾驶无执照的机动交通工具。

（6）患艾滋病或感染艾滋病期间所患的疾病。

（7）战争、军事行动、暴乱或武装叛乱。

（8）核爆炸、核辐射或核污染。

当上述原因引起死亡发生时，受益人为了获得赔付则可能破坏、伪造现场，提供虚假、伪造证明文件，隐瞒真实的死亡原因和死亡性质。

4.捏造保险事故

伪造保险事故的人寿保险诈骗多数是由被保险人主谋，受益人及其同伙协助进行，主谋者首先以自己为被保险人投保高额保险，再与受益人等一起制造被保险人死亡的假象。被保险人藏匿后由受益人出面申请死亡保险金，获赔后瓜分保险金，迁居他处，隐姓埋名。其具体表现形式又有：

（1）利用第三者尸体

诈骗者利用捡来的、偷来的、买来的尸体经毁容伪装或寻找替身，杀死后毁容，由受益人出面指认尸体，伪造被保险人死亡，向保险公司索赔。

（2）捏造被保险人遇难、失踪

此类情况没有尸体，事件多发生在海岸、湖边、江边、船上等地方。当同伴与被保险人单独在以上地点时，突然发生意外，被保险人不见踪影，搜寻不到尸体，从而申请宣告死亡。

（3）利用凭证欺诈，提供虚假的死亡证明

这种情况较为多见，假证明的来源地多在远离公司的地方或是国外。

（4）被保险人装死

被保险人假装死亡，由其家属操办葬礼，然后空棺材下葬，骗取医院死亡证明和保险公司给付。

上述四种表现手法的共同特点是，被保险人在事实上并未死亡，即假死。

5.投保人为不具备保险利益的被保险人进行投保

保险法规定投保人对保险标的应当具有保险利益。投保人对保险标的不具有保险利益的，保险合同无效。投保人必须对被保险人具有可保利益，这本是人身保险经营的一条最基本原则，但是某些地区在发展人身保险业务的初期，未必严格按照保险原则进行运作，这就在无形中为保险欺诈提供了生存的土壤。

6.违背如实告知义务，隐瞒或提供不实的资料

保险公司为了风险选择的需要，在承保以前会要求投保人、被保险人就被保险人的身体状况、财务状况、职业状况及已经参加保险的情况做出说明或回答有关的问题。预谋诈骗者则往往通过隐瞒或提供不实资料的手法来骗取保险公司承保。当保险公司要面见被保险人或请被保险人进行身体检查时，预谋者多会百般阻拦，寻找各种原因推脱、拒绝。当保险人坚持这样做时，他则会寻找替身，顶替被保险人面晤或体检。也有的预谋诈骗者用其他理由欺骗保险人进行体检，个别人还用伪造的体检合格表格来说明情况，避免体检。

（二）人身意外伤害保险欺诈的表现形式

人身意外伤害保险以人的身体作为保险标的，以被保险人因遭受意外伤害而造成的死亡、残疾、医疗费用支出或暂时丧失劳动能力为给付保险金条件的保险，具有低保费高保障的特征，也容易被一些投机分子利用，通过"制作"意外事件和伤害结果，骗取保险。

1."制作"意外事件

在没有意外情况发生时，行为人编造事实，制作合乎意外的要件，企图骗取的保险金。

（1）把故意行为编造成意外事件

行为人在投保有效期限内为了获取定额保险金而故意损害自己身体的某个部位，把自伤说成是意外事故所造成的，这就是人们常说的"苦肉计"或"自残"方式。如轰动一时的"金手指案"就是意外险开办以来发生在我国台湾地区的较为典型的"苦肉计"案。

（2）故意扩大保险责任，把合同列为除外责任的行为编造意外事件

根据保险合同及其补充文件规定，行为人在实施某些行为过程中发生的伤害事件不属于保险业务范围。如在相互殴斗中被保险人被致伤，而编造是突然受到自然性质的外力袭击所形成的。

（3）串通相关人员出假证，编造意外事件

骗赔行为人采用各种手段，让证人、医生或保险公司业务人员捏造事实、虚构意外事件的证据资料，也有骗赔行为人恶意利用现成的残疾征象，编造意外事件，企图达到骗赔目的。

（4）用冒名顶替的办法"租借"意外事件

行为人没有发生意外伤害的事实，把未办理保险合同的他人的意外伤害事件的资料以金钱租用。如：一民工在办理保险合同后，让同工地摔伤的人员用他的身份证明办理就医手续和事故报告，并借此向保险公司索赔。

2."制作"伤害结果

在有外力因素作用下，或者是没有发生伤害的情况，行为人编造事实，"制作"伤情，企

图骗的保险金。

（1）把疾病情况编造为外伤伤情

行为人在发生意外的外力作用后，把自身的疾病硬说是本次外伤所致。如：一机关干部在雪地滑倒后，把医院检查发现的脊椎退性变说成是外伤所致，并要求保险公司支付保险金。

（2）夸大意外伤害程度

这种欺诈手法在我国的人身意外伤害保险的赔付中是使用得最多的一种。根据规定在意外伤害发生过程中，人体所受损伤应有一定的剧烈程度，即创伤要有质和量的标准，如果只是轻微损伤，就不构成人身伤害的标准。行为人为了能使自己伤情达到保险公司的相应评残标准，会有意让医疗部门夸大伤情出具不客观的医疗证明材料，或私下涂改、自填单证，以假充真，以骗取意外伤害保险金。

（3）出险在先，投保在后

由于意外险投保手续简便，费率较低，保障金额高，又不需健康体检，故比较容易骗赔得逞，行为人一旦发生了意外事故，为弥补损失或额外获利，马上投保，采用更改出险日期或与保险业务员勾结更改投保日期，以达到骗取保险金的目的。

形成欺诈骗赔的原因是多方面的，虽然是外因为主，但保险公司的一些内在原因也是难以否认的，特别是保险行业在体制上和经营管理上有不少的漏洞，如临时招聘上岗人员、业务定额、竞争拉投保客户、内部纪律管理制度不健全等都会造成保险金流失现象发生。

（三）商业健康保险欺诈的主要表现形式

各种形式的商业性医疗保险欺诈，行为人为了额外获取保险金，一般多有利用"人情关系"，伪装和制造伪证这一特点，有的投保人或被保险人与医生串通合谋，蒙骗保险公司，由于有医院的参与，医疗保险欺诈的识破就显得更加困难。商业医疗保险欺诈的主要表现形式，如果以被保险人是否真的患病为标准，这种方式又可以具体分为以下两类：一是患病的被保险人对保险公司的欺诈；二是被保险人假冒患病对保险公司进行欺诈。

1. 被保险人在真的患病的情况下，欺诈手段共有以下五种

（1）将非医疗保险责任转化为医疗保险责任

有的被保险人在投保了住院医疗保险以后，采取五花八门的欺诈手段。一般的医疗保险责任不包括门诊医疗费用和基本医疗保险规定的自费费用，但有的被保险人通过医生或者收费人员，将门诊费用改为住院医疗费用或将自费费用改为可报销费用或在发票中不标明自费金额，遂可以向保险公司进行索赔。

（2）拖延治疗，额外获利

此类案件多发生在没有正当职业，较为闲散的人群中。他们购买了人身保险以后，为了不吃"亏"，希望很快将保险费收回，采取小病大养，借一次轻微的外伤而无限期的治疗，把扭伤、软组织伤等难以检验、鉴定的伤作为索赔的借口多领取住院补贴保险金，或利用个别医院管理混乱，开具诊断、治疗证明书，从而领取大量无关药品。

（3）夸大病情，骗取医疗保险金

这类骗赔手法是故意夸大伤害程度，如一般软组织伤，很长时间仍诉苦痛，拖延出院和治疗时间，或装作视力、听力减退，甚至诈盲、诈聋，以达到诈领保险金的目的。

（4）被保险人患病后，再向保险公司投保医疗保险

这种情形实际就是隐瞒病史，违反保险合同规定的告知义务，"带病投保"。投保前隐瞒已患合同不保疾病，投保时绝口不提或伪装成投保后才罹患疾病或事后推说自己不知道已患此病。

（5）被保险人利用重复保险方式欺诈具有补偿性质的医疗保险金

在这种情况下，被保险人可能是就同一险种向同一家保险公司投保两次保险，也可能是向同一保险公司投保人身意外伤害保险中的两个子险种，在发生保险责任范围内的事故后，通过两套保险单据，向保险公司索赔高于其实际支付的医疗费用。

由于人身保险可以采用重复保险的方式投保，但是医疗保险中，保险人却不能从双份保险中获得双倍的赔偿。这里需要强调的是，所谓人身保险中的重复保险其实主要在两类保险中有效：人寿保险和人身意外伤害保险，在这两类保险中是不适用保险经营中的比例分摊这一基本原理的。所谓"比例分摊原则"的基本含义是：如果被保险人就同一标的的同一利益，同时拥有若干张保险单，那么，因保险事故造成的损失，就应当由签发这些保险单的保险公司按各自签发的保险单的金额分摊赔款。比例分摊原则不适用上述两类保险的原因在于：①人寿保险是以人的生命为保险标的的，在以死亡为给付保险金责任的保险险种中，不存在保险金的给付超过实际损失（死亡）的问题，因为人的生命是无价的，死亡保险金额作为被保险人的生命价值来赔付，只不过是将生命的价值做出了某种数学处理而已；②人身意外伤害保险的原理是一样的，例如被保险人因为意外事故失去了赖以行走的双腿，这是无法用金钱来弥补的损失。

2. 投保医疗保险的被保险人在并未患病的情况下，通过提供伪证，向保险公司骗取医疗保险金

这种类型的欺诈案例在我国比较常见。

（1）利用关系，瞒天过海制造伪证。

有些被保险人，为了达到给付目的，采取托熟人、走后门等不正当渠道，要求县、乡卫生院为其出假证明，无中生有，根本没有住院却伪造住院证明、医疗费收据。

（2）假冒真实被保险人向保险公司索取医疗保险金。

此类型的骗赔为一人投保，多人受益，出险后张冠李戴、移花接木。还有一种情形是，真假被保险人将医疗费用单据混同在一起骗赔。

第二节　保险欺诈的防范

保险欺诈虽只是极少数的存在，但一旦得逞必然会损害众多善意投保人和被保险人的合法权益，损害保险的公正性和公平互助性，损害保险公司的整体利益和社会声誉，影响保险的社会功效，背离创办保险的宗旨，因此，防范保险欺诈势在必行。但保险欺诈产生的原因是多方面的，不仅有社会原因，有投保人、被保险人或受益人的原因，也有保险人自己的原因。因此，保险违法犯罪行为的预防是一项系统工程，需要社会的有关方面提高认识，密切配合，切实采取有力措施，堵塞漏洞，消除各种诱发犯罪因素，抑制诈骗案件的发生，把发案率降到最低点。

一、宏观防范

宏观防范是覆盖面广，针对违法犯罪现象的全面性防范。其主体相当广泛，包括国家和各类社会权威性机关，主要举措有减少和抑制犯罪诱发因素，落实罪犯改造及回归社会工作等。具体而言，这些宏观层面的工作主要有：

（一）完善法律法规体系

目前我国法律中只有《保险法》和《刑法》的有关条款作为反保险欺诈的依据，对于保险欺诈行为的界定已明显滞后于现实。结合现存的保险欺诈形式，借鉴国外打击保险欺诈研究积累的经验，对保险欺诈行为及刑事责任做出明确的界定，制定专门的反保险欺诈法案，完善法律法规体系，有利于依法监管，为我国保险行业的良性发展提供良好的法制环境。同时加大执法力度，严厉打击和震慑保险欺诈犯罪。

（二）加强与社会各界的协作

1. 加强与司法界的协作

国家的公安、检察、审判机关应忠实履行自己的职责，认真查处各类保险诈骗案件，严格执法，坚决打击犯罪分子。在办理各类保险诈骗案件中，应及时将保险诈骗的状况、动态以及预防保险诈骗的经验教训以各类司法建议书的形式通知保险机构，以便其及时调整和改进防范措施。各类出险的损失证明机关在证明过程中，应认真调查研究，严格审查，力求证明事项客观、真实、准确、合法，避免因证明失实而导致保险机构被骗。

2. 加强与新闻媒体的协作，加大宣传力度

通过新闻媒体对保险欺诈危害的宣传，形成正面的舆论导向。目前社会对保险欺诈的危害并没有真正了解，不少案件经调查属于欺诈保险案而遭拒付，但绝大部分人却认为是保险公司千方百计找理由不予赔偿。这充分说明了百姓对保险欺诈的不了解。保险欺诈行为不仅仅侵蚀了保险公司的财力，同时也侵占了其他保户的合法利益，甚至会影响整个保险行业的健康发展。保险业应联合起来，加强对保险欺诈危害性的宣传力度，强调保险欺诈对人民群众生命财产的危害性、对扰乱国家经济秩序的危害性的宣传。只有不断地宣传，才能营造一个让群众理解、积极参与反保险欺诈的环境。

（三）建立反保险欺诈中心

建立反保险欺诈中心，最大程度地事前预防欺诈行为的发生。在保险欺诈案中，威胁最大的是那些欺诈惯犯，他们往往一次得手后，会连续不断地进行欺诈活动，而且其欺诈行为都经过精心策划，手段狡猾、隐蔽，不易被发现。但这类欺诈行为的表现形式及欺诈手段都十分相似，只是欺诈的保险人不同而已。目前，我国反保险欺诈工作仍然处于单兵作战状态，各保险人之间缺乏联系，一个保险人掌握的保险欺诈人和欺诈行为特征的信息不能被其他保险人广泛知悉，致使这类欺诈行为屡次得手。

因此，可以借鉴澳大利亚、加拿大、德国、意大利、爱尔兰、挪威、英国和美国等反保险诈骗的成功经验，建立一个由保监会统筹的反保险欺诈中心，加强保险行业内的信息收集与交流，实现全国范围内除商业秘密外的重要信息共享，最大程度地事前预防欺诈行为的发生，降低欺诈行为所造成的损失。

二、微观防范

微观防范是人们针对犯罪行为的具体防范，其主体是保险公司和从业人员。保险诈骗的

微观防范，应从以下方面采取措施：

（一）完善保险条款，剔除欺诈责任

通过制定保单除外责任条款或限刷承保范围条款，进行责任限制，以减少或剔除可能会有道德危险卷入的部分，进行风险控制。但是，目前我国的许多保险条款均没有列明保险欺诈是除外责任，仅仅是在除外责任中笼统地规定按被保险人的故意行为造成的损失保险人不负赔偿责任。显然，这样的规定没有包含保险欺诈的全部内容。在保险实务中，有时欺诈行为的实施并不是投保人、被保险人或受益人，而是第三者。为了更好地防止保险欺诈行为的发生，应将保险欺诈作为除外责任在保险条款中列明。

（二）加强核保，做好事前风险控制

核保作为保险管理的重要环节，是业务入口的控制工具，其主要功能是风险归类与选择，加强核保，首先是从管理者的角度看，要改变那种重业务轻管理的思路，从核保的质量上要效益，采取一系列的措施加强管理，防范核保环中的漏洞。虽然保险中的欺诈行为具有隐蔽性，但是，按照国际先进作法，只要保险人充分运用好承保时识别和排除道德危险的核保机制，就能有效地减少保险欺诈发生的可能性。核保制度包括四个环节，即第一次风险选择（营销员选择）、第二次风险选择（体检医师的选择）、第三次风险选择（核保人员的选择）和第四次风险选择（生存调查），这四个环节风险选择的科学运用，对于防止欺诈性投保，具有极大的保障作用。

（三）加强理赔管理，做好事后风险控制

欺诈人进行保险欺诈的最终目的是为了骗取保险公司的保险金，因而保险公司的理赔工作就成为识破保险欺诈行为，阻止保险欺诈结果发生的最重要的，也是最后一道防线。因此，保险业必须做到以下几点：

1. 核保和理赔相分离，建立专门的、高水平的理赔队伍

保险是一门融法律、医学、管理学、心理学、公共关系学等于一身的综合学科，从事保险行业需要具有各类专业知识的专门人才。

保险公司应加强对员工的业务培训，提高理赔人员的素质，增强员工的辨别能力。

2. 建立健全理赔机制

无论保险诈骗的手段多么狡猾，但最后一关都必须经过理赔人员的确认。如果保险索赔的承办人员把好这最后一关，则诈骗罪犯的阴谋绝不会得逞。建立健全理赔机制，要求切实加强事故调查、证明材料的审核机制，严防假赔案、骗赔案的发生。

具体而言，首先，要建立事故调查、材料审核经办人责任制，以增强经办人员的责任心；其次，要建立查勘定损与理赔经办人员岗位分离制，杜绝"一人包办到底"的现象；再次，要建立对查勘定损和理赔工作的集中后续监督制度；最后，应建立错赔、骗赔责任追究制度，对造成错赔、骗赔的责任人要根据不同情况分别予以处罚，严防道德风险的发生。

（四）建立信息共享平台，加强保险行业内的信息收集与交流。

目前，我国反保险欺诈工作仍然处于单兵作战状态，由于业务上的竞争关系，各家保险公司之间没有高效可共享的信息平台。从制度的角度上，这种割据状态给保险欺诈者以可乘之机。因此，可以考虑由保监会统筹，建立全国保险业信息网络平台，实现全国范围内除商业秘密外的重要信息共享。

参考文献

1. 中国保险行业协会. 人身保险理赔[M]. 北京：中国财政经济出版社，2015.

2. 奚晓明，刘崇理，等.《中华人民共和国保险法》保险合同章条文理解与适用[M]. 北京：中国法制出版社. 2010.

3. 奚晓明. 最高人民法院关于适用《中华人民共和国保险法》若干问题的解释（二）[M]. 北京：人民法院出版社，2013.

4. 杜万华. 最高人民法院关于适用《中华人民共和国保险法》若干问题的解释（三）[M]. 北京：人民法院出版社，2015.

5. 欧阳天娜. 人寿保险理赔调查理论[M]. 北京：中国金融出版社，2006.

6. 欧阳天娜. 人寿保险理赔概论[M]. 北京：中国金融出版社，2004.

7. 王宪章. 寿险理赔[M]. 北京：中国财政经济出版社，2002.

8. 叶红. 保险欺诈及防范对策[C]. 山东省保险学会2009年"防控风险·化危为机·实现保险强省新跨越"主题征文颁奖仪式暨学术报告会论文. 2009.

9. 王宪章. 寿险核赔[M]. 北京：中国财政经济出版社，2002.

10. 张洪涛，等. 保险核保与理赔[M]. 北京：中国人民大学出版社，2006.

11. 葛均波，徐永健. 内科学（第8版）[M]. 北京：人民卫生出版社，2013.

12. 陈孝平，汪建平. 外科学（第8版）[M]. 北京：人民卫生出版社，2014.

13. 王保捷，侯一平，等. 法医学（第6版）[M]. 北京：人民卫生出版社，2013.

14. 徐书珍，等. 文书书写规范. 北京：医学科学出版社，2007.

15. 刘经伦. 重大疾病保险[M]. 北京：中国金融出版社，2001.

16. 阎霖，等. 人筹保险核保概论[M]. 北京：中国金融出版社，1998.